黒澤明の映画

喧々囂々《けんけんごうごう》

同時代批評を読む

岩本憲児

論創社

黒澤明の映画　喧々囂々《けんけんごうごう》——同時代批評を読む

【凡例】

・本書の黒澤明映画作品の配列は公開年順とした。また映画の題名は、原則として公開映画に表示のものを用いた。
・本書中の引用は、原則として新漢字・新かなづかいで統一した。
・引用文で、改段されていた箇所、また中略の箇所をつないだ場合など、斜線「／」を使用して示した。
・引用文中で補った語句はキッコウカギ「〔 〕」で示した。
・黒澤明の表記は、引用原文が「黒沢」としているものはそのままとし、ほかは「黒澤」で統一した。
・ロシア人名の表記は引用箇所では原文通りとし、ほかの地の文などでは「シュ」を「シ」に統一した。
（例：エイゼンシュテイン → エイゼンシテイン）
・本書出典中の『全集』は『全集黒澤明』全六巻・最終巻（岩波書店、一九八七―八八年、最終巻二〇〇二年）を、『大系』は浜野保樹編『大系黒澤明』全四巻・別巻一（講談社、二〇〇九―一〇年）を指す。
・本書の引用文などに今日の人権意識に照らし不適切な語句や表現があるが、発表当時の時代背景を考慮してそのままとした。

目次

第三章 『悪い奴ほどよく眠る』から『赤ひげ』まで

第四章 『どですかでん』から『乱』まで

装幀　安田真奈己

序章　黒澤明――視覚の人

映画は視覚のみならず聴覚にも訴える表現媒体であるが、黒澤明の作品系譜を眺めるとき、まず思い浮かぶのは黒澤明が何よりも「視覚の人」だったことだろう。その視覚的資質は、はじめ画家を志したことにも現れているが、若いころの映画体験からも大きな影響を受けている。

黒澤明が生まれたのは一九一〇年（明治四十三）三月、映画誕生から十数年たったころである。日本では吉沢商店やエム・パテー商会がいち早く映画製作に乗り出しており、黒澤が生まれた年には横田商会が京都柳小路に、福宝堂が東京日暮里にそれぞれ撮影所を建設して、映画製作が活況を呈し始めていた。「自伝のようなもの」と付された黒澤明の『蝦蟇《がま》の油』に、もっとも早い映画体験は幼稚園のころ見たドタバタ喜劇や『ジゴマ』だったろうか、と述べられている。(1)フランスの犯罪活劇『ジゴマ』が日本で公開されたのは一九一一年、これは大評判となって続編やら和製ジゴマやらが次々に上映されたので、黒澤明の印象に残ったとすれば、封切り当時から数年たった再映ものだったと推測される。

幼年期はともかく、黒澤明の少年期から青年期はサイレント映画の成熟期と重なっている。

ここで成熟期というのは、欧米映画界における製作本数の増加にともなう、題材の多様化と表現の多彩化であり、視覚表現の進化や深化である。ちなみに、『蝦蟇の油』に挙げられている映画は、アメリカの連続活劇『虎の足跡』『ハリケーン・ハッチ』『鉄の爪』『深夜の人』や、ウィリアム・S・ハート主演の初期西部劇であり、とくにS・ハートものについて「心に焼きついているのは、その映画の頼もしい男の心意気と、男っぽい汗の臭いである」[2]と述べているように、少年期の活劇好みは誰にでもあるとはいえ、監督デビュー作が『姿三四郎』(一九四三年)であったこととみごとに符合する。

少年期、一三歳の黒澤明にとって、映画体験以上に強烈な印象を残した未曾有の大災害、それは一九二三年(大正十二)九月一日の関東大震災だった。

……傾いた家の散在する、江戸川を挟むそのあたり一帯は、舞い上った土埃に包まれ、その埃の煙が、日蝕のように太陽を隠して、まるで見知らぬ異様な景色になっていた。/そして、その眺めの中で右往左往する人は、まるで地獄の亡者のように見えた。[3]

大地震はつましく生きる庶民に非業の死や別離をもたらす不条理な事件であり、黒澤少年が目撃した家屋の倒壊と痛ましい光景は、のちの『赤ひげ』の大地震に視覚化されることになる。一切の灯火が消えた夜もまた、真の闇の暗さと怖さを少年に刻印した。自然の荒々しさ、それがもたらす脅威、自然への恐れは黒澤作品に頻出する「荒ぶる自然」にもこだましている。

旧制中学を卒業後の一九二八年(昭和三)、一八歳で黒澤明は二科展に入選する。二科会は

「文展」（文部省美術展覧会）から独立した新しい洋画系団体だった。その翌年、第二回プロレタリア美術大展覧会（東京上野の東京府美術館）に五点を出品した。[4] 黒澤はプロレタリア系絵画塾（当初は「造形美術研究所」）の美術観と教育に疑問を持ってはいたが、ときまさにロシア革命の余波とマルクス主義の「赤い旋風」が巻き起こり、社会を憂える若者たちが労働運動・農民運動に大きな関心を払う時勢だった。黒澤は、官憲による弾圧で地下活動をよぎなくされた共産党の連絡係をやり、特高から逃げたり、変装したり、父のことを心配しながらスリルを楽しんだようにみえる。二二歳ころまでそんなだった。それはマルクス主義を理解していたから、マルクス主義に共感していたからというよりも、多くの若者がそうであったように、権力への反抗心、体制への漠とした不満からの行動だっただろう。貧しき者、飢える者、搾取される者への同情と共感、あるいは不正をなす者、私欲を肥やす者、権力を悪用する者への反発と弾劾、つまり社会正義実現への情熱、これはのちの監督黒澤明の作品の根幹を成している。

若き日の黒澤明がサイレント映画時代に数多くの名作を貪欲に見たことも、『蝦蟇の油』に記されている。[5] その年表らしきものを見ると、当時公開されていない作品や製作後数年たってから日本で公開された作品も、すべて作品の製作年順に記されているので、黒澤明があとで見たものと公開時に見たものとが判然としない。熱心な映画館通いは、兄の丙午《へいご》（無声映画弁士・須田貞明）からの影響が大きい。ロシア文学への傾倒も兄からの影響である。『蝦蟇の油』には、若くして自殺した兄への敬慕の念が吐露されている。

一九二〇年代に日本で続々と公開された『カリガリ博士』『霊魂の不滅』『ドクトル・マブゼ』『鉄路の白薔薇』『巴里の女性』『ジークフリート』『最後の人』『サンライズ』『忠次旅日記』『アッシャー家の末裔』『浪人街』等々を含む多数のサイレント映画は、音とセリフがないこと、白黒による光と影の表現であること、この二大特徴がのちの監督黒澤明の視覚的表現に決定的な影響を与えることになった。黒澤が挙げたサイレント映画のうち、日本映画は五本、なかで『忠次旅日記』(三部作、大河内伝次郎主演、一九二七年)と『浪人街』(全三話、一九二八―二九年)。前者はご存知「国定忠次(国定忠治)」の逃避行を、後者は少数の浪人たちと多数の悪旗本たちの乱闘を見せる時代劇だった。もし黒澤明が『斬人斬馬剣』(月形龍之介主演、一九二九年)を見ていたなら――その可能性は高いが――これは一浪人が中国地方の小藩で起きた百姓一揆に巻き込まれて百姓側に立つ闘争を描いており、当時頻発していた小作争議や労働争議に共感する観客たち、ロシア革命に影響された青年たちを熱狂させたので、これらの映画が遠く『七人の侍』にこだましたとみることもできる。[6]

視覚の人ではあったが、黒澤明がP.C.L.撮影所に入社した一九三六年(昭和十一)、日本映画の製作本数はサイレント(無声映画)よりもトーキー(発声映画)が過半数を占める時代になっていた。当然、トーキー是か非かの論争や、トーキー表現の可能性など、数年来、周りで議論は沸騰しており、P.C.L.という会社自体がトーキー映画製作を目的に設立された会社だったから、二六歳の黒澤明にとって、「音、音楽、声とセリフ」は大きな関心事だった。

『蝦蟇の油』には、師匠であった山本嘉次郎監督への感謝が縷々述べられており、「発声映画の初期に、映像と音響の相乗関係について、山さん〔山本嘉次郎〕ほど考えていた監督は少なかったように思う」[7]と書いているように、実際には現場でのさまざまな見聞が役に立ったと思われる。のちの黒澤明から「師匠」と呼ばれて敬慕された山本嘉次郎は一九〇二年生まれだから、黒澤明とは八歳しか違わず、黒澤がP.C.L.に入社したころ、まだ三四歳だった。その山本嘉次郎が京都の日活撮影所から設立まもないP.C.L.へ移籍したのが一九三四年だったから、黒澤明が入社したころ、山本自身、P.C.L.へ来て二年ほどしかたっていなかった。

山本嘉次郎はP.C.L.でエノケン(榎本健一)のミュージカル『エノケンの青春酔虎伝』(一九三四年)を成功させ、以後、続々とエノケン主演の音楽喜劇を撮っていく。なかでも、『エノケンの近藤勇』(一九三五年)は、時代劇の伴奏音楽によく知られた西洋音楽を使い、そのミス・マッチがおかしくて、いまの私たちでも爆笑させられてしまう。たとえば、勤皇の志士たちが集う京都の宿屋で、一階から二階へ階段に沿ってずらりと並んで立つ女中たちが、料理のお膳を手渡しでリレーしていく、その動きに合わせて音楽はかの有名なラヴェルの「ボレロ」が奏でられ、女中たちはリズムを取りながらお膳を上に渡していく。これは視覚と聴覚の「対位法」というよりは「視聴覚のパロディ」、「視聴覚的ギャグ」の類であって、おそらく無声映画時代の映画館の伴奏や、軽演劇などの舞台ですでに試みられていたのだろう。多才な粋人、博学の人でもあった山本嘉次郎は自著『カツドウヤ紳士録』(一九五一年)でも、トーキー初期の具体的な表現方法について何もふれていない。のちに黒澤明が『虎の尾を踏む男達』(一九四五年、公開は一九五二年)でエノケンを使った時代劇ミュージカルもどきの映画を撮ったり、『羅生門』(一九五〇年)の音楽にラヴェルの「ボレロ」を使いたがったりしたのも(実際は早坂文雄作曲のボレロになった)、山本作品の影響と言えるかもしれない。

助監督時代の黒澤明は山本嘉次郎組への参加が最も多く、その有能ぶり、活躍ぶりは会社の首脳陣にも知られた。山本監督には周囲の才能を引き立てる自由な気風があったとはいえ、期待以上の働きをした黒澤の奮闘ぶりが、周囲から「監督候補」として十分に認知されることになったのである。ちなみに、助監督として黒澤が関与した山本嘉次郎作品は、『エノケンの千万長者』(正続)『夫の貞操』(前後編)『日本女性読本』『エノケンのちゃっきり金太』(前後編)『美しき鷹』『藤十郎の恋』『綴方教室』『エノケンのびっくり人生』『忠臣蔵』(後編)『のんき横丁』『ロッパの新婚旅行』『エノケンのざんぎり金太』『孫悟空』(前後編)『馬』など、一九三六年から一九四一年にかけて多様な題材とジャンルの映画が並んでいる。

「視覚の人」黒澤明はこの時期に「音と音楽」の洗礼、いや激しい放水を浴びたはずで、それも時代がトーキー台頭期から普及期の「発声映画、有音映画」の議論、理論、実験、表現の熱気をはらんでいたころだったから、画面と音とはどのような関係を持てば映画として効果が上がるのか、議論や実例を熱心に考え吸収したことだろう。

のちに作曲家の早坂文雄と組むようになってから、黒澤明はしばしば画面と音楽の「対位法」

的効果をねらった表現を行い、そのきっかけ、ヒントは戦前のロシア映画『狙撃兵』（一九三二年）にあった。この点では早坂文雄と見解が一致したと、自ら回想している。[8]『狙撃兵』は一九三四年（昭和九）一月、東京の邦楽座で封切られている。監督のセミョーン・アレクセーヴィチ・ティモシェンコには『映画芸術と映画のモンタージュ』（一九二六年）という著述があり、そのドイツ語訳から映画評論家の岩崎昶が『キネマ旬報』誌に日本語訳を連載したのは一九二八年（昭和三）のことである。『狙撃兵』紹介記事（『キネマ旬報』一九三三年八月二十一日号）の冒頭に、「既にそのモンタージュ理論に関する著書によって我国にもその名を知られ、また形式主義派の一方の雄であるセミョン・ティモシェンコが……」とあるのは、そのことを指している。「形式主義派」とはフォルマリストを指し、スターリンが権力を握る前のロシア前衛派でもあった。

日本で公開された『狙撃兵』は「露語発声版」かつ「英文字幕付」で、当時としては目（耳？）新しいトーキー映画、それも珍しいロシア（当時はソ連）映画だった。略筋に目を通してみると、時代は第一次世界大戦、場所はドイツ軍と連合軍が対峙する西部戦線、連合軍側の狙撃兵の一人、ロシア人兵士が主人公である。

この映画については、当時ヨーロッパ映画通だった評論家の内田岐三雄が批評を書いており、彼にとっては期待外れだったようだが、「狙撃兵が雨の中を敵兵を殺しに行くのとカットバックさせた将校達がレコードを聞く場面（これは一部カット改変された）、その他、幾つかのソヴエート〔ソ連〕映画的の良さの覗われる場面がないでもない」と、狙撃兵とレコードの関係に少しふれている（『キネマ旬報』一九三四年二月二十一日号）。黒澤明は狙撃兵たちが伏せて敵をねらう緊張した場面に、敵兵が聞いているレコードの「サ・セ・パリ」の曲が流れて、……と語っている。[9] これについては、東宝の音楽課に所属しながら映画と音楽に関する活発な評論活動をしていた掛下慶吉が「『狙撃兵』の戦場の場面に於ける『サ・セ・パリ』の使用法も同時性的な対位法の範例であろう」[10] と具体的に述べており、この場面が注目を引いていたことがわかる。

筆者（岩本）は長年の間、映画『狙撃兵』を探していて、やっと見ることができたのはソ連のゴルバチョフ政権下、一九八〇年代後半に起きたペレストロイカ（建て直し）以後だった。ニューヨークへ移ったロシア人研究者の仲介を経て、このビデオ映像を入手したからである。「サ・セ・パリ」の場面――雨の夜、敵陣へ忍び寄るロシア狙撃兵の緊張感と、ドイツ人将校たちがレコード「サ・セ・パリ」の歌声に耳傾ける様子の対比的モンタージュ。まさに内田岐三雄や掛下慶吉が述べていたとおり、そして若き黒澤明の印象に強く残ったという場面を確認することができた。ちなみに、このレコード音楽が流れるシーンには、女たちが踊るレヴューのダンス映像も重ねられており、故郷を離れて戦う兵士たちの孤独と、都会の歓楽との対比も示されていた。だが「サ・セ・パリ」（これがパリ）という唄、これはフランス・レヴュー界の大人気スター、ミスタンゲットが一九二〇年代後半に流行らせた唄だった。となると、第一次世界大戦を背景にした映画『狙撃兵』で使われたのはおかしいのだが、雰囲気描写としてはぴったりだったから、当時の観客はむろんのこと、批評家たちでさえ問題にしなかったのだろう、こんな場面に時代考証は不要だと……。

じつを言えば、トーキー初期の対位法的表現は、すでにフランス映画『父帰らず』(ジャン・グレミヨン監督、一九三〇年)に現れていた。この映画は本国でも日本でも評価されず、映画史的にはひっそりと記述されるだけだが、ラスト・シーンの悲劇的結末——殺人を犯した娘の身代わりに警察へ自首する父親のわびしい姿——にキャバレーの喧騒と明るい音楽がかぶさっていく、その映像と音楽の対照はまさに先駆的なものであり、黒澤作品にはるかに先立つといえる。ただし、黒澤明がこれを見ていたのかどうかは定かではない。『父帰らず』のラストは、ジャン・ルノワール監督の『獣人』(一九三八年)のラスト、ジャン・ギャバン扮する機関士がベッド上の若い人妻を殺す暗い室内、そこの窓から聞こえてくる喧騒と歌声にまでつながっていく。このような対位法的効果は人形浄瑠璃や歌舞伎など、日本の伝統芸能にも見ることができる。たとえば『夏祭浪花鑑』(一七四五年初演)で、団七が義平次を執拗に殺す場面では、殺しがその極に達した瞬間、祭礼の賑やかな囃子の音が聞こえ、だんだんと音が近づいてくる。凄惨な殺しと浮かれるような賑やかな祭囃子、その鮮やかな対比が視覚と聴覚から観客に強い印象を与える。『父帰らず』が日本で公開された翌年、黒澤明はP.C.L.に入社し、映画への道を歩み始めていた。

トーキー初期の「対位法」という用語と考えは、エイゼンシテイン、プドフキン、アレクサンドロフらによる宣言「トーキー映画の未来」（一九二八年）のなかにはっきりと述べられており、この見解は日本でも知られていた。ほかに、プドフキン、ベラ・バラージュらの翻訳を通してても「対位法」の考えや画面と音の「非同時性」などが知られていたので、黒澤明にはこうした議論や場面が記憶に残り、戦後の作品で実際に試みたのだろう。なお、音楽用語の「対位法」を映画と音楽の関係に使うのは粗雑すぎる、用語としては「対照法」がよいのではという研究者の声もあるが、エイゼンシテインがこの論を深めていった「垂直のモンタージュ」[11]を読むと、単に「対照法」とも呼び難く、本書では「対位法」という言葉を使っておく。

『酔いどれ天使』（一九四八年）で、商店街の拡声器から流れる「かっこうワルツ」と主人公ヤクザ（三船敏郎）の暗い心境の対比。『野良犬』（一九四九年）では、宿の階上の犯人を刑事（志村喬）が階下で見張る緊迫した場に流れるレコード音楽（「ラ・パロマ」）、ラストで刑事（三船敏郎）と犯人（木村功）が対決する緊迫した場に聞こえるピアノの練習曲、刑事と犯人の激しい格闘直後に響く子供たちの唱歌。『生きる』（一九五二年）では、余命いくばくもない主人公（志村喬）が再生の転機をつかもうとする場に聞こえてくる「ハッピーバースデートゥーユー」の歌声など、いずれも音楽担当は早坂文雄だが、発想は黒澤明のものだった[12]。

助監督時代の黒澤明は、仕事に慣れてくると、助監督の給料がひどく安かったこともあり、生活の助けにシナリオ執筆にも精を出した。『姿三四郎』にたどり着くまでのシナリオは、一九三八年から四二年にかけて「水野十郎左衛門」（原作・藤森成吉、一九三八年）、ほかはオリジナルで「達磨寺のドイツ人」「静かなり」「雪」「森の千一夜」「美しき暦」「サンパギタの花」「第三波止場」「じゃじゃ馬物語」など、いずれも映画化は実現しなかった。この時期に映画化されたものには『青春の気流』（伏水修監督、一九四二年）、『翼の凱歌』（山本薩夫監督、同年）があり、映画化、未映画化を問わず、一九四二年（昭和十七）のシナリオ執筆は質量ともに驚くほどのものがあり、しかもうまく書けており評判も良かった。監督候補として、衆目が一致したといえる。

〝大東亜戦争〟下に公開された『姿三四郎』（一九四三年三月）は批評家たちにたいへん好評だった。彼らは、新人監督の第一作としては異例と思えるほど注目し、期待し、才能を称えた。戦時下の窮屈な統制生活と軍国ナショナリズムのもとで、退屈な国策映画を強いられた映画ファンにとっても、精神主義的武道（柔道）をテーマにしているものの（またそれゆえに）、『姿三四郎』はそれをアクション本位の映画的快楽へと転換した歓迎すべき作品となった。戦後、『羅生門』がヴェネツィア国際映画祭でグランプリを受賞（一九五一年）して国際的な名声を得たあと、黒澤作品は外国の賞によって評価され始めたと一般に思われているふしがあるようだが、黒澤について、彼を知る人たちは監督以前から高い期待をしており、『姿三四郎』というデビュー作でその評価が正しかったことを確認したのである。

また、『羅生門』も国内で評価されなかったのではなく、『羅生門』を製作した大映の永田雅一社長がこの映画に頭をひねったこと、当時の日本の映画関係者の誰もこの作品を国際映画祭へ出そうという発想がなかったことなど、関係者の理解が足りなかったとはいえるだろうが、それもたいして責めるべきことではない。『羅生門』に限らず、敗戦まもない日本映画界全体に、国際映画祭へ出品することへの認識が薄かったのだから。ヴェネツィア映画祭へ『羅生門』出品を強く促し、率先して動いたのは、在日していたイタリア人女性、ジュリアーナ・ストラミジョーリだった。[13]

『羅生門』公開（一九五〇年）の翌年、『キネマ旬報』誌は全国の映画館へアンケート調査を行った。質問は「一九五〇年度の貴劇場におけるもっともヒットした映画と、もっとも人気のあったスタアをお答えください」というもの。回答結果、「もっともヒットした日本映画」は、1『暁の脱走』、2『帰郷』、3『きけわだつみの声』、4『細雪』、5『長崎の鐘』、6『火の鳥』、7『鬼あざみ』、8『羅生門』、9『山のかなたに』、10『宗方姉妹』となっている。

人気スターの順位は、長谷川一夫、京マチ子、木暮実千代、高峰秀子、三船敏郎、池部良、鶴田浩二、佐分利信、原節子、上原謙だった。戦争が終わってまだ五年、その傷跡も記憶もなまなましい時代に、戦争に題材を得た『暁の脱走』『きけわだつみの声』『長崎の鐘』が人々の関心を強くとらえたのは当然だろう。あとはスター中心のメロドラマだ。そのなかで、現代劇でもなく、いわゆる時代劇の範疇からも大きく外れた『羅生門』が観客からかなりの支持を得たことは驚きとさえいえる。ところで、『キネマ旬報』の批評家たちによるベストテンに監督名を入れて並べてみると、1『また逢う日まで』（今井正）、2『帰郷』（大庭秀雄）、3『暁の脱走』

（谷口千吉）、4『執行猶予』（佐分利信）5『羅生門』（黒澤明）、6『醜聞（スキャンダル）』（黒澤明）、7『宗方姉妹』（小津安二郎）、8『暴力の街』（山本薩夫）9『細雪』（阿部豊）、10『七色の花』（春原政久）となっている。これを見て、『羅生門』が国内で正当に評価されなかったという人もいるが、国の内外を問わず、映画祭やベストテンほかどのようなものであれ、その評価を絶対のものと受け取るべきではない。審査員の資質、好み、判断力、時代の風潮、社会状況、そういったものの複合的結果として、ある選定や順位がたまたま生じてしまうのだから。

『羅生門』は一九八二年のヴェネツィア映画祭五〇周年記念の折、グランプリの中のグランプリを決める投票によって最高の「栄誉金獅子賞」を得た。時の流れのなかで、『羅生門』は世界映画の傑作として認知されたことになる。一方、映画生誕百年を記念した『キネマ旬報』（一九九五年十一月十三日、臨時増刊号）の「日本映画オールタイム・ベストテン」では第七位と、相変わらず国内では最高点が取れないままだった。ちなみに、このベストテンに『七人の侍』が二位、『生きる』が八位と、一人で複数作品が選ばれた監督は黒澤明のみである。一位は小津安二郎の『東京物語』、三位は成瀬巳喜男の『浮雲』。後世、このような選出作品は批評家や観客世代の交代とともに、いずれ変わっていくことだろう。

＊　＊　＊　＊

さて、次の第一章以降の構成について触れておく。まず、『姿三四郎』から『乱』までを年代ごとの四つの章に分け、作品発表時の批評や感想に目を通してみよう。黒澤作品封切当時の新聞雑誌における批評・記事などからは、同時代の観客、評者たちが黒澤作品をどう受け止めてきたかがみえてくる。そこには黒澤明を戦後世代のホープとみた評者たちから、少しづつ変化していく世評への変遷がみられる。賛辞を送り続けた人から、落胆していく人々まで。

続く第五章では晩年の三作品、『夢』『八月の狂詩曲』『まあだだよ』について、同時代の言説を追うことをやめて、筆者（岩本）が随想風に自由に論じていく。この黒澤監督晩年の三作品は、いずれも黒澤プロダクション製作、黒澤明単独の脚本となっている。『夢』が完成した年、黒澤はちょうど八〇歳になっていた。まだ元気だったとはいえ、おそらく、自己に残された年月がもう長くはないことを感じ取っていたことだろう。『夢』も含めて、残りの人生を映画で語り切り、「わが人生に悔なき映画」を残したかったに違いない。

第六章では公開時の批評から離れるが、それらと密接に関わる三つの視座から黒澤作品並びに監督論を述べ、全作品を視野に入れた黒澤作品のまとめとして述べることにしたい。

注

(1)黒澤明『蝦蟇の油——自伝のようなもの』岩波書店、同時代ライブラリー、一九九〇年、一〇頁。

(2)同前、六七頁。

(3)同前、九一頁。

(4)岡本唐貴・松山文雄編著『日本プロレタリア美術史』造形社、一九七二年、巻末に収録された「第二回プロレタリア美術大展覧会目録」によれば、黒澤明が出品した絵画五点は、「建築場に於ける集会」「農民習作」「帝国主義戦争反対」「農民組合へ」「労働組合へ」であり、目録外出品として「反×ポスター」が一点ある。×部分は「戦」だろうか。ただし、同書の本文中に収録された黒澤明の絵画（図版）は「失業保険を作れ」「建築場に於ける集会」の二点、いずれも一九二九年とあり、白黒で掲載されている（同書、三四—三五頁）。

(5)黒澤明、前掲書、一三五—一三八頁。

(6)『忠次旅日記』（三部作）、『斬人斬馬剣』はいずれも伊藤大輔監督、『浪人街』（全三話）はマキノ正博監督。『斬人斬馬剣』では、公開当時、そこに社会思想が擬装されていたかどうかの議論が起こった。詳しくは、岩本憲児『「時代映画」の誕生』吉川弘文館、二〇一六年、二四二—二四八頁を参照。剣戟映画・乱闘時代劇映画は阪東妻三郎主演『雄呂血』（二川文太郎監督、一九二五年）で頂点に達し、この種のチャンバラ映画が大流行した。その野蛮さと好戦性に対して「乱闘映画撲滅」論も起きた。同『「時代映画」の誕生』、二六四—二六六頁。

(7)黒澤明、前掲書、二〇三頁。

(8)黒澤明「『酔いどれ天使』の演出ノートから」『映画春秋』一九四八年四月号。浜野保樹編『大系黒澤明』

第1巻に再録、講談社、二〇〇九年。これよりあとに書かれたエッセーの中の「映画音楽について」の個所でも、早坂文雄とよく『狙撃兵』の話をしたことや、「サ・セ・パリ」の場面について具体的にふれており、そこでは「対位法」の言葉を使わずに、「すばらしいコントラストの効果」「異常な効果」を述べている。黒澤明「映画に〝生きる〟」、『芸術新潮』一九五二年十月号。『全集』第三巻および『大系』第2巻にも再録。

(9)西村雄一郎『巨匠のメチエ――黒澤明とスタッフたち』フィルムアート社、一九八七年、六〇―六二頁。

(10)掛下慶吉『映画と音楽』新興音楽出版社、一九四三年、五八頁。

(11)エイゼンシテイン「垂直のモンタージュ1『アレクサンドル・ネフスキー』の音楽」、2「黄色の研究」、ともに伊東一郎訳、岩本憲児編『エイゼンシュテイン解読』に収録、フィルムアート社、一九八六年。

(12)黒澤作品における音と音楽については、『黒澤明――音と映像』立風書房、増補完全版(一九九八年)が詳しく論じている。

(13)『羅生門』をヴェネツィア映画祭へ出品した功労者、ジュリアナ・ストラミジョーリについては、古賀太の論考を参照。古賀太「『羅生門』の受賞とその後――ストラミジョーリとジュグラリスを中心に」、岩本憲児編『日本映画の海外進出――文化戦略の歴史』森話社、二〇一五年。

第一章

1940年代

『姿三四郎』から『野良犬』まで

『姿三四郎』広告、『映画旬報』1943年3月11日号

黒澤明は「批評」をどうとらえていたか

『姿三四郎』製作の一年以上前、まだ助監督だった黒澤明が映画批評や批評家たちについてどう思っていたのか、興味深い文章「わかりきった事」がある。その末尾の個所を少し端折りながら引用しよう。

僕は、自分の作品については何も云う事が無いような気がする。／ひどく無責任にとられては困るのだが何だか変な奴が生れちゃったと云う感じなのである。／あそこのところは、どうしてああ書いたのか、などと云われると大変困るのである。／正直に云うと、ああ云う具合に書けちゃった、と云うより外にないのである。／だから、作品がつまらなければ、僕がまだ面白く成長していないので、早く偉くなる外はないのだと思うばかりである。

「自分の作品について」とあるが、自作シナリオで映画化されたものを指していると思われる。また、助監督として情熱を注いだ他の監督作品が含まれているかもしれない。自分の監督作品はまだなかったのに、黒澤は批評を気にしていたことがわかる。このあとに続く文章では、批評家という人たちは作者（監督や脚本家）の意図よりも深く考える人たちだ、彼らは愛情がある親切な人たちかもしれないと述べながら、一部の批評家たちはどうして嫌な書き方をするのだろうと憤慨する。

内容はそれ程悪意に充ちてはいないのに、冗長にして退屈、牛の小便の如き作品、などと鬼面人を驚かすような書き出しをしたり、まずくは無い、だとか、うまくなくはない、だとか姑婆さんの様ないやみな文句を並べるかららしい。／こう云った言葉が、足をすりこぎの様にして、その作品を育て上げて来た製作関係者の心をどの位傷つけるかわからないのだ。／もう批評なんか金輪際見るものか、と歯ぎしりするのだが、自分の可愛いい奴の事が書いてあるのに、見ないで我慢などしていられる訳のものではないのだ。／〔中略〕内容はいろいろもっともだとうなずける場合でも、気狂いだの間抜けだのと云われては、どんな人間だって腹の立つのはあたりまえである。／〔中略〕僕が批評家と云われる人達を悪口を云う商売の人だと思って居たとて無理はないではないか。／併し、そう考えていた批評家の中のある人達に会って話しをして見ると、実はなかなか親切な人達なのであった。この発見は僕にとって近頃の大きな収穫であった。／批評家とは、日本映画を悪くしようと思っている、人達ばかりではないのである。／僕は、その人達と一緒に仲良く日本映画を育てて行きたいと思う。／但し、悪口と批評とのけじめのつかない様な人達とは御免である[1]。

批評や批評家たちに対する黒澤の感情と言い分は、彼が監督になってからもほとんど変わらなかった。さて、監督黒澤を喜ばせたり、怒らせたり、その激しくも活発な作品評を映画公開順に見ていこう。

注

（1）黒澤明「わかりきった事」、『映画評論』一九四二年二月号。以下にも再録、『全集黒澤明』第一巻、岩波書店、一九八七年。浜野保樹編『大系黒澤明』第1巻、講談社、二〇〇九年。

姿三四郎

東宝
一九四三年三月二十五日封切

脚本は黒澤明。原作は富田常雄の同名小説（錦城出版社、一九四二年九月刊）。明治十年代（一八七七年以降）を舞台とする。実在の嘉納治五郎と西郷四郎をモデルにとした、柔術各派から技を選び、新たに柔道を工夫していく物語。映画の物語もほぼ原作どおり。柔術を修行した若き姿三四郎（藤田進）が、矢野正五郎（大河内伝次郎）に出会って門下生となり、柔道に打ち込んでいく。朴訥ながら血気あふれる三四郎は、いくつかの試合と決闘に立ち向かう。試合に勝った相手・村井半助（志村喬）の娘・小夜（轟夕起子、原作では乙美《おとみ》）との淡い思慕も描かれ、ラストの檜垣源之助（月形龍之介）との決闘がクライマックスとなる。戦時下であったから、この映画は情報局の国民映画参加作として東宝が製作した。戦時下で推奨された〈国民映画〉とは、文部省や情報局が脚本公募または委嘱製作により、その鑑賞を国民へ薦めた映画作品。〈国策映画〉とは映画法に基づいて政府機関が製作会社へ要請して、会社に協力させた映画作品。黒澤明はアメリカ映画に負けない日本映画を作るにはどうすべきか、いろいろと思い悩み、工夫した。彼は戦時下で監督した他の作品に関しても、同様の態度で臨んだ。

〈白黒・スタンダード・七七分（現最長版八八分）〉

監督に昇進する前から大いに期待され、いよいよ監督として第一作『姿三四郎』を放つと、黒澤ほど大きな注目と賞賛を浴びた映画監督は日本映画史上、まれなことではなかったろうか。なるほど、山中貞雄のように第一作『抱寝の長脇差《ながどす》』（一九三二年）から注目され賞賛された監督もいたが、それは偶然にと言っていいほどの、批評家・岸松雄による個人的発見であったし、才人として期待された吉村公三郎が世間を納得させたのも、第六作『暖流』（一九三九年）からのことであった。もっとも、吉村と同じ松竹には、監督第一作で注目された渋谷実（『奥様に知らすべからず』一九三七年）や、黒澤と同年デビューの木下恵介（『花咲く港』一九四三年）らもいたが。黒澤明は助監督時代、すでに演出家としての力量を認められ、「達磨寺のドイツ人」（一九四一年）、「静かなり」「雪」（ともに一九四二年）など、発表したシナリオもことごとく高い評価を受けるという、周囲の熱い期待を背負いながら、第一作でみごとその期待に答えたのである。

助監督時代の黒澤明の才能を見抜いたのは、師匠の山本嘉次郎監督だった。彼は「黒澤明君に期待する」という一文で、次のように述べている。

> 黒澤君が、協力してくれた作品で、主なものは、『綴方教室』『藤十郎の恋』『馬』なぞであるが、これらに示した、彼の、仕事に対して、甚だ真摯な態度、並々ならぬ粘り強さ、協力者をうまく導いていく人徳、物の考え方が合理的で、しかも、いつも明快である点、等々、彼という人間の持つ質が、演出家たる適性に富んでいることを、前々から見ていた。
>
> （『新映画』一九四三年二月号）

そして、『姿三四郎』の完成試写直後に持たれたと思われる座談会で、山本嘉次郎はこう語っている。

内容的のことは別として、演出技術の面では黒澤君は多才であるし、ある点で器用であるし、デリケートな不思議な超多才な演出家だと思う。今後どういう風に落ちつくか興味のあるところですね。／一体日本の監督は幅が狭いが、黒澤君は幅が広い。音楽の場合でもそうだし、幅の広いところがあの写真の特徴を摑んでいると思うのです。一言に言えば、いろいろの教養が幅広く出ていると思う。音楽の使い方にしても常道以上を行って居ります。と同時に芝居のゲザ的なところもある。能の囃子。それほど高いものでなくとも、そのツボを摑んでいる感じがしますね。そこまで褒めている意味でなくして、型としては感じられます。

このように、弟子の持ち味をよく褒めながら、次のように結んでいる。

僕は技能審査委員の一人ですが、その委員会で、あの映画は何も質問がなかった。小津安二郎氏は、黒澤君を見るなり、「お目出度う」と言っていましたよ。これで、まあ総ては語られていると云えるでしょう。

（『映画之友』一九四三年四月号）

技能審査というのは、戦時体制下の悪法のひとつ〃映画法〃（一九三九年十月施行）に基づいて、監督昇進者を審査することである。もっとも、黒澤本人の回想では、山本嘉次郎は所用で審査会には出席しておらず、担当検閲官がいろいろとつまらぬケチばかりつけるのを、小津安二郎が「百点満点として〝姿三四郎〟は、百二十点だ！　黒澤君、おめでとう！」と、言ったという（『蝦蟇の油』、一四六頁）。映画人たちの間で評判がよかった『姿三四郎』は、新聞・雑誌等ではどのように迎えられたのだろうか。新聞評はスペースがきわめて限られていて、意を尽くすのは評者にとって至難の業であろうが、各紙とも簡潔・的確にまとめようと苦心している。短い文章をさらに短くして引用してみる。

まず『読売報知』（一九四三年三月二十一日）は、

物語の構成はやはりチャンバラもの〻域を出てないが、その巧妙におきかえた「柔道」の闘いに、新人黒澤明の脚色、演出の新鮮な感覚が閃く。魅力ある健全大衆興味編といえよう。／「わざ」に溺没して「魂」を喪った柔術家群に対して「技・心」一如の柔道家のこゝろが全編を貫くが、纏綿《てんめん》する情緒も汚れがない。この作に、も一つ高邁な精神の追求を求めることは無理かも知れぬが、それでも「主張」だけは逃さない演出の心くばりは認められる。

と、なかなか好意的である。ただし、映画の後半は「冗漫の腰くだけに果てた」と述べ、「藤田進の三四郎の朴訥、妖気漂わせる月形の檜垣の性格、大河内の矢野などよい」と、俳優たちには合格点を出している。

『東京新聞』（一九四三年三月二十四日）は、物語のいくつかの説明不足を指摘しながらも、新人らしからぬスキのない黒澤演出にかえって将来が心配だと変な褒め方をして、「戸田（映画では村井」父娘との交渉は細かくよく出て全編の白眉、それと眼目の試合も充分描けた」と、好意的である。記事では「戸田父娘」と誤記されているが、志村喬と轟夕起子が演じた「村井父娘」のこと。なかで『朝日新聞』（三月二十四日）のＱ評は、あれこれ苦言を呈して、「黒澤監督の描写力は動的な迫力があって、処女作としては異数だし、繊弱な心境映画よりはこの方が頼もしく魅力もあるが、しかし主題を明確に摑む力はまだない」と述べ、最後の決闘は大袈裟すぎるとか、三四郎が池のなかで一晩過ごすのはばかげている、三四郎の敵の娘が二人絡んでくるのはいずれも失敗であるなど、当時はぎれよく「駄作」や「愚作」といった言葉を連発していたＱ（津村秀夫）らしく手厳しい。ただし、批判された個所はほぼ原作どおりでもあり、最後の決闘はその描写力から強い印象を受けた人々も少なくはなかった。

一九四一年十二月八日、日中戦争の泥沼化から対米英戦へと突入した日、閣議ではこの戦争を〝大東亜戦争〟と呼ぶことに決定、『姿三四郎』が封切られるころには日本の戦雲に暗い陰りが見え始めていた。すでに一月には、東部ニューギニアのブナ守備隊が玉砕、二月にはガダルカナルの地上戦で戦死者・餓死者を含めて二万五千人の犠牲者が出ており、四月には連合艦隊司令長官・山本五十六大将の乗った飛行機が撃墜された。そしてこの暗雲は五月のアッツ島守備隊の玉砕へと続いていく。すでに国策に沿う映画製作が強く推奨されており、国民の戦意高揚と男子の敢闘精神の涵養とは国家の要請でもあり、黒澤明の師・山本嘉次郎監督が『ハワイ・マレー沖海戦』（前年十二月に封切）で描き出した世界でもあった。富田常雄の原作小説に基づく『姿三四郎』の映画化には、こうした時代の要請――武道を通しての精神と肉体の鍛練――が建前として背景にあった。しかし、建前はともかく、『姿三四郎』は映画らしい映画が誕生したと大方に歓迎されたのである。たとえば、

一名の新人監督がここに颯爽として名乗をあげた。「姿三四郎」の演出家黒澤明がそれである。／この処女作を見た人々は、彼が脚本作家として立派な実力を持っているだけでなく演出者としても亦すぐれた才能の所有者であることに、やや大袈裟にいうならば驚喜しているのである。／「姿三四郎」は、単に新人の第一回作品として、やや出来すぎるほどの手なれた演出を示しているというだけでなく、実にこの映画によって久しぶりに本当の映画を見たような気がするという感慨をもらす人があり〔中略〕／三四郎と村井半助の試合におけるカメラの位置と角度、最後の右京ケ原の試合における凄壮な雲の動きを最も特徴的な部分として、この演出者は映画独自の表現力というものを信じ、それを生かし、それを生み出そうと努力しているのがわかる。久しぶりで映画を見たように感じたという人の意見も、おそらくこれを主としているにちがいない。（滋野辰彦『映画評論』一九四三年四月号）

あるいは、

『姿三四郎』の出来ばえは、期待以上のものであったと、筆者は信じている。第一回の作品で、これだけの技量をもち、これだけの個性を発揮した監督者は、最近では、吉村公三郎以外にはない。／従来――殊に時代もの映画に於て――一つの型をなしていた活劇場面の

処理・また禅問答的なふくみのカッティングなどが、ここでは誇張された様式となってゐる。それが些かやりすぎのある観があることは否めないが、例えば静と動との切りかえしの効果よろしきに依って、従来のものとは違った新鮮味をだしていることは注目されなければならない。（飯島正『新潮』同年四月号。ただし、無署名）

さらに、

『姿三四郎』は近来にない映画らしい映画である。しばらく忘れられていた映画的魅力を甦らせて呉れた、その点だけでも、声を大きくしてほむべき作品である。これは新進黒澤明の第一回作品であるが、こんな華々しい出発をした演出者は今までに全くなかったと云っていゝ。（大塚恭一『映画評論』同年五月号）

これらに、「昭和十八年度における映画監督の話題は、黒澤明と木下恵介の出現につきる、と言ってよい」（木下武男『新映画』同年五月号）、「殊に『姿三四郎』は当年度の五指に数えていゝ佳作でありました」（水町青磁『新映画』同年五月号）等、いくつかの賛辞を付け加えれば、酷評に終始する「姿三四郎の演出に就いて」（中岡孝『日本映画』五月号）や、先に紹介した『朝日新聞』のQ評等は少数派であり、かつ的を正しく射ていない批評だったことがわかる。むろん、賞賛者たちも賛辞一辺倒に傾くのではなく、時代背景や演技その他に関してはいろいろと注文を出してはいたものの、『姿三四郎』が当時の日本映画のなかで、新鮮味と面白さとを合わせ持った「映画らしい映画」として登場したことには一致して高い評価を与えたのだった。

同年に監督としてデビューした木下恵介の作品は『花咲く港』であり、他に同年度の収穫として水町青磁が挙げているのは、『無法松の一生』（稲垣浩）、『望楼の決死隊』（今井正）、『熱風』（山本薩夫）、『海軍』（田坂具隆）、『愛の世界』（青柳信雄）、『決戦の大空へ』（渡辺邦男）、『愛機南へ飛ぶ』（佐々木康）、『成吉思汗』（牛原虚彦）などだった。昭和十八（一九四三）年度の封切映画による入場者数一覧を見ると、『姿三四郎』は第四位であり、観客からも支持されたことがわかる。一位から三位までは順に、『海軍』『伊那の勘太郎』『無法松の一生』である（『日本映画』一九四四年五月一日号）。

視覚性、運動性を特徴とする「映画らしい映画」の小気味よさ、構図・撮影・照明・音楽・編集等を含む映画演出技術の卓越性。これらは衆目の一致するところであり、その後の黒澤作品の表現スタイルの明瞭な特徴ともなっていくものであるが、なかで水町青磁の「立ち廻りのスポーツ的な興味ではなく、寧ろ柔道の哲学を説くかの如き熱意／私は、その観念的なものが、この作品の力であると思った」（『映画旬報』一九四三年四月二十一日号）という指摘は重要だ。『朝日新聞』のQよりも主題を的確につかんでいたことになる。「観念の映画」――よかれ、あしかれ、これもまたその後の黒澤作品の大きな特徴となっていくからである。

『姿三四郎』は中国題名『鉄臂柔腸』として上海でも好評を博したらしく、そのあと、香港では封切り前に記者たちを集めて日本柔道に関する認識を深めさせ、日本憲兵隊の柔道教師を囲んで香港武道家たちと座談会をやったという。新聞評（紙名不詳）からの日本語訳が出ているので、引用しておこう。

之は成功せる日本映画の一つである。日本の柔術が如何にして柔道にまで進歩したかを、闘士姿三四郎と柔道開拓者矢野先生の二人を中心として描いたものである。監督脚色の黒澤明は柔道発達苦闘史の中に巧みに恋愛を挿入して、ともすれば生硬になり勝ちな物語を興味深いものとして見事である。ことに「蓮池の中の一夜」「対門馬との戦」「対村井との戦」及び「小夜と相識る境内」の各場面は優れ、又下駄を用いての時間経過の説明は美しく敬服した。

(「共栄圏映画情報」『日本映画』一九四四年五月十五日号)

監督が工夫した各アクション場面の演出、そして三四郎と小夜の逸話、とくに小雨のなか、二人がそれぞれの思いで祈願に向かい、境内の石段で出会う場面を評価している。境内の石段での出会いは黒澤演出の視覚的な美しさであるが、原作では場所が異なっており、氷雨のなか、乙美(映画では小夜)は淡路町の田川(彼女が奉公する牛肉店)へ向かう途上、鼻緒が切れて困っているると、通りかかった三四郎が助けてくれる。香港の記事では、最後の決闘で三四郎の念頭に浮かぶ蓮の花の画面は長すぎて精彩に欠けたという。

国内での評価も、座談会など含めて、アクション場面にひとつも同じパターンを使っていない巧みさ、三四郎が投げ捨てた下駄の時間経過のうまさなどは賞賛されているが、池のなかの三四郎の眼前で蓮の花が開くシーンについて、師匠の山本嘉次郎は不要だったとも述べている。下駄の時間経過がディゾルヴ(溶暗溶明)で示されるシーンは、黒澤自身が回想で、アメリカ映画からのいただきだったと明かしている。ただし、アメリカ映画では棄てられた人形の時間経過を見せる場面だったという。(1)

最後に、映画の原作について少しふれておこう。映画公開前年、錦城出版社から刊行された『姿三四郎』(一九四二年九月)が原作である。これはのちに連作小説のかたちをとってまとめられていくので、戦後の新潮文庫版(全三巻)では、上巻の前半が矢野正五郎自身の物語。その後半二章(巻雲の章・四天王の章)から中巻の冒頭二章(流水の章・碧落の章)まで、つまり、姿三四郎の登場から檜垣源之助との決闘までと、三四郎がさらなる修行へ旅立つべく横浜へ向かうラストまで。戦前の錦城出版社刊(正篇)、増進堂刊(続篇)ともに矢野正五郎の物語は含まれていない。細部の逸話は省かれているが、映画のシナリオもほぼこの物語に沿っている。原作はいま読んでもおもしろく、大衆作家として富田常雄のかつての人気に納得させられる。文章がうまく、時代背景となる明治の世相描写も巧みであるが、柔道創成期の逸話や格闘技の場面に読者の興味をつないでいくからでもある。富田常雄自身が柔道の有段者であったばかりでなく、その父・榮次郎(原作・映画の戸田雄次郎に相当)は講道館四天王の一人だった。四天王には姿三四郎のモデル・実在した西郷四郎が含まれる。ドイツ文学由来の教養小説は大正時代から日本でも青年たちに読まれていた。『姿三四郎』は武俠と明治ロマンと青年の成長を描く教養小説にも似て、読者層の大半は若い男性だったと思われる。兄亡きあと、強い志を持とうとした黒澤明にとっても、戦時下の大衆映画として格好の原作だった。(2)

柔術師範・村井半助（志村喬が扮する）の娘小夜を演ずる轟夕起子に対して、当時の多くの評者がその演技の拙さを指摘している。これは山本嘉次郎も認めていて「轟君の演技のことだが、あれは一つは黒澤君の責任じゃないかと思う。黒澤君は女に対しては概念的でね。『達磨寺』にしても、何にしても、女は描きたりない。」（前掲座談会）と語っている。「女性を描くのが苦手な黒澤監督」という伝説の発端はここにあるのかも知れない。しかし、いま『姿三四郎』を見直してみると、戦時下の武張った風潮のなかで、女性に対する三四郎の心やさしさや慕情はとても美しく見えてくる。神社の階段で三四郎と小夜が出会う場面の音楽（鈴木静一担当）に関して、のちに秋山邦晴はこう述べている。

ここのシーンは静かな雨にぬれた神社の階段という美しい構造のなかで、明治時代の素朴でぎこちない若い男女の心情を、ほのぼのとしたロマンティシズムでひそやかにうたいあげている。そこに抒情的な旋律が美しくうごく。印象的なシーンである。／ここでの映画音楽の表現は、ある意味では従来からの常套的な方法であるといえるかもしれない。それは美しく、ロマンティックな映像への語りかけである。黒沢明はそうした型どおりの甘美な音楽表現による方法とは異質な、なにか別の表現方法を考えていたのかもしれない(3)。

女性に対する三四郎のやさしさは原作どおりでもあり、かつて男性たちが使ったフェミニズムという言葉の古い意味——清純な女性への憧憬と崇拝——がここにある。ともあれ、画面に何度か現れる轟夕起子の笑顔はなかなか魅力的だ。

なお、戦後に再上映されたフィルム（昭和二十七年七月以降）、そしてビデオ時代になって販売されたものは一部欠けたままであり、当時の批評からその欠けた個所――たとえば、矢野正五郎が三四郎に稽古をつけるシーン等――を推測することも可能である。かなり年月が経ったあと、欠損部分がロシアで発見され、その個所を足した「最長版」が作成された（二〇〇二年十月にDVD販売）。試写または封切り当時に見て書かれた戦前の批評は、もともと完全版を対象にしていたはずである。(4)

注

(1) DVDの特典インタビューより。DVD版『姿三四郎』東宝、二〇〇二年。

(2) 当時の論者が気づいてはいても、黒澤版『姿三四郎』と比較まではしなかったのが吉川英治の『宮本武蔵』だった（一九三五年―三九年『朝日新聞』連載）。のちに山本喜久男は『姿三四郎』が『宮本武蔵』を現代的に改良したと述べたが、三四郎は西洋風スポーツマンというより、やはり武道家であろう。「真剣勝負の殺人者ではなく厳格なルールによって生命を守るスポーツマンに昇華したこと、敵という非人格化された対象でない試合相手の人間性に尊敬と同情を持つ闘士にしたこと、勝利第一のアナーキズムを社会正義やフェミニズムの市民道徳に昇華したこと、すべての面で自分より偉大な師に教育を受けて自己完成すること」。山本喜久男ほか『世界の映画作家31・日本映画史』キネマ旬報社、一九七六年、一二〇頁。

(3) 秋山邦晴「黒澤映画の音楽と作曲者の証言」、『キネマ旬報』増刊五月七日号（「黒澤明ドキュメント」）、キネマ旬報社、一九七四年、一八八頁。鈴木静一の音楽に関して、秋山のコメントを付加しておくと、『姿三四郎』では初めにでるメイン・タイトルの主題が三四郎のテーマである。五〇人編成のフル・オーケストラで作曲されているが、戦時中の映画音楽としては珍しいくらい大きな編成でかかれている。大編成で作曲してほしいと注文をだしたのは黒沢監督であったという。／このテーマは、ひとつのライト・モティーフのように、三四郎（藤田進）の登場する主要な場面に出現する。このほかに、もうひとつ、乙美〔小夜〕のテーマというものがある。／このヒロイン乙美に小さなライト・モティーフのような形でテーマをあたえ、これを場面によってときには劇的に展開、発展させている」（一八七―一八八頁）。さらに、「再上映版のとき、黒沢明はタイトル音楽だけを新しいものにしてほしいと作曲者〔鈴木静一〕に要求した。したがって、タイトルだけは、三本とも異なったものである。『續姿三四郎』でもライト・モティーフは『姿三四郎』の場合と同じテーマだが、むろん主題の展開・発展は新しく扱われ、作曲も改めて行われている。」（一八七―一八八頁）。

秋山邦晴には『日本の映画音楽史1』（田畑書店、一九七四年）という先駆的著書があった。これは戦前編であり、戦後編をまとめる前に他界した。戦前のトーキー台頭期には、サイレント映画時代の伴奏音楽論とは別の次元で、映画と音・セリフ・音楽の問題がさかんに議論された。日本の映画音楽に専門的職業が生まれてくる草創期であり、黒澤明がP.C.L.に入社した時期とも重なっている。ただし、当時の映画評のなかで音楽にまでふれたものはまれである。監督の意図と作曲家のねらいの区別がつけにくいことや、本格的に論じるには、評者の側にも音楽の素養が必要であるうえに、作曲家の音楽表現技法そのものを対象にせざるをえなくなるからだ。

（4）『姿三四郎』最長版作成については、ロシアでフィルムを調査・発見した佐伯知紀がその経緯を述べている（ＤＶＤ版解説パンフ、東宝映像事業部、二〇〇二年）。これにより、戦後一般に見られていた七七、八分から約八八分へ長くなったことになる。戦前の完成版（九七分か）公開ほぼ一年後、一部がカットされた理由としては、一九四四年四月以降からフィルム尺数が二〇〇〇メートル以下と制限されたこと（内務省の通達「決戦非常措置に基づく興行刷新実施要項」）、二〇〇〇メートルは約七三分だから、それよりだいぶ長かった『姿三四郎』は興行時間に合わせてカットされたのだろう。ただし、誰が、どのように判断して、いつカットしたのかは不明である。当時の興行時間全体は一〇〇分以内に制限され、約三〇分近くがニュース映画や文化映画（いずれも強制上映）に充てられていた。

一番美しく

東宝
一九四四年四月十三日封切

脚本は黒澤明のオリジナル。物語の舞台は戦時下、東京近くでレンズを製造する光学製作所。そこで非常時の増産運動が始まり、職員や女子工員たちがさまざまな障害を乗り越えながら、団結して増産に立ち向かう。所長役に志村喬、労務課長に菅井一郎、寮母に入江たか子、工員組長の渡邊ツルに矢口陽子。女子工員役の女優たちは実際の日本光学製作所の女子寮に入って特訓を受け、集団生活を送りながら撮影された。

〈白黒・スタンダード・八五分〉

『姿三四郎』封切り後、戦局はますます不利になり、生活が不自由と困窮を増していた。また兵士としてあるいは軍事徴用として召集される男子が増え、職場が人出不足になるなか、女性たちの勤労動員も始まっていた。翌一九四四年九月、閣議は国内態勢の強化方策を決定した。そのひとつが〝女子勤労挺身隊〟の結成である。一四歳以上二五歳以下の未婚女性を組織して、軍隊へ動員され不足する男子に代わり、若い女性たちを職場で働かせるためだった。

『姿三四郎』の次作候補に挙がっていた久板栄次郎の「国際放送戦」や自作シナリオ「サンパギタの花」の映画化が立ち消えとなり、第二作は『一番美しく』に決定した。この題名は、アメリカ映画の魅力、面白さをたえず意識していた黒澤がアメリカ映画に負けない日本映画の要素は何かを思案していたとき、日本文化・古典芸能の美が念頭に浮かんで、映画雑誌に寄せた随想の標題でもあった。[1] 題材にいち早く女子勤労挺身隊を取り上げたことになるが、国策に沿う企画でなければ、映画製作は困難になっていた。『日本映画』（一九四四年四月十五日号）の「新作映画企画評」によれば、当初の企画とシナリオにどうやら注文が付けられたようで、いくらか改変され、「生産戦線に加わって居る若い女性達が現在の女性の中で一番美しい姿」であり、「女性の新しい青春の世界が今は工場」であると力点が移り、この映画は最も時局に合った〝戦時下の現代劇〟となった。黒澤によるオリジナル・シナリオは昭和十八年度の情報局選定国民映画に認定された。

新聞最初の評は、『読売報知新聞』の短評（四月十六日）だろうか。いくつかの不満が述べてあり、のちの他誌（紙）の評にもほぼ同様の指摘がみられる。

> 女子工員の青年隊長渡辺ツル《ママ》（矢口）以下におよそ今まで「女優」という範疇からは縁遠い存在の殆ど素人に近い女優群を配役して、それだけ現在の女子工員の新しい型を描き出すのに一応の成功は見せる。しかし人格の完成が勤労を通じてはじめてなしとげられるという主張は、脚本演出（黒澤明）ともにいかにも美しくうわべをなでていて、肝腎の心理的な剔抉《てっけつ》を要する部分になると鼓笛の演奏にうまく逃げてしまうあきたらなさを痛感する。入江の寮母が熱演すればするほどお芝居がちらつき、折角この映画がかもし出してい

る現実性を傷つける。

『東京新聞』評（敏、四月十九日）は、気鋭の新人監督が前作の娯楽中心から主題をまったく変えて、「増産」問題に取り組んだ努力を良しとしながら、女子工員たちの美しい話を積み重ねた「逸話」に頼りすぎたきらいがあると指摘した。

『朝日新聞』（Q、四月二十一日）では「手許の乱れや独り合点もあるが、作った人の若さの力と活力の感じられるものだ。女性勤労を集団生活として描いているが、工場映画としては『決戦』『熱風』の如く色事めいたイヤらしいお添え物のないだけでもサラリとしている」と、評の前半ではややほめながら、後半では細部に不満を述べている。[2] 企画にあった「戦う女性のたくましさ」と「若い女性のやさしさと明るさ」。これは描写が「戦う女性のたくましさ」に傾けば、生硬な映画になるかもしれず、「若い女性のやさしさと明さ」に傾けば、女の子たちが「遊び戯れる」青春映画になってしまう。このバランスの取り方が難しく、シナリオの初稿には後者に主眼がいってしまったと懸念する批評もあった。

この映画の最初の脚本〔初稿〕は後者の場合であって、鼓笛隊と排球〔バレーボール〕と女子寮の演芸会のほかには何もなかったのである。それが女子工員の工場で働くすがたをとりいれて、現在の映画のようになったのであるが、改訂された脚本と出来あがった映画とのあいだには力点の置き場所に相違があり、それがこの映画の効果に或る疑念を抱かしめる結果となっている。

（無署名、『日本映画』同年五月一日号）

ここで評者の疑念とは、女性たちを消極的に描写した場面、たとえば鈴村（鈴木あさ子が演じた）が病気で帰郷する別離の場面の長さ、逆に渡邊ツルが母の危篤にも帰郷せずに働く場面の長さなどを指しているようで、女子工員や女子挺身隊の取り上げ方には、よほど腰を据えて研究してかからなければ「逆効果を招くおそれがある」と注意を与えている。

『一番美しく』は、前作『姿三四郎』のような〝健全大衆興味編〟というわけにはいかなかった。なにしろ国策に沿って、お国のために働く若い女性達を描かねばならなかったからだ。光学兵器としてのレンズ工場における〝増産〟がこの映画の主題であるが、映画の強いメッセージは映画冒頭で所長がマイクを通して訓示する「人格の向上なくして増産なし」という、教育的・倫理的立場から発せられており、その精神主義は『姿三四郎』とも重なっている。所長の訓示の声を聴く少年たちの整列も一瞬見られるが、勇ましいというよりもなんだか頼りなく見える。

前作の〝映画らしい映画〟を支えた才気ある表現は後退したとみる評も多く、わずかに、冒頭のマイクによる大きな声から始まる意表をつく始まり方を「この辺は脚本を書き演出をした黒澤明の、まだ型にはまらない清新な感覚をしめしているのであろうが」と、滋野辰彦の好意的評（『新映画』一九四四年六月号）がみられる程度である。若い女性たちをめぐるいくつかのエピソードに関しても、細部を好意的に受けとめている評者は杉山平一くらいで、彼は「作品月評」五段組二頁（『映画評論』一九四四年六月号）の多くを『一番美しく』に割き、その集団描写

の表現力を称えている。たとえば、
観る者もまたたのしく、女子の集団のよろこびかなしみの成り行きの、溢るゝばかりの生命感をそのまゝに充実感を味う。結論はすでにその過程のうちに描かれみちびかれつゝあった。これでこそ表現である。説明と表現の区別は、規範の示されたいまの時代、作品に最もつよく要求されなければならないと思う。

このほか、杉山は上半期の他の作品の短所を指摘しつつ、『一番美しく』を例にその長所を多数挙げている。当時最もよくこの作品を評価した批評だったと言える。杉山評はおそらく黒澤を喜ばせたに違いない。『姿三四郎』で映画技法を褒められた黒澤は、技法よりも観客の琴線にふれるもの、強力なアメリカ映画の魅力に対抗するためにはどんな日本映画を作ればよいか、「企図や描法の新しさ、によってではなく、端的にそこに描かれた人間の魅力で、勝ちたいのである」(「『一番美しく』の演出」、『新映画』一九四四年四月号)と、国民映画はどうあるべきか、淡々と述べていたからである。映画製作も生活も厳しくなる一方だったが、黒澤は自分の仕事を精一杯やること、つまりアメリカ映画に勝つ映画を作ることで時局に応えようとしていた。

いま見ると、この映画は戦時下の反映でもあろうが、登場人物たちのそのひたむきな生真面目さと国家への団結した奉仕精神で――イデオロギーはまるで異なるものの――スターリン時代の増産運動映画や、一九六〇年代中国の紅衛兵運動を思わせる。女子寮から会社へ鼓笛隊のように整列行進して出勤する描写が何度かあるので、挺身隊はやはり軍隊風の勤労動員であり、出勤というよりも〝出動〟していく勇ましさも強調される。

不思議なことにスタッフ名に音楽担当者の名前がない。秋山邦晴は「伊藤昇」だったのではないかと推測して、記録映画風のつくりになっているのに合わせて、既成のレコード音楽（行進曲や国民歌謡）を多く使う場面ではスポーツ映画のようでもあり、映像と音楽がちぐはぐな印象を与える、作曲されたオーケストラ演奏個所でも不統一感を受けると、評価はよくない(3)。ともあれ、バレーボールに興ずる娘たちの溌剌とした顔のモンタージュ、そこに挿入される増産結果を表す線グラフの画面。バレーボールは単なる気晴らしではなく、増産への頑張り精神を養う教育の一環である。仕事場のシーンと張りつめた静かな雰囲気、工場の上司の男たちのやさしさ。しかし、映画のなかで女子たちは何度泣くのだろう。うつむいて下を向き、あるいは胸の思いが言葉にならず涙する。病で帰郷する仲間との別れにも感きわまってみんなが泣く。ラストではリーダーの渡邊ツルが、故郷から母死すの連絡を受けても、「帰郷しません」と上司に決意を告げたあと、一人で検査機を覗きながら涙する。感傷的で湿っぽい場面も多いのだが、こうした涙とともに女子たちの感情はひとつに溶け合い、観客もまた一体化していったのだろう。この湿っぽさに言及した論評は見当たらない。女子工員たちの中心的役割を演じた矢口陽子、彼女はそののちに黒澤夫人となった。

注

(1)黒澤明「一番美しく」、『新映画』一九四三年三月号。『全集』第一巻、三八〇―三八二頁。

(2)『決戦』は一九四四年二月公開の松竹映画、吉村公三郎と萩山輝男の共同監督、久板栄二郎の原作と脚本。『熱風』は一九四三年十月公開の東宝映画、山本薩夫監督、原作は岩下俊作、脚色は小森静男と八住利雄。Q評の津村秀夫は『決戦』を詰まらぬ映画としているが、水町青磁は上半期ベストテンの五位とし、『一番美しく』を九位とした（「上半期縦横断」、『新映画』一九四四年八月号）。

(3)秋山邦晴、前掲書「黒澤映画の音楽と作曲者の証言」、一八九―一九〇頁。ただし、「黒沢らしい音の処理」として次のように述べている。

彼女らが鼓笛を鳴らして行進する場面の途中に、踏み切りを汽車が通過する轟音を挿入した場面。あるいは工場の帰り道、レンズが一枚失われたことを寮母に報告するシーン。踏み切りで、ツルがそのことを話しているが、貨物列車が轟音をあげて通過して、彼女の声が無音になる。それがひとつの心理的な表現となっていて、いかにも黒沢らしい音と映像の効果である。こうした方法は、ペペ・ル・モコ（「望郷」）のラスト・シーンの汽笛によって、すでに有名である。しかし、この汽車の通過音による会話の中断の場面のほうが、いっそう複雑な心理的な表現としてこころみられているように、ぼくにはおもえる。（一九〇頁）

「汽車の通過音による会話の中断」、筆者（岩本）がすぐに思い浮かべたのは『望郷』（日本公開、一九三九年）より先に日本で公開されたトーキー映画初期の『巴里の屋根の下』（日本公開、一九三一年）である。

續姿三四郎

東宝
一九四五年四月二十六日封切[1]

脚本は黒澤明。原作は富田常雄の『姿三四郎（続篇）』（増進堂、一九四四年七月刊）。物語の場所は一八八七年（明治二十）の横浜。前作のラストでは汽車で横浜に向かう三四郎（藤田進）、勝手に同乗した小夜（轟由起子）、二人の場面で終わるが、本作は武者修行のため地方を巡った三四郎が、横浜へ戻って来たあとから物語が始まる。横浜で初めてボクシング試合を目にし、また柔術家が叩きのめされるのを目撃した三四郎は、ボクサーとリング上で闘うはめになる。一方、前作の最後の決闘で再起不能となり床に臥す檜垣源之助（月形龍之介）。その弟二人、鉄心（同じく月形龍之介）と源三郎（河野秋武）が兄の復讐をねらって三四郎の前にたちはだかる。彼らの対決が全編のクライマックスとなる。原作の終わりもそうであり、映画物語と大筋はほぼ同じだが、三四郎に関わる二人の女性の誕生の秘密に関して、映画では一切省略されている。

〈白黒・スタンダード・八二分〉

『續姿三四郎』の公開前年、「劇映画企画紹介」が『日本映画』（一九四四年十一月十五日号）に掲載されており、『續姿三四郎』に関しては短く次のように記されている。（読点は引用者）。

製作意図――材を明治初期の柔道草創の時代に取り、その一天才児姿三四郎の歩いた荊の道を描きつつ、日本武道の精華は己れを滅して大義に生きるの一点に尽きる事を強調し、戦時下国民の士気昂揚を意図するものである。

この簡単な製作意図はたぶん東宝の製作部から出されたものだろう。抽象的で大まか、前作『姿三四郎』の製作意図と共通していたと思われる。「戦時下国民の士気昂揚を意図するもの」とあるように、国策に沿う企画の意図がうかがわれる。公開年(一九四五)三月には東京大空襲があり、敗色いよいよ濃厚な時期であった。もはや雑誌類は刊行困難、この映画の批評も少なく、しかも失望しているものばかりである。黒澤監督自身、二番煎じの企画にすぎない〝続編〟であり、制作には少しも乗り気ではなかったようだ。まず、『東京新聞』(四月二十七日)を見てみよう。

この続編は一昨年の今頃に封切られた「姿三四郎」に較べてかなり見劣りがする。前年にみられた三四郎(藤田進)の精神的錬磨の過程への追求や日本武道を内側から眺めようとした努力が、続編では一向に示されず、結局柔道対拳闘の試合と檜垣流唐手との決闘という二つの話を性急に追い廻しているにすぎない。矢野正五郎(大河内)も小夜(轟)も大三郎(新人石田鉱)も、ほんの申しわけに時々顔を見せるだけで、途中からいつのまにか脱出してしまうし、画面も暗い。ただ他愛なく三四郎を強い男に祭り上げて、アメリカの水兵を海中に投げこんだりアメリカの拳闘家を叩きつけたり、唐手の達人の檜垣の弟を倒したりして観客の喝采を博せば事足れりとするような無造作に終始している。これでは安手のチャンバラ映画とすこしも変わりがない、続々編と云うべき本紙連載の「柔」の映画化に、新人演出家黒澤明の奮起を期待する。（伊）

文中の「檜垣の弟」とは、第一作の檜垣源之助（長兄）の弟たちのなかの年上、鉄心を指している。源之介も鉄心も月形龍之介が演じているので紛らわしい。第一作で周囲から大きな喝采を受け、颯爽と映画界へ登場した黒澤監督も、この第三作では「安手のチャンバラ映画とすこしも変わりがない」と、叩かれてしまった。

『朝日新聞』（四月二十八日）のQ評はどう見たか。

前編に散見した技巧だおれや観念的な稚拙さはないが、密度も迫力も薄れ相当に造作は荒い。姿三四郎というほど藤田進にピッタリしたものはなく、そこに第一の魅力があるが、然しこの柔道書生の悩みが何処に在るのかは要領を得ぬ。師匠の掟を破って米人との拳闘の試合に出たり、月形龍之介の唐手の名手から挑戦されて雪中で試合し、おまけにその相手が怪異な風俗で奇声を発したりするので、講談の映画化のような浅薄な意味に於て一種独特の気分に誘われる面白味はある。三四郎はなぜ恩師に再び叛いたのか。そういう「なぜ」を問わずに漠然と場面の変化を眺めていると、黒澤明という新進監督が非常に楽しそうに作っていることが解され、要するに無邪気な映画である。

黒澤明は「楽しそうに」撮っていたわけではなく、気乗りせずに取り組んだようではあるが、

『續姿三四郎』が前作と比べて見劣りがするのは否めない。それに、最後の決闘、雪の谷間にこだまする鉄心の気合は裂帛《れっぱく》の気合か、野獣の叫びか、大げさすぎるようでもあり、Q評が「講談調」と揶揄したようなおかしさもともなう。少し弁護すると、現在のデジタル技法を駆使するアクションのめまぐるしい素早さや奇想天外な動きはないものの、静かな背景音楽に、唐手と柔道、二人の闘いをほとんどフルショット（全身をとらえた映像）で通し、場の緊張感を出そうとした、監督の工夫でもあっただろう。この決闘は鉄心とのみ行われ、末弟の源三郎は病の発作のため三四郎とは闘わないままである。

描写がチャンバラ調か講談調かの粗削りとはいえ、この作品の主題もまた、精神修行を積んだ人格（＝成熟）によって野蛮（＝未熟）が教化されるという点で、『姿三四郎』はむろんのこと、『一番美しく』とも共通している。本作では、三四郎が檜垣三兄弟を教化する立場（長兄は前作ですでに教化され、本作では三四郎の敵ではない）へと相対的に格上げされていた。本書の第六章「一、幽鬼の肖像」で論じるように（本書二八六―二八九頁）、この映画で強い印象を与えるのは檜垣兄弟の登場シーンである。末弟・源三郎（河野秋武が扮する）の異形は能の〝物狂い〟の様式を取り入れており、扮装のみならず身体の動き自体も様式化され、異様な雰囲気を放っている。三四郎との試合が果たせず、無念のおももちで道場を去る直前、高窓から斜めに光が差して兄弟を不気味に浮かび上がらせるシーン等は、〝視覚の人〟黒澤明の面目がよく出ている。Q氏が「大袈裟」とみた前作『姿三四郎』のクライマックスの決闘シーンは、のちに増村保造や外国の批評家たちが黒澤スタイルの先駆とみているものであり、それは本作のこの道場のシーンにもみることができる。すなわち、空間や人物の表現主義的誇張、あるいは表現主義的創造である。

時間経過の省略法、たとえば柔道に入門した人力車夫の若者が少しずつ上達していく経過を同じアングルのショットで（若者が正面を向いて一礼するだけ）――頼りなさからふてぶてしさまで――その成長ぶりを見せたり、三四郎とボクサーの興行試合では、当事者たちはほとんどセリフなく、興行師の男（菅井一郎）さえマイム風のアクションだけで終えてしまい、あとは周囲の喧噪だけという描写、これらもサイレント映画風の表現法であり、視覚だけでわからせる簡潔な技法だ。ついでながら、前作では警視総監役を、本作では利に目ざとい興行師役を演じた菅井一郎、彼はシリアスな役から軽妙な役まで、なんでもこなす脇役として日本映画に数多く出演しており、忘れがたい俳優の一人である。

原作との違いは、前作映画の場合よりも大きいといえるが、それはアクションのみが映画で前景化してしまったからだろう。原作の続篇に登場する壮士・真崎東天は明治政府の急激な欧米化を憂える国士であり、アジア全体の情勢に詳しく、三四郎に世界への目を開かせようとする弁論家でもある。四天王の一人、大男の団義麿（映画の前作では河野秋武が扮し、本作では森雅之が扮した）が感情的な国粋派であるのに対して、東天は理論的国粋派ともいえる。だが映画には一切登場しない。当時の他の国策映画ではこの種の反欧米観、日本本位のアジア主義がいくらでも強調されていたから、映画版『續姿三四郎』から東天が消えたのは、アメリカ人ボクサーが登場して、観客の憎悪の対象が具現化されたのだからそれで十分と、黒澤明が考えたためだろうか。もうひとつの大きな削除は、原作『姿三四郎（正篇）』から時折登場する子爵令嬢・高子の存在が映画では前作・本作ともまったく削除されていることだ。高子の存在は原作『姿三四郎（続篇）』ではさらに強まり、乙美（映画では小夜）と異母姉妹であること、三四郎は高子と乙美の、二人の間に挟まれながらも、一貫して乙美に惹かれていることが叙述されていく。きらびやかで高慢に見える高子の考えや心の内側も明かされていき、傲慢なだけではない複雑な心理が描写される。柔道一筋の三四郎の生活に、これら動と静、華美と質素、活発としとやか、強い自己主張とひそかな気配り、対照的な二人の女性の運命の糸が織り込まれる。明治から大正初期に流行した壮士芝居とは別の、新派舞台風のメロドラマ的世界ともいえる。この女性たちのドラマは黒澤版からまったく消えている。山本嘉次郎が語った「女を描けない黒澤」がここにもあったわけだが、映画作品としては単純化に徹したともいえる。意識的に「女を描かなかった」のだ。戦時下で、フィルムも企画も興行時間も厳しく制限されていた時代だったから。

注

（1）『續姿三四郎』の封切日は『全集』『大系』ともに「五月三日」と記しているが、本書では「日本映画情報システム」（文化庁公開のデータベース）による「四月二十六日」を採った。本書で引用した『東京新聞』が四月二十七日、『朝日新聞』が同二十八日に映画評を載せており、記事の末尾には「上映中」の文字がある。

わが青春に悔なし

東宝
一九四六年十月二十九日封切

脚本は久板栄二郎のオリジナル。久板は戦前のプロレタリア演劇運動へ活発に関わっていた劇作家である。物語は、軍国主義が強まるなかで起きた一九三三年の京大事件（滝川事件）と、戦時下に起きた一九四一年の尾崎・ゾルゲ事件を念頭に創作された。場所は京都、八木原教授（大河内伝次郎）はその自由主義的思想を糾弾されて大学を追われる。その娘・幸枝（原節子）と、彼女に思いを寄せながら反戦活動へ没入する野毛（藤田進）、二人は結婚するが野毛は逮捕されて獄死。軍国主義から解放された戦後、幸枝は一人で力強く生きることを決意する。

〈白黒・スタンダード・一一〇分〉

一九四五年八月十四日、日本はポツダム宣言による無条件降伏を受諾し、翌十五日が終戦となった。九月二日、東京湾に停泊したミズーリ号艦上で正式調印（停戦協定）が行われ、アメリカを中心とする連合軍の日本占領と統治が始まった。映画界への占領政策も打ち出され、細かい指示が出されていった(1)。映画界に限らず、産業全体への労働組合結成の指事もなされたので、十二月、旧映画法が廃止され、東宝と大映に従業員組合ができた。このあとからしばらくは東宝の組合活動が大きくなり、会社経営陣との対立が続いていく。一九四六年三月に一次、十二月に二次と、ストライキに入る。黒澤明も当初はこの渦のなかで組合側に立っており、『わが青春に悔なし』はふたつのストライキの間に公開された。黒澤にとって戦後最初の作品であり、力作長編である。だが当時の批評には、原節子の性格描写へ疑問を投げかけるものがいくつかあり、技巧的演出家としての黒澤明の力業を認めはするものの、映画作品として成功作とはみられなかった。

『朝日新聞』(一九四六年十月十三日)では、

脚本は久板栄二郎、演出は黒澤明、このあたりがいまの日本映画の良心的なスタッフだが、黒澤は期待されすぎてかたくなってしまった。昭和八年の京大事件を骨子とし情熱に生きる教授の娘(原節子)が悪魔の如き侵略主義十三年を如何に生きたかを執拗に追求している映画だが、あまりにまじめすぎて肩のこる思いがする。／人間を愛すること、人間を裏切らぬこと、目前の現象にとらわれず歴史のなかで人間を観ること、それらのことを訴えようとしたこの映画の精神は至るところに出ているが、それが教訓に終わってしまったとは考えねばならぬ問題である。原節子を使いこなした演出家の努力は立派だが、その娘がヒステリじみて見えるのは演出者の至らなさである。(淳)

一方、『東京新聞』(同年十月十六日)は担当三人の記者の鼎談を載せて、「バランスの取れぬ力作」という見出しをつけている。姓のみ、小林・早田・尾崎と記された三人の合評では、同時期に封切られた松竹の下町喜劇『お光の縁談』、大映の探偵もの『パレットナイフの殺人』も俎上に上がっており、前者は新藤兼人脚本、池田忠雄・中村登の共同監督、後者は江戸川乱歩原作、高岩肇脚本、久松静児監督の作品だった。しかし、これらの二本は論ずるに足りないと、もっぱら『わが青春に悔なし』が論じられている。やはり新進気鋭の黒澤作品として、また戦前を反省し再検討する主題を持つ硬派の映画として、記者たちが注目した作品だったに違いない。早田は「力の籠った映画だがバランスがとれていないのだね、いろんな意味で実験的な作品というような印象を受けがちだった」、尾崎は「確かに前半と後半で手法が随分ちがっているが、その原因の一つには脚本にもあるね。然し黒澤監督はムキになって映画独自の表現を追い回しているんじゃない?外国映画から吸収しようとする意欲も旺盛だと思った、もっとも吸収したものはまだ胃の中では完全に消化されていないんじゃないか」、さらに小林は「あの映画は、青春の過剰だよ、黒澤の若さはいいが、彼がもっと大人になっていたらなアと思うね、技術のよさやロケーションの美しさが、此作品を実際以上に引き立てている」など、それぞれ期待していたがゆえに、物足りなさを感じた点を率直に語っている。脚本が黒澤に合っていないのではという意見はほかにもあり、脚本のできに疑問を持たれたのだが、それは労働組合が強くなった撮影所内部のシナリオ検討会で他作品(山形雄策脚本・楠田清監督『命ある限り』一九四六年)との類似点を避けようとして、急遽、手直しをしたためだった。

映画評論家の飯田心美は短評のなかで、「原節子が主人公に扮し美貌で勝気な性格の女を演じているが黒澤の苦心にも拘らず心理は明瞭でない。そのうえキャメラを彼女に集中するあまり思想的内容の方が疎かにされ、事件の輪郭はもちろん、物語の全貌さえシッカリと捉えられていないのは残念だ。だが、この欠点をもちながら此の一作、黒澤の才気ゆたかな演出技巧に彩られて最後まで見ていられる。」(『近代映画』一九四七年一月号）と弁護している。

ほかにも、さまざまな評者が原節子の演技の是非に論を集中させていて、「あんな無軌道な娘」を持った親は「悔多き人生」になるだろうと評した津村秀夫の道徳論（「人生描写としての映画」『映画展望』一九四七年一月号）は論外にしても、北川冬彦（『キネマ旬報』同年一月号）、山本嘉次郎（『映画ファン』同年一月号）、登川直樹（『映画評論』同年二月号）らの疑問——とくに原節子のキャラクターについて——には強い調子がみられる。

とりわけ登川直樹は、松崎啓次（製作担当）・久板栄二郎・黒澤明らの壮図——これまでの「盆栽的日本映画」に対する荒々しい挑戦——に敬意を払いつつも、自己の違和感を率直に吐露している。たとえば、冒頭の学生たちと幸枝のピクニックのシーン、ここでは「青春」表現の誇張、大学生の青春とは思えない幼さがあり、表現としての青春のいびつさ、ゆがみがあったと考える。また、行動派にして知性派の野毛に扮した藤田進、彼には「演技の知性」が欠けている、あの時代に抗して生きる「複雑な計算に立って、〃目の眩む様な〃きわどい生きかたをする人間像が、藤田進の演技に見られなかった」と指摘する。そして肝心の幸枝、原節子の演技、というよりも演技解釈に関しては、幸枝の心理や性格設定が粗く、画面技巧への作為性が強すぎると言う。ことにラストシーンの幸枝、ここは映画の主題ともなる重要なシーンであるが、それまでヒロインの内省が十分に描かれないので、彼女の無批判な猪突猛進ぶりに評者（登川）は首をかしげるばかりだった。そして語調は強くなる。

ただ恐ろしい眼つきばかりしてあとからあとから労働力を無尽蔵に吐き出してゆく幸枝という女は、一体何であるのか。もはや泣くことも笑うことも忘れ果てた木石の女は、生きた動力機械としか思えないが、これこそ『一番美しく』の主人公渡邊つるよりももっと「戦時型」なのである。この様な幸枝の延長、肉体の酷使と精神の消耗と、こうした方向に幸枝を延長することが、果たして「青春」を描く道であったと言えるだろうか。

物語の始まりは一九三三年に設定されていたから、登川直樹が一六歳だったころ、のちに東京帝大文学部に入って美学を専攻する彼にとって、「悔なき青春」は自己の生き方と強く重なったに違いない。ただし、大学卒業後に彼は情報局に勤務したから、立場は野毛の側ではなく、物語中のライバル、検事・糸川（河野秋武）の側に近かった。もっとも、登川は大学在学中から『映画評論』誌を手伝い、すでに学生評論家でもあったから、検閲を担当する内務省勤務ではなかったので、彼にとっては幸いだったかもしれない。

批判ばかりがあったわけではなく、無署名の短評には、「八木原幸枝に扮した原節子は出色の出来栄え。彼女をこれだけ生かした映画もないが、また彼女がこれだけ堂々の力量を示したものもない。」（『映画ファン』一九四六年十二月号）と、原節子を大きくもち上げた評もあり、大塚和も同様で、「この一年間を通じて、東宝演技陣の最大の収穫は、『わが青春に悔なし』の原節子であろう。」（『映画ファン』同年同月号）、そして大塚恭一評は「その演技を場面の中に生かす映画的な工夫については非常に注目すべきものがあり、自分としては全面的に賛成であって、そのためだけでもこの作品は相当高く評価されていゝと思う。」（『映画展望』一九四八年九月号）など、肯定派もいた。ただし、批判側の論の展開は細部にわたり力がこもっていたと言える。原節子演じる強い信念の女性に驚き感銘を受けたのは、無名時代の若き佐藤忠男だった。彼はのちに『黒沢明の世界』（一九六九年）のなかでこの映画を熱く弁護することになる。

「バランスの崩れ」「観念の化物」「偏執的人物」といった指摘や、登川直樹評のなかで否定的に繰り返される「いびつ、ゆがみ、誇張」などの表現性は、その後の黒澤作品にも反復して現れる特徴を指しており、よかれあしかれ、黒澤映画への魅力と反発とを生み出す要素でもあった。『わが青春に悔なし』は内容と技巧が分離している、すなわち内容――この場合、映画の背景にある自由主義思想――の理解や把握には黒澤監督の関心が向かわず、自我の強い一女性のエクセントリックな生き方を、映画表現的には技巧を凝らして描いた、というのが当時の大方の受けとめ方だったと言えるだろう。その映画的表現については、冒頭のハイキングのシーンで、山中の林の中を駆けぬけるカメラの躍動的な横移動ショット、原節子の顔のアップを多用した表情と視線の演技、二階のドアの内側で原のポーズが瞬間的にモンタージュされる〝迷い〟のシーン。野毛（藤田進）のビルを訪ねてくる原を、手前から窓ガラス越しに撮り、季節の移り変わりを画面だけで知らせていくシーン、あるいはラスト近くの移動撮影とさまざまなモンタージュによる長いシーン等々、語り口にはたしかに視覚的な工夫が凝らされていた。これらの描写や技法を誇張やゆがみとみた評者もいたわけだから、バランスのとれた完璧な作品でないかも知れないが、いま見てもこの映画には底流に力強いパトス、制作者たちの意気込みが漲っている。

とはいえ、製作順では前作となる『虎の尾を踏む男達』で黒澤が繰り出すアイデアに感心した作曲家の服部正も、この『わが青春に悔なし』では、黒澤の要求する音楽のイメージがつかめず苦労した。のちの秋山邦晴のインタビューに「彼と仕事をする場合は、非常な忍耐とエネルギーを要することを、このときつくづくと思いしらされましたね。何か、ぎりぎり一ぱいの線で仕事をする息苦しさがあるんですよ。私は正直なところ、これはたまらないと思ったこともありましたよ。」と述懐している。(2)

前述したように、敗戦直後の日本では、映画製作現場にも民主化運動の波が押し寄せていた。東宝でも従業員組合が組織され、会社への多様な要求活動が起こり、若い黒澤もまたその熱気を感じながら、時代と向き合う作品を作り続けていく。

注

(1)終戦前後、とくに占領初期の映画製作に関するＧＨＱの方針、あるいは映画人たちの戦争責任問題など関しては以下を参照。岩本憲児編著『占領下の映画――解放と検閲』のなかの「はじめに」、森話社、二〇〇九年。

(2)秋山邦晴、前掲書「黒澤映画の音楽と作曲者の証言」、一九三頁。

素晴らしき日曜日

東宝
一九四七年六月二十五日封切

脚本は植草圭之助のオリジナル。物語の場所は敗戦直後の東京の下町。ある日曜日、貧しい恋人たち、雄造（沼崎勲）と昌子（中北千枝子）はささやかでわびしい一日を過ごす。外をぶらつく二人はいくつもの小さな出来事にぶつかり、持ち合わせのお金も心細くなる。駆け付けた演奏会にも入れず、夜の公園で二人は空想の音楽会を開く。

〈白黒・スタンダード・一〇九分〉

この脚本家、植草圭之助には久板栄二郎と同じように、戦前のプロレタリア演劇運動に参加した経験があり、黒澤自身もプロレタリア美術運動に参加した過去があった。脚本脱稿まで植草は苦労するのだが、それは黒澤とのあまりに対照的な資質と考え方の相違にあった。黒澤映画の英雄的男女像に対して、植草の庶民像、あるいは虐げられた人々への共感。それでもどうにか書き上げたのは、幼な友だち黒澤の協力と、プロデューサー本木荘二郎の力強い支援があったからだった。(1)

『素晴らしき日曜日』は、東宝のゼネスト参加の是非をめぐる組合の紛糾を嫌った大スターたち——大河内伝次郎や原節子ら——が新東宝へ抜けていったあとに制作された。この映画の当時の批評は前作よりも良く、第一作『姿三四郎』の好評に近づいている。もっとも、戦前から人気のあった批評家・津村秀夫は相変わらず黒澤作品とは性が合わなかったらしく、「甚だあと味の悪い嫌な気持になった。」(「映画の幸福感について」『近代映画』一九四七年九月号)と述べている。この批評家は映画のなかに人生論をみていく、しかも道徳家的立場から裁断していく、という傾向が強い人だった。登場人物が自分の倫理観や好みに合わないと低評価してしまうのである。

前作では幸枝(原節子)の性格描写をめぐって賛否が分かれたように、『素晴らしき日曜日』では、結末の無人の音楽堂のシーンが問題になった。それは、作中人物である昌子(中北千枝子)が、映画の観客に向かって拍手を呼びかけたからである。大塚恭一はこう述べている。

もし拍手が起ったならば観客も彼等とともにその幻想に酔うことも出来ようが、もし全然拍手が起らなかったならば一人で拍手する中北の姿は誠にみじめなものとして観客の眼にうつるであろう。作者はどちらでもいゝと思ったのであろうか。/演出者が拍手を期待して演出したとすれば明かにそれは誤算である。客席に向って叫ぶ俳優の芸が如何に力強いものであっても。或いはそこに至るまでの映画構成が如何に巧みに行われていても、拍手は必ずしも期待できない。映画は観客席の雰囲気如何に関らず自分だけで進行してしまうだけだからだ。

(大塚恭一『映画評論』同年十月号)

『東京新聞』(同年七月一日)は〝異色の力作〟という見出しを掲げて、全体としては作品の意図や表現を評価し、空想の音楽会もその「野心と実験的な試み」に理解を示しながら、「結果はむしろ失敗であった。」と判断する。たしかに、このシーンは意見が分かれるところだろう。当時の観客たちはどう見たのだろうか。拍手をして映画に参加する観客と、とまどう観客と、どちらが多かったのだろうか。地域や映画館によって反応が異なっていたかもしれない。映画館が演劇的劇場と化す場であれば——たとえば時代劇の鞍馬天狗の登場に拍手した観客のように——率直な反応があったかもしれない。

この映画は、俳優らしからぬ二人の男女（沼崎と中北）が、戦後の貧しい社会状況下で実現困難なささやかな夢を抱きながら休日を過ごすという物語であるが、町をさまよいながら二人が出くわすさまざまな出来事や情景は、戦後イタリア映画のネオレアリズモにも共通する現実味を見せている。しかし、これが他の黒澤作品同様、作為に満ちた技巧的な実験作であることに変わりはない。それは画面やカメラ、編集などの視覚的な表現レベルだけでなく、音楽や言葉や効果音など音のレベルでもそうであり、スタジオ撮影も多かった。

音楽は作曲家・服部正の選択というよりも監督の選択だったと思われる。ポピュラーな既成曲が多用されており、それはちょうどサイレント期、あるいはトーキー初期の音楽の使い方にも似ていて、曲は画面への伴奏的な役割を果たすよりも、軽いユーモア、軽い皮肉の役割を果たしている。たとえば、二人が手の届かないモデル・ハウスを見学中に流れる「私の青空」。男の下宿で沈み込む二人、男が女に迫ろうとして女が拒んだあとの気まずい沈黙、突然鳴り出すにぎやかな音楽――近所のラジオ屋のスピーカーから聞こえてくる――これは次作『酔いどれ天使』における対位法的使用の先駆けともなっている。そして気まずい沈黙のあと、二人が涙を流すシーンのタンゴ「青空」。あるいは焼け跡で男が女に夢を語るシーンの「小さな喫茶店」。そして何よりも力強く象徴的に奏でられるラストのシューベルトの交響曲「未完成」[2]。また効果音としては、キャバレーの社長から面会を断られた二人が背を向けて座っている外のシーンで、汽車の走る音、汽笛、蒸気の音、遠くに去る音などが断続的に使われていたり、空想の音楽会では、風が吹き始める音、うなる音、暴風のような激しい音が順次挿入されていったり、音の遠近感によって見えない空間を想像させようとしている。これはラスト・シーンの、駅で二人が別れるところも同様であり、電車そのものは見せず、電車が近づき、止まり、去って行く様子を光と影と音だけで処理してみせるのである。チャップリンがサイレント映画『巴里の女性』(日本公開は一九二三年)でみせたように。ただし、ずっとあとの筆者たちによる服部正へのインタビューによれば、当時の黒澤監督には音楽に対するはっきりした言葉がなくて困ったという。「どういう音楽が欲しいんだということを私に伝えることができなかったと[3]。服部正は『虎の尾を踏む男達』『わが青春に悔なし』『素晴らしき日曜日』と、三本の黒澤作品で音楽を担当した。

飯田心美に「もうひと工夫ほしかった」(『キネマ旬報』一九四七年七月下旬号)と評された下宿のシーンは、デリカシーのない男のエゴイズムゆえに、「甚だ不快である」と津村秀夫が嫌ったシーンであるが、瓜生忠夫はその逆で、「このアパートの場面は『素晴らしき日曜日』のなかでのクライマックスであるばかりではなく、かつて日本の映画に現れたことのなかったような芸術的な意義を持ち、その意義は、戦後にあらわれたあらゆる芸術作品のなかで、最も重大なものであると私は考える。」と、このシーンの重要性を力説した。(4)

圧しひしがれた雄造の魂が、どこにも脱出口を見出しがたく呻きさえ忘れているときに、雄造の口をついて出た言葉は、「残されているものは君だけだ」という素朴な認識の言葉であった。この認識は、昌子自身の認識とも相一致するものであるが故に、その言葉のもつ意味が、昌子にも直観的に受取れるものであったのである。認識は行動そのもののうちに現れざるをえなかった。／だから彼女は帰って来たのだ。帰るということが持つ一切の意味を知りつくして、雄造との二人の行動のなかに絶望からの脱出を求めて帰って来たのだ。(5)

空想の音楽会のシーンへ戻ると、ここではカメラの旋回とカットつなぎのモンタージュとが、まるで巨大な生物が踊りながら二人の周囲を回るかのような〃視覚の舞踏〃を生み出しており、黒澤演出（撮影と編集とを含めた）のダイナミズムを見せつけてくれる。

黒澤監督本人はあまり評判の芳しくなかった『一番美しく』に愛着を持っており、その実験精神ゆえに評価を受けた『素晴らしき日曜日』を失敗作とみなしていた（黒沢明「私の作品」『映画旬刊』一九五六年新年号）。

終戦時に一二歳くらいだった橋本梁司は、のちに社会学者となって、この時代を回想しながら、『素晴らしき日曜日』の主人公二人は戦争の生き残り世代であり、黒澤自身は二〇歳のときに徴兵を免れたとしても、戦没者世代にあたるから、やはり生き残り世代でもあったと言う。そしてこの映画に出てくる少年たち、浮浪児たちと自分が同世代であることを痛感して、こう述べている。

この映画について語ろうとするとき、とても客観的にはなれない自分がいることに気がつく。／思うにそれは「戦争」と「配給されたデモクラシー」とが、運命として包み込んだ子どもたちの世代に私が属しているからだ。映画での浮浪児と同じ年頃だ。登場するシーンのほとんどが他人事でもつくりごとでもなくなってしまうのである。終戦をはさんだあたりからの日々の、忘れ難い記憶の集積が、収拾もつかぬほどに押し寄せてくる。[6]

いまこの映画と出会う人がいれば、もう終戦時の体験を思い起こす人々は少なくなっているに違いない。かく言う筆者（岩本、当時二歳）にも記憶はない。ただし、想像力を加えながら、あとからの追体験は可能だ。とくに浮浪児や片親になった子供たちのことは。

注

（1）植草圭之助『けれど夜明けに――わが青春の黒沢明』文藝春秋、一九七八年（のち文春文庫に収録）。この書には黒澤明との交友や脚本「素晴らしき日曜日」「酔いどれ天使」脱稿に至るまでの苦労と苦渋が綴られている。黒澤と自己の性格・志向の大きな食い違い、二人を支えた本木荘二郎の気配りなども。

（2）音楽担当の服部正は秋山邦晴からインタビューを受けて、次のように回想している。

空想の『未完成交響曲』をきかせるシーンなど、アイディアとしては、じつにすばらしいものだと思いましたね。イメージとして素晴らしいですよ。当時の映画界としては、型破りの作品でしたね。／主役の沼崎勲くんに指揮を教えるために、〔黒澤監督は〕彼について私の家までやって来られたんですよ。／あの録音は、わざわざ野外に機械を運んで、私が東宝交響楽団を指揮して、『未完成交響曲』の第一楽章を演奏したんです。これが私の黒沢さんと仕事をした最後の作品になりました。（秋山邦晴、前掲書「黒澤映画の音楽と作曲者の証言」、一九三頁）

（3）服部正へのインタビュー「トーキー初期の映画音楽」、岩本憲児・佐伯知紀編著『聞書き　キネマの青春』リブロポート、一九八八年、三八九頁。

（4）瓜生忠夫『映画的精神の系譜』月曜書房、一九四七年、一四七頁。

（5）瓜生忠夫、前掲書、一五三頁。瓜生と同じく、このシーンを高く評価した一人に、のちの佐藤忠男がいた（『黒沢明の世界』三一書房、一九六九年、一一五―一一七頁）。

（6）橋本梁司（一九三三年生まれ）「黒澤映画にみる常民の構造」の3、『素晴らしき日曜日』――クロサワを貫く生き残り感覚と市民的公共圏確立への希求――」、岩本憲児編『黒澤明をめぐる12人の狂詩曲』早稲田大学出版部、二〇〇四年、四二頁。

酔いどれ天使

東宝
一九四八年四月二十六日封切[1]

脚本は植草圭之助と黒澤明のオリジナル。物語の舞台は戦後まもない東京の下町で、どぶ池近くのちっぽけな医院、闇市、商店街。のんべえ医者の真田（志村喬）、虚勢を張る肺病持ちヤクザの松永（三船敏郎）、その情婦の奈々江（木暮実千代）、松永のムショ帰りの兄貴分・岡田（山本礼三郎）らの葛藤を描く。意地っ張り同士の医者と松永、二人の対立には奇妙な共感が生まれ、松永は最後に兄貴分の岡田と対決する。医院に通う女学生（久我美子）は清純な心の象徴。

〈白黒・スタンダード・九八分〉

ヤクザ否定の社会的主題ではあったが、三船演ずるヤクザは強烈な印象を放った。この映画が公開された四月、東宝では労働史に残る大争議へと突入した。『酔いどれ天使[2]』について、いち早く簡潔な紹介を載せたのは『読売新聞』（一九四八年四月二十五日）である。

……あくまで批判精神を失わぬところにこの作品の価値をみる。／「素晴らしき日曜日」でたえがたい庶民のうっぷんをみごとに吐き散らした黒澤監督が、ここでは酔っぱらいながらもヒューマニスティックな医者を対照にこっぴどくギャングを否定、現在日本映画のもつ最高の技巧を試みつつ社会悪に体当りしている。そして、これをつみとるには大きな政治力によるほかないという問題を提供してもいる。／志村、三船、山本らすべてうって変った溌剌たる演技力を示す秀作。（錦）

同年五月二日の『東京新聞』は、無頼の徒を英雄化した従来の作品と違って、「作者の社会悪に対する抗議と正義感が作品の根底になっているところに今日的な意義がある」「作者の正しい主張をはっきりと印象づける技巧は高く評価されねばなるまい、大きくいえば今後の日本映画のよき意味の娯楽性を暗示する役割を果したともいえる」と、きわめて高く評価した。

ふたつの新聞評（新聞評はこのふたつだけだった）は、ヤクザ社会に対する作者の強い批判精神を好意的に取り上げているわけだが、〝知性の欠如〟した〝哀れな動物〟としてのギャングの描き方に〝哀感〟が漂ってしまったので、もっと「つき放したら徹底味が出た」だろうという『東京新聞』の見方は、むしろこの映画の豊かな二面性を見逃していることになる。作者に批判されつつも、〝哀れな動物〟としてのギャングが不思議な魅力を放つ映画、それが『酔いどれ天使』の持つ魅力なのだから。実際、まだデビューしてまもない、俳優らしからぬ俳優・三船敏郎の若き野獣のごときエネルギーがこの映画には充満しており、監督の思惑を超えて作品に独自の生命を与えている。しかし、当時の雑誌に見る演技評は、真田医師（志村喬）に対してであれ、ギャング松永（三船敏郎）に対してであれ、首をかしげているものが多かった。

たとえば、「真田の人間がよく出ているのに比べると松永の方は類型に終り、掘り下げが足りない」（飯田心美「演出について」『キネマ旬報』一九四八年五月下旬号）、「難点はあまりにも一本調子だということである。松永の心理に食い込めば、まだまだ描くべきものが沢山残っているはずだが、脚本はそれを避けている様にみえる」（登川直樹「脚本を中心に」同誌）や、「『酔いどれ天使』における演技者は、それぞれ黒澤に忠実であり、己れの〝個性〟を尊重している（黒澤が認めている）にしても、ハバがない」（水町青磁「個性とハバについて」同誌）、「常に此の二人の対立は激しさは見られたが、一本調子である難が見えた。真田医師にもっと深味があってもよかったのではあるまいか」（今村三四夫『酔いどれ天使』評、『映画評論』同年六月号）等々。先の『東京新聞』も、「この人物（志村喬）は型にハマったきらいがあるのは惜しまれる」と書いている。

たしかに、〝一本調子〟はその後の作品にも一貫する三船の演技の特徴であり、それは〝演技〟というよりも、俳優らしからぬ三船の〝地〟に近いものであっただろうし、その三船と対峙する羽目になった志村も強い性格を出すべく一本調子に釣り込まれたのかも知れない。だが、演技への疑問を演出家の問題として提起したのは津村秀夫だった（「酔いどれ天使を見て」『近代映画』一九四八年七月号）。黒澤の初期作品に辛口の批評を綴ってきた津村も、この『酔いどれ天使』評では初めて肯定的な見方を示しており、黒澤の才能に注目している。

「酔いどれ天使」を見ると表現力としては、「素晴らしき日曜日」に比し著しく進歩しているのを発見した。感覚に厚みが出て来たし、光沢も現れ、現代東京の埃りっぽい混濁の空気の臭気まで感じられる心地がした。あの場末の曇天や雨空、省線ガード下付近の騒音の響きも感じられ、夏の沼の上に降る雨あしの侘しさと臭気。黒澤監督は冒頭から泥濘のカットを頻りに使用していたが、その感覚は「酔いどれ天使」全体を貫ぬく感覚である。ヤミのマアケット付近の安っぽい頽廃の気分を象徴し、あの飲んだくれの町医者の生活気分を象徴するかの如き効果があった。そして、そういう、感覚を通じて、敗戦後の東京というもののやり切れない風俗なり、生活感情なりがつかまれているのである。

場末やヤミ市場付近、メタンガスのあわ立つ沼地等の雰囲気描写が作品全体を象徴していることは、誰しもが納得できる黒澤演出の視覚的な力だろう。飯田心美もこの演出力についてとくにふれている（前掲『キネマ旬報』）。いま見直してみても、このどぶ池はじつによく計算された細かい使い方がなされている。当時の批評には、技巧に走り、演出力に頼りすぎたという指摘もあるが、『姿三四郎』その他に比べると、『酔いどれ天使』は映画形式を技巧的に使うことよりも、セリフ中心の物語性が優位に立っており、その分、演出の力は画面のなか――構図・照明・撮影・セット・演技等――に注がれているといってよいだろう。心と胸に傷と病を負ってヤミ市場をさまよう松永の背景に、明るい「かっこうワルツ」の曲が流れるのは黒澤監督工夫の視聴覚の対位法（本書一四―一六頁参照）であるが、こうした音楽の使い方にまでふれている批評は見当たらない。作曲家・早坂文雄との〝対位法コンビ〟が誕生した作品である。早坂文雄は映画音楽の作曲家として当時注目されており、戦後映画の『民衆の敵』（今井正監督、一九四六年)、『女優』(衣笠貞之助監督、一九四七年)と、連続して『東京日日新聞』から映画音楽賞を受賞していた。のちに秋山邦晴は黒澤と早坂の対位法的処理を具体的に分析しているが、ここはいまではよく知られた表現なので、音楽全般に関する彼の感想を引用しておこう。

これほどリアリティをもった日本の映画音楽は、それまでにはなかったといってよいのではないかとぼくは考えている。きれいごとの音楽ではなく、映像の主題の生々しい現実性そのものを音によってえぐりだしているような表現である。こんなにもぎらぎらした音楽の処理に、ぼくは初めて出会った思いがした。これはいわばよごれの映画音楽だ。それまでは、どんなに汚れたリアリズムの映像であっても、映画音楽は表現のうえで甘い夢を追うように、抒情的な旋律で画面をつくろって、きれいごととしてまとめてしまうことが多かった。/ところが、ここでは力強くリアリズムの音楽的な表現をうちだしているのである。/タイトルの重い管楽器の音色のうごきや、弦楽器の旋律的なうごき、それは怒りとやりきれない人間の悲しさがそのまま生にうちだされているような音楽である。/この映画ではギター音楽がドラマの展開にとって重要な伏線の役割を担わされていて、そのためにたびたびきかれる。(3)

黒澤明の念頭にはブレヒト戯曲の『三文オペラ』、そのなかのクルト・ヴァイル作曲による「マック・ザ・ナイフの唄(メッキーメッサーのモリタート)」があったようだから、日本で公開されたドイツ映画版(パブスト監督、一九三一年日本公開)を見ていたに違いない。トーキー初期の映画であり、暗黒界と特権階級の結び付きを諷刺した作品で、ナチス時代には上映禁止となった。『酔いどれ天使』ではムショから出てきたばかりの岡田（山本礼三郎）が奏でるギターの寂しい響きに変わっているが、映画全体の「怒りとやりきれない人間の悲しさ」を表しているように聞こえるのはたしかだ。

戦後日本の風俗をリアルに描き出した『素晴らしき日曜日』や『酔いどれ天使』は、イタリアのネオレアリズモ映画の雰囲気とも共通するものの、ネオレアリズモはむしろセット内の演出よりもセット外へ出たカメラ、つまりロケーション撮影の成果であり、セットによって戦後社会を再現した黒澤作品とは一線を画す必要がある。また、闇のなかの灯り・どぶ池に映る人物・三面鏡に映る松永と岡田の対立・ラストの物干し場の白い輝き等、あるいは光と影の注意深い造形性、社会悪への異議申し立てと哀感などは、もう少しあとのアンジェイ・ワイダやイエージー・カワレロウィッチら戦後のポーランド派の感受性とも共通している。当時の黒澤作品はまったく独自に世界の戦後映画を呼吸していたのである。それにしても、松永と岡田がペンキまみれで闘うラストの不格好なアクション・シーンは素晴らしい。廊下からベランダへ、ベランダから外の物干し台へ。ドアが開いた一瞬広がる外光のまぶしさ。風に翻る洗濯ものの白さ。私たちはアンジェイ・ワイダのポーランド映画『灰とダイヤモンド』（一九五八年）で、撃たれたテロリスト（ズビグニェフ・チブルスキー扮する）がよろよろと洗濯ものの間を逃げるのを目撃するが、それは『酔いどれ天使』より十年もあとのことなのだ。

『酔いどれ天使』公開の前月に当たる一九四八年三月、「映画芸術協会」が設立された。これは東宝争議の最中、砧撮影所が一時閉鎖されたので、監督の山本嘉次郎とプロデューサーの本木荘二郎が音頭をとり、監督の黒澤明、谷口千吉、成瀬巳喜男、プロデューサーの田中友幸が加わってできた。協会の黒澤作品では『野良犬』が新東宝と、『醜聞（スキャンダル）』が松竹と提携。ただし、『蜘蛛巣城』までの全作品を本木荘二郎がプロデュースしている。

注

（1）封切日は『全集』『大系』ともに「二十七日」と記されているが、当時の新聞・雑誌の記載には「二十六日」、「日本映画情報システム」（文化庁公開のデータベース）も「二十六日」である。

（2）原題名の文字は「酔いどれ天使」を使っており、現在でもＤＶＤその他でこの文字が使われているので、本書でも「酔い」を使うことにする。

（3）秋山邦晴、前掲書「黒澤映画の音楽と作曲者の証言」一九四―一九五頁。

静かなる決闘

大映
一九四九年三月十三日封切

脚本は黒澤明と谷口千吉。原作は菊田一夫の戯曲『堕胎医』（一九四七年十月初演）。映画の主題と物語は原作といくぶん異なっている。映画では、戦時下の一九四四年、南方の野戦病院から始まり、軍医・藤崎恭二（三船敏郎）が陸軍上等兵・中田（植村謙二郎）の下腹部を手術中に自分の指を傷つけ、中田がかかっていた梅毒に感染する。敗戦後、帰国した恭二は父親（志村喬）の医院で働くが、戦地での感染がしだいに悪化し、父にも婚約者の美佐緒（三條美紀）にも打ち明けられず苦悩する。恭二に感染させた中田は帰国後に結婚して、その妻（中北千枝子）は妊娠中である。医院では捨てばち人生の女・るい（千石規子）がしぶしぶ看護見習いをしている。映画では戦後の社会問題のひとつ、梅毒感染に焦点が絞られているが、舞台との相違については後述する。

〈白黒・スタンダード・九五分〉

この映画の批評には、好意的なものはあまり見当たらない。『読売新聞』（一九四九年三月十七日）は、「良心作だけに厳しい目で見たくなる」と、陰影の乏しい登場人物、安っぽいヒューマニズム、セリフに頼りすぎた舞台臭の強さ、演技の未熟さ等々を欠点として挙げている。また、

『キネマ旬報』（同年四月下旬号）の北川冬彦は「ゴツゴツした荒っぽさ」という表現を何度も使いながら、『わが青春に悔なし』と同様の不器用な系列の作品と判断。同誌の飯田心美もこれを成功作とは呼べず、いくつかの不満を感じたと述べている。ただし、両者とも黒澤作品が他の日本映画と比べてはるかに水準を超えていることを認めたうえでの不満、期待した黒澤ゆえの注文だった。馬場英太郎は、「三船の大げさな身振りと一緒になって昂奮している黒澤の演出には疑問が残る。黒澤に抑制された感情の表現を求めることは無理であろうか。〔中略〕此の作品の主人公は特に激しい苦悩の感情を冷静に制御する理性的な人間として描かれねばならなかった筈だ。彼は冷酷に主人公を突き放して描くことが出来ないのだ。主人公と一緒になって泣いたり喚いたりしている。」と、三船演ずる人物造形に疑問を投げかけている（『映画季刊』同年六月号）。

「甘さ」の指摘は『シナリオ文芸』の映画時評（同年五月号、葉山栄）にもあるが、大塚恭一は「甘さ」を好意的に見ていた。

黒澤明の作品に見られる無智と怯懦《きょうだ》に対する痛罵の蔭には、同時にそれにによって自ら鞭って行こうとする鋭い反省があり、人間の弱さに対する絶望がわずかながらも覗いている。その絶望を覗いただけで光を望もうとするところに、彼の作品の甘さがあるのだと云えるが、同時にそれはその美しさにも通ずることを認めなければならぬ。

（『映画評論』同年六月号）

主人公の自己表現が強すぎる、あるいは黒澤のヒューマニズムが甘いなど、評者によって批判があったにしても、大塚評が言うように、また次の津村評にみられるように、黒澤映画の吸引力もまたそこにあったと言えるだろう。

なかで津村秀夫の絶賛はきわだっていた。その「黒澤明論」の冒頭でいきなり、「『静かなる決闘』は今年になって亢奮を感じた、たった一本の日本映画である」と断定したからである。同年一月に公開された『女の一生』（亀井文夫監督）は平板でとてもこの映画には及ばず、黒澤自身の前作『酔いどれ天使』よりも『静かなる決闘』がはるかに良く、「〔三船演じる藤崎医師は〕「酔いどれ医者」とは反対に驚くべき品行方正の禁欲生活者である。彼は頽廃を拒否する」、しかも主人公はデカダンスに遁走せず、神も信じない断崖絶壁に立っていると言う。

黒澤明は「酔いどれ医師」の線上に、その苦悩を更に発展させ、この断崖絶壁を構築した。構築は美事なものである。この崖の上では、もはや問題は人間の魂に成り終わっている。そして、そういう風な日本映画は曾てなかったといってもよいのである。藤崎恭二の魂を扱うのは黒澤自身の魂の問題である。映画技巧の問題ではない。／藤崎恭二ほど作者が愛情をそそいだ主人公は過去にも多分無かったであろうということである。殊によると、彼はこの人物を出産して（それは実際出産の苦しみである）後悔したかも知れない。飛んでもない人物を産んだと、自分で心中に涙を流したかも知れない。

（「黒澤明論――『静かなる決闘』をみて」『映画春秋』一九四九年五月号）

辛口の批評家として知られ、映画業界で煙たがれた津村秀夫には珍しく興奮度の高い文章だ。まさに道徳家気質の津村らしい反応だったと言える。津村評を読むと、主人公がまるでドストエフスキーの『罪と罰』のラスコーリニコフであるかのようにも見えてくる。ただし、津村はドストエフスキーの名前を一切出していないし、ラスコーリニコフは殺人者である。ところが、この映画化に際して、題名には二案あって、黒澤はもうひとつの『罪なき罰』に愛着があったというから、まさに『罪と罰』を想起させる[1]。主人公は「神も信じない断崖絶壁」に立っている、と評した津村秀夫の言葉に呼応するかのように、数カ月あとの別の雑誌の質問、「現在あなたが考えている、一番大きな問題は何でしょうか」に、黒澤は「神の問題です。ハッタリで申し上げるんではありません。これはどんな人にとっても根本問題だと思うんですが、日本の作家や映画人は、殆んど真剣に取上げていない」と答えている(『丸[2]』一九四九年九月号)。

結局、大映の企画会議では一般観客、とくに地方の観客向けには題名が暗い、重いと判断されて、『酔いどれ天使』ラストシーンの鮮烈なイメージを引き継ぐような題名になった。採用されなかった題名『罪なき罰』の意味は「他者からの予期せぬ梅毒に感染した医師の苦悩」を指している。苦悩の原因は戦時下の野戦病院で梅毒治療が困難だったこと、戦後の帰国時には梅毒がすでに進行しており、主人公は婚約者との結婚をあきらめる、その肉体的精神的葛藤が映画の主題である。黒澤明には、戦後日本が直面する社会状況に取り組む使命感、社会意識がみなぎっていた。津村評は黒澤の戦後映画がそのような戦後の社会状況をもっとも巧みに視覚化してきた監督だと言う。たしかにそう言えるだろう。

ここで、原作戯曲に目を転じてみよう。原作と映画とはどこが同じで、どこが異なるのだろうか。映画はフィルムなりDVDなり、現在でも見ることは可能だが、舞台の再演はきわめてまれなので、まず戯曲のあらすじを述べておく。[3]

舞台のなかの場所はすべて産婦人科医院、藤崎家の自宅である。


〈第一幕〉

昭和十五年夏、藤崎家の応接間。藤崎孝之輔、息子の恭二、恭二の婚約者である美佐緒らが楽し気に歓談、そこへ産婆の大塚と、怒った重田が登場、もつれた事情が説明される。すなわち、産婆は重田の妻の堕胎に失敗して、あとの処理を恭二に依頼した。赤ん坊は無事に生まれたものの、妊婦（重田の妻）はそのあと死亡。重田の怒りは、妻が浮気をして妊娠したこと、その相手の男の名前を恭二が明かさないことにあった。重田は恭二に言う、君は堕胎に失敗して、僕の妻を殺してしまった、姦通した人妻と情夫との間をとりもっていたケダモノなんだと。

〈第二幕〉

昭和二十一年秋、藤崎家の応接間を改造した診察室。全体に薄汚れ、貧弱な印象。ここは貧しい庶民たち、警察沙汰の連中などが来る外科中心の施療院になっており、恭二は警察署員たちから「聖者」と呼ばれている。もと街娼の峯岸るいは身重の体で、しぶしぶ看護を手伝っている。この場では望まざる妊娠や産むことの良し悪し、堕胎の是非などが語られるが、恭二は堕胎に賛成しない。彼は戦争中に軍医として野戦病院で中田の手術に携わった折、メスで指を自傷して梅毒に感染、その傷がまだ治っていない。第一幕の赤ん坊（孤児のまき子）は六歳になり、医院で養われている。

〈第三幕〉

冬、同じ場所。医院の運営は困窮状態。戦時下に手術を受けた中田が妊娠中の妻と一緒に来る。恭二は、中田の梅毒が進行中であり、すでに母体にも感染していることから、妊娠中絶を勧める。るいは父なし子を産み、医院で育てている。美佐緒は婚約を解消して別の男性と結婚することを恭二に告げる。恭二は梅毒感染を隠したまま、美佐緒への愛に苦悩して涙する。

〈第四幕〉

昭和二十二年の春。同じ場所。恭二は梅毒進行の第四期に入っている。ときに粗暴になるのは、症状悪化への自覚、精神と肉体を破壊するきっかけになった戦争（従軍医）への呪い、美佐緒への断ち切れぬ愛などが交錯していたからだった。一方、警察は恭二に堕胎の嫌疑をかける。離婚した中田の妻が治療を決意して恭二の医院へやってくるが、恭二の父が担当医師となる。

〈第五幕〉

前場の一カ月後。恭二の症状はさらに悪化し、彼を迎える病院の車が到着する。恭二の父とるいはさまざまな思いのなかに、もうこれが最期かもしれないと覚悟する。

原作者の菊田一夫は、戦前のエノケン、ロッパの爆笑喜劇、戦後の『鐘の鳴る丘』や『君の名は』のラジオドラマ、そして東宝での大衆演劇やスペクタクルの作家・演出家として、笑いと涙のドラマを多作した異才であったが、『堕胎医』はそうした既成の菊田一夫観をくつがえす作品である。戦時下、国策演劇に積極的に協力した彼は、戦後、痛切な自己批判、反省とともに、敗戦後の社会を見つめる戯曲を発表していった。その最初期のひとつが『堕胎医』だった。初演は劇団薔薇座、一九四七年十月、日劇小劇場。薔薇座は俳優の千秋実が主催した劇団であり、戦後すぐの新劇団がチェーホフやゴーリキーの翻訳劇をやっていたのに疑問を持ち、菊田一夫に日本の現代劇を書いてほしいと依頼した。十月初演と翌年一月の再演ともに観客は大入り、評判も上々だった。初演を見た河竹登志夫は強い感銘を受けたと述べ、戦後舞台の代表作のひとつに挙げている（『名舞台を読む　名作戯曲物語　東と西』下巻、自警会、一九八三年）。黒澤明もこの舞台を見ており、千秋実との強いつながりが生まれた。

原作の主題には、梅毒感染への注意喚起と、堕胎または中絶の是非の問題がある。そのために産婦人科・外科を診療する医院が舞台となり、梅毒に感染した医師が主人公となっている。妊娠中絶、堕胎、梅毒など深刻な社会問題の啓蒙は、当時のＧＨＱによる指針にも合っていた。それどころか、映画版ではＧＨＱ検閲課の勧めでアメリカの医師から助言を受けて、梅毒の治療効果と再起の可能性が高いことを説き、悲観的な結末の原作から、希望を持たせる結末の映画版へと変わった[4]。映画では、原作の重田（妻の姦通と妊娠に怒る夫）は消えて、中田の役に重ねた。そして何よりも、廃人になるであろうことが暗示されて終わる。寂しい結末である。原作では、主人公は末期症状となり、廃人になるであろうことが暗示されて終わる。寂しい結末である。だが映画では、医師の仕事を全うする主人公の白衣姿が力強く描かれ、希望の光が残される。

当時の批評は主人公へ共感できるか否かで分かれたとはいえ、視覚的表現にはいまなお黒澤らしさを随所に発見できる。たとえば、舞台とは異なる画面と効果音・音楽にも注意を向けると、「大映」マークが出る早々、ドラムの音が力強く、またエキゾティックに響いてくる。すぐに強い雨の音が重なり、タイトル・シーンが続いて、画面は雨打つ地面を見せていく。椰子の木々、豪雨、ヘッドライトを照らしたトラックなど、陰影のコントラストが強い撮影、屋根と柱と床だけの粗末な野戦病室。暑さと湿気のなか、藤崎医師（三船）による傷兵の手術が始まる。外の風雨の音がとぎれなく、また雨漏りを受ける皿の雨だれの音もやまず、医師の神経をいらだたせるかのごとく続く。手術途中、医師はうっかりメスで自分の指を傷つけ出血する。豪雨明けのからりとした好天気、小屋内へは格子状の影が差し、そこに術後の兵士が横たわっており、医師は彼が梅毒感染者であることを知り、彼と自分の血液検査を行う。結果を待つ間、椰子の木陰で横笛を吹く別の兵士の寂しげな音色が流れてくる。陽性反応があり、結果は黒、治療可能の薬はそこにない。医師の不安と寂しさが募る。そこに婚約者と二人の写真。

このように、冒頭の導入部ではセリフが少なく、画面と音と音楽（伊福部昭が担当）だけで簡潔に物語の重要な原因を観客に知らせていく。光と影がもたらす白黒撮影の造形美、あるいは窓から入り込む月明かりの微妙な陰影等、後半の心理ドラマと対照的な視覚的・聴覚的にダイナミックな演出である。ここまではいかにも黒澤作品らしいフォトジェニーを湛えていて、印象深いものがある。『堕胎医』の舞台と映画の違いは、このような視覚的な造形上の処理と、人物描写の相違、そして結末にある。野戦病院から画面は一変、一九四六年、敗戦翌年である。カメラは藤崎父子の「外科・産婦人科」の看板を見せる。場面が戦後になると、恭二（三船）、婚約者の美佐緒（三條）、恭二の父である医師（志村）、三者ともに「うつむく」姿勢が多く、映画全体を暗く、まだるっこくしている。とりわけ、美佐緒は結婚がすべての目標であるらしく、いま見ると、うじうじと情けない。当時の未婚女性の多くが結婚を人生の大きな節目に考えていたこと、それが社会全般の風潮であったことを念頭に入れても、戦後の新しい息吹を感じさせない女性像はどうかと思ってしまう。美佐緒の演技指導は黒澤演出の誤算と思われる。むしろ、だらしなく、しぶしぶ看護婦をやっている身重女性・るい（千石）のほうが、だめな自己の本音を吐露し、正直で納得させられる。何よりも、恭二が梅毒の自己治療を内密にしていることに対して、観客としては疑問を持たざるをえない。戦地の手術中に感染したこと、その後の治療がはかばかしくないことを早く父に打ち明けるべきだし、婚約者にもはっきり説明すべきだと思ってしまうからだ。ここまでが映画の前半。

後半の演出には動きと流れが生まれてくる。とくに恭二の長いセリフ、悔恨と煩悶が激しく告白されるシーン、理性よりは感情が自己をあやうく圧倒しそうになる瞬間、恭二は理性を取り戻し冷静になる、ここは普通の人間生存の本能と、医師としての職業倫理がせめぎあう場であり、三船の演技の難しさ、そして見せどころでもある。ここでの三船の声はよくとおり聞きやすい。ラストシーン直前の個所で、警官の野坂が、恭二を署長が聖者と呼んでいると父（大先生）に伝えるところを引用しよう。

父「聖者というとひじりですか」
野坂「そうです」
父「さ、それはどうかな……あいつはね……ただ……自分よりも不幸な人間のそばで希望を取り戻そうとしているだけですよ」
野坂「?」
父「幸せだったら案外俗物になっていたかも知れません……」

シナリオではこのあと、貧しい住居の建て込む裏通り、患者の家を訪ねる様子の恭二の後ろ姿がラストシーンとなる。だが映画の完成版では裏通りは変更され、手術に没頭する恭二で終わっている。この終わり方がよかったのは言うまでもない。恭二と患者との人生再起が暗示されるからだ。ついでながら、シナリオに「美しく咲いた生垣」とあるいくつかの個所、原作では季節の変化を示す花が指定されているが、映画ではバラの生垣がある。その前を恭二と美佐緒が歩くロマンティックなシーン。愛のバラというだけでなく、この舞台を上演した劇団薔薇座へのオマージュか、はたまた梅毒性バラ疹の暗示か、ついうがって見てしまった。なお、この映画音楽の伊福部昭、黒澤との関係はこの一作のみである。

のちの分析で秋山邦晴は映画冒頭の野戦病院における現実音と楽音の絡み合いがドライで印象的だったと述べながら、物語の舞台が戦後の東京へ移ってからは映像と音楽がうまく合わなかったと判断している。(5)

黒澤監督はもと舞台劇である作品を意欲的に映画化してしまう、当時の日本では珍しい存在だ。古典芸能から『虎の尾を踏む男達』を、ロシアのゴーリキーから『どん底』を、シェイクスピアから『蜘蛛巣城』や『乱』を。『どん底』以降の作品についてはあとでふれることになる。

注

(1)座談会「黒澤監督を囲んで」、『大映ファン』一九四九年四月号。浜野保樹編『大系黒澤明』第1巻に再録、講談社、二〇〇九年。

(2)浜野保樹編、前掲書に再録、三八六頁。

(3)参照した戯曲『堕胎医』は『菊田一夫戯曲選集』第2巻による。演劇出版社、一九六六年。なお、『シナリオ文芸』(一九四九年三月号)には、原作戯曲と比較しながら、三瓶恵司が詳細なシナリオ分析を発表している。

(4)戯曲『堕胎医』から映画『静かなる決闘』へ、結末の変更について。GHQの勧めで米人医師の助言を得て、当時の医学的立場から梅毒治療がもっと進歩していることを告げられ、幕切れ(ラストシーン)を改めたという。『映画旬刊』一九五六年一月上旬号。『大系』第2巻に再録、五八五頁。

(5)『静かなる決闘』の物語舞台が戦後の東京へ移ったあと、音楽がうまくかみ合わなかったと秋山は述べている。

このあたりまでは、わりにドライな映像と音の関係である。ところが藤崎の父(志村喬)と許婚者(三條美紀)の会話のシーンから、音楽は抒情的になる。許婚者・美佐緒がみていたのが息子のアルバムだったと父が気づくあたりから、イングリッシューホルンの抒情的なメロディと弦楽器のゆっくりしたうごきが、あの伊福部節といわれる音楽をくりひろげる。はじめはこの抒情的なゆっくりとした音のうごきが映像にからみ合わない。あまりにも哀切な挽歌的な音楽であり、音楽だけが沈んでしまうのである。こういった映像と音楽との分離は、そのごも何個所かでみられる。藤崎が父に許婚者との結婚をのばしている理由を告白したあとのシーンもそうだ。弦のユニゾンの悲劇的なうごきについで、オルゴールの音楽となったりする。どうも音だけが哀切さをおび、抒情的に流れていく感じで、映像の内部のドラマに緻密に結びついていかない。どうやら黒沢明の映画には流麗とした抒情的な音の線の流れは結びつかないようだ。音楽がドラマの雰囲気や感情の周囲をゆったりと漂っているだけでは、黒沢の映像のドラマは躍動しきれないらしいのである。激しく変転し、変化する音楽のうごきがないと、映像と音とのかみ合いが生みだされないのだ。

(秋山邦晴、前掲書「黒澤映画の音楽と作曲者の証言」、二〇二頁)

野良犬

新東宝＝映画芸術協会
一九四九年十月十七日封切

脚本は黒澤明と菊島隆三のオリジナル。物語の場所は戦後まもないころの東京、映画と同時代の東京である。満員バスのなかでピストルを掏られた新米刑事の村上（三船敏郎）。そのピストルを使ったらしい事件が発生する。村上刑事は老練刑事の佐藤（志村喬）と組み、必死に犯人・遊佐（木村功）を探し出す。当時の東京下町を舞台に、さまざまな戦後風景がカメラにとらえられており、緊迫感と生活感あふれる作品となった。

〈白黒・スタンダード・一二二分〉

シナリオが菊島隆三との共作になっていることについて、黒澤の簡単な言葉がある――「菊島君が脚本家として材料を収集し構成した物語に、僕はもっぱら演出家のアングルから、最も具体的な表現を要求し、それに協力した」[1]と。この決定稿前に、小説化したものを警察の実際の刑事たちに読んでもらい、現場からの助言をもらったという。

『野良犬』公開の前年末、撮影所前に武装警官とアメリカ軍まで出動、「来なかったのは軍艦だけ」と世に喧伝された東宝の大争議が終わった。亀井文夫、山本薩夫、山形雄策、宮島義勇ほか、監督、脚本家、撮影カメラマン、プロデューサー等々の幹部二十名が辞職した。『野良犬』公開の年には、ひと足早く、亀井文夫の『女の一生』、黒澤の『静かなる決闘』、木下惠介の『お嬢さん乾杯』、今井正の『青い山脈』、小津安二郎の『晩春』が公開されており、日本映画に話題作が続いた。

前作『静かなる決闘』評の最後に付け加えた大塚恭一の希望――「映画美の追求者としての一面を、処女作『姿三四郎』の系列の作品の上にも見たいような気がする」――は、次作『野良犬』でかなえられることになった。大塚は『野良犬』評で、戦後の黒澤作品のことごとくが第一級の作品であり、年度の代表作であることに舌を巻いて、日本の映画監督のなかで「第一席」を与えてよいと思うと高く評価した。

近来の彼の作品を通じて最も色濃く看取せられるものは、戦後の社会に正しく生きぬこうとするモラルの主張と、あくなき映画美の追求である。そうしてその間に魅力ある人間像を描き上げようとする彼の努力は、そのすべてが必ずしも万全の成功を収めているとは言えないが、常に強く見るものをひきつけたのである。／警察とかピストル屋とかレヴュー小屋とか、日常生活の舞台でないものを多く取り入れ、目先の変わった運びで興味をつなぐかに見える筋立ては、脚本で読んだ面白さが黒澤明の演出によって十分に生きるものと期待したが、その期待はたしかにみたされている。しかしこの映画の魅力は、むしろそうした運びの中に色々と味のある人間やそうした人々の生活が覗いているところにあると云えよう。それがたとえ断片的であっても、そこに快いユーモアがたゞよい、しみじみとした感慨がにじみ出ているのは老練な俳優をあつめた配役の効果でもあるが、「静かなる決闘」などに比して一段の成功と云えよう。

（『映画評論』一九四九年十二月号）

大塚評は言及していないが、他の多くの批評家が言及しているのは『野良犬』がアメリカ映画『裸の町』（ジュールス・ダッシン監督）を想起させていることだ。というのも、ニューヨーク・ロケを生かしたこのセミ・ドキュメンタリー映画は、前年末に日本でも公開されていて、すでにいくつかの模倣作を生み出していたからである。最も詳細な『野良犬』評を書いた双葉十三郎は、大方の失笑を買ったいくつかの模倣作に比べて『野良犬』は単なる焼直し版ではなく、相当な工夫が凝らされており、「恐らくわが国におけるこのジャンルの決定となるであろう」と、黒澤作品の独自性を高く評価した（『映画春秋』一九五〇年一月号）。彼はこの作品の特徴を、動きの豊かさと見た目の面白さを第一の要素としていること、発端に犯罪というよりも、新米刑事がピストルを盗まれるという趣向をもってきていること、その新米刑事（三船敏郎）と老練刑事（志村喬）の対照に工夫し、捜査方法を対比させるだけでなく、職業意識を対比させることによって犯罪・犯人への、それぞれの人生観を披露させていること（これは『裸の町』にはなかったと双葉は言う）、さらにピストルを奪った犯人の犯罪そのものを見せることなく、逆に事件の凶悪さや被害者の悲劇を強く浮かびあがらせていること等々、「要するにこの作品は、悪人追求型の動きを狙った娯楽映画でありながら、人物の面白さもあり、一つの角度からの犯罪者発生の観察も加えられ、さらに犯罪の否定にまで及んでいるところに幅の広さがあり、作品

としての価値の大きさと意義がある」と述べている。(2)

双葉十三郎の作品分析は、『野良犬』の構成、そして演出にまで及んでいるが、黒澤演出の剛速球一本やりという緩急のなさは、徒に作品を重くし、長尺化している原因ではないかとも言う。この映画は長すぎる、冗長なシーンを切り詰めた方がよいのではないかという意見は滋野辰彦評(『キマネ旬報』一九四九年十二月上旬号)にもみられ、とくに三船が変装して巷をピストル探しに歩き回る場面の長さについては「くどくて単調」という批評さえある(『東京新聞』同年十月二十二日)。ただし、『東京新聞』評は全体として好意的である。他紙では『朝日新聞』の寸評が、「感覚的に美しい画面が次々と出て来る。才人黒澤明の真骨頂だ。しかし、社会悪とか犯罪に対する掘り下げが足らず、格闘のおもしろさを見せる映画になった。ピストルを盗まれた刑事がそれを探す苦心談。(井沢)」(一九四九年十月二十三日)と、当時の新聞の限られたスペースとはいえ、簡単すぎる。ついでながら、同紙に並んだ映画の広告には、『野良犬』のほかに、イタリアの『戦火のかなた』、アメリカの『ユーモレスク』と『子鹿物語』、松竹の『悲しき口笛』、大映の『涙の港』、帝劇名画祭の洋画特集『カルメン』『ヘンリー五世』『白き処女地』『逢びき』などがあり、まだ占領下だった都会の洋画熱の一端がうかがえる。『読売新聞』(十月十八日)もまたそっけなく、「和製メロドラマとして好成績だが邦画界のホープ黒澤監督がこの程度の内容表現で満足しては困る。作品全体からにじみ出る人生観は陰影に乏しく安易に過ぎ、また最後の静と動との印象的な闘争場面でさえ米画の『裸の町』の同じような扱いにはまだ及ばない（田子）」とある。

『映画春秋』の双葉評に戻ってみよう。

過去の黒澤作品において、ひとつの欠点とみなされていたのは、神憑り的な激情である。彼が扱う若い主人公は深刻に絶叫しがちである。彼は技巧的に非常に切れ味の見事なスマアトなものを持っているにもかかわらず、まとまった描写となると粘りっこい趣味が出て、およそスマアトでなくなる。人物も深刻苦悩型となり、さらりとゆかない。／〔中略〕歯切れがよくないというのは、まえに述べたように各場面を押しすぎているためであるが、これを別な云い方であらわせば、材料にもかゝわらずタッチがハアド・ボイルドでないということになる。／〔中略〕どの場面にも熱情をこめて描く。従って或いは慨嘆的に、或いは感傷的に、或いは慟哭的になる。

私たちはこの双葉発言が、後年の黒澤作品にまで通じていることに、あとで気づかされることになる。

刑事もの・探偵ものの本場アメリカで『野良犬』はどう受け取られたのだろうか。『羅生門』以後、『ニューヨーク・タイムズ』で黒澤作品を見続けていったボスリー・クラウザーは、遅れて『野良犬』を見たことになるが（アメリカでの公開は一九六三年八月）、この作品のとりとめのなさ、長広舌、戦前のハリウッド映画にすらありふれていた紋切り型のストーリー等、アメリカの一般観客向きのものではないと言い、画面の魅力ほど編集にも魅力があればよかったのではと、やはり冗長さを気にしている（『ニューヨーク・タイムズ』一九六四年三月四日）。ただし、彼は自国の話題作『裸の町』にも辛口の批評を書いている。このように、よかれあしかれ大方が犯人追及型の探偵映画としてとらえたこの作品を、まったく別の観点から解釈したのは作家の野間宏だった。

兵隊を追って黒澤はここまで来た。ここに描かれているのは、いまの日本の社会に生きのこっている兵隊の姿である。／私にはこの映画を批評したすべての新聞の文章はまちがっているように思える。／黒澤明は二人の復員兵（村上刑事と遊佐強盗犯人）を現代社会の二つの面、支配階級と被支配階級に属させることによって、いずれの側にもいまなお残っている兵隊の姿をあらゆる方法を用いてあばき立てようとする。私はこの映画をこのようにしか見ることができなかったが、私がこの『野良犬』という題を飼主をうしなった兵隊というふうに考えたわけである。犬うつしにうつる野良犬はおびえ、その眼やにのたまった眼には涙がうかび、そしてついに牙をむき出しにする。この野良犬の元の飼主は誰であろうか。もちろんそれは天皇以外にはない。兵隊はまさに犬のように飼われていた。そしてここにはその野良犬にされた兵隊が復員してきて、今度は前の飼主とあまり変りばえのしない依然として封建性を残しておこうとする新しい飼主に哀れにも飼われて行こうとしている現在の日本が物語られる。／兵隊は現代の社会の底、ひとの心のうち深くひそんでいる。この野良犬を社会はどう処理しようとしているのだろうか。

（「『野良犬』の問題」『中央公論』一九四九年十二月号）

野間評は政治的・寓意的な深読み批評であって、監督や一般観客の与り知らぬところかも知れないが、実際に復員兵として帰還した彼の問いかけは重く胸にのしかかる。『野良犬』が国内で好評を博したひとつの理由には、敗戦後の風景と犯人と復員兵＝刑事とが同化した、あるせつなさを観客が感じ取ったからでもあるだろう。その痛切な気持ちを野間は次のように代弁する。

黒澤明は二人の復員兵を対等の位置におくことによって、僕達を両方からせめよせ、はさみ打ちにして、日本の現在の社会を焼き打ちにしようとしている。強盗遊佐ははたして強盗犯人であろうか。自分のピストルをぬすまれて犯罪を起こさせ、その犯人をおいかける村上刑事は刑事なのであろうか。

復員兵が帰国後に向き合う問題は勝利国のアメリカでも映画に描かれている。ウィリアム・ワイラー監督の『我等の生涯の最良の年』（一九四六年、日本公開は二年後）は、三人の復員兵の帰還直後の人生を描き、本国での作品評価はすこぶる高く、日本でもキネマ旬報ベストテンの二位を得た。いま見ても感銘が新たになる秀作である。エドワード・ドミトリク監督の『十字砲火』（一九四七年）は人種差別、反ユダヤ主義による殺人事件を描き、何人もの復員兵が登場する。この映画も本国では好評を得たが、題材ゆえか占領下の日本では公開されなかった。筆者（岩長くてくどい、と評されたあのピストル探しのシークェンスはやはり必要だった。

本）もまたクラウザー同様、遅れて映画を見た一人であり、東京の並木座で見たときはまだ学生であったが、この長いシークエンスにはとても魅了された。その後も見返すたびに、戦後まもない東京下町の雑踏のなか刑事三船がさまよう空間のモンタージュ（映像編集）には、背景に流れる街頭の音楽（これも作為によるだろうが）とともに見入ってしまう。犯人の手がかりをつかむべく歩く、その歩行の時間と空間とが筆者の身体感覚まで引き込むからだろう。

犯人と刑事が泥まみれになって一体化してしまうラスト・シーンは『酔いどれ天使』のラスト・シーンの延長線上にあって、のどかなピアノ練習曲、美しく咲き乱れる花、子供たちの歌声など、視覚と聴覚から日常のなかの非日常をきわだたせる。(3) 感傷的すぎるラストシーンかもしれないが、『野良犬』はその視聴覚表現の過剰さにおいて、また情熱と激しさとで、いまなお私たちを強く引き付ける作品である。そこに野間宏が読み取った戦争と天皇制の問題にまで共感できる世代は、いま残っているのだろうか。

注

（1）「『野良犬』後記」、『「野良犬」、民友社シナリオ叢書3』民友社、一九四九年九月。『大系』第1巻に再録。

（2）その後、アメリカ映画『裸の町』と『野良犬』との詳細な批評調査と作品比較を山本喜久男が発表している。山本喜久男『日本映画におけるテクスト連関』、Ⅲの3章「『裸の町』の『野良犬』への影響」、

4章「『野良犬』における反射性」、森話社、二〇一六年。

(3)『野良犬』の音楽担当は『酔いどれ天使』と同じ早坂文雄。黒澤・早坂コンビによる音と映像の〝対位法〟的表現に関しては、秋山邦晴による分析がある。秋山邦晴、前掲書「黒澤映画の音楽と作曲者の証言」、一九四―一九六頁。

第二章 1950年代

『醜聞（スキャンダル）』から『隠し砦の三悪人』まで

『醜聞（スキャンダル）』パイオニアLDジャケット

醜聞（スキャンダル）

映画芸術協会＝松竹
一九五〇年四月三十日封切

脚本は黒澤明と菊島隆三のオリジナル。伊豆の山間で、写生中の新進画家・青江（三船敏郎）は、バスの故障で歩いていた女性の西条（山口淑子）をバイクに乗せて宿まで運ぶことになる。西条は人気歌手だったため、追ってきたカストリ雑誌のカメラマンに二人は盗撮され、スキャンダル記事が出る。怒った青江は貧乏弁護士・蛭田（志村喬）に依頼して訴訟を起こすが、蛭田は被告側に買収されていた。胸を病む娘の正子（桂木洋子）のため、金銭が必要だったからである。裁判で青江は負けそうになるが、娘の死を知った蛭田は真実を告白する。

〈白黒・スタンダード・一〇五分〉

『野良犬』の封切から約半年後、翌年の一九五〇年四月に『醜聞（スキャンダル）』が封切られた。これより早く、三月には今井正監督の『また逢う日まで』が公開され、戦時下の若い恋人たちの悲劇を静かにうたいあげた反戦映画として評判を呼んでいた。五月にはマッカーサーによる日本共産党批判声明が出され、六月から七月にかけて党員や同調者の公職追放、さらには民間のマスコミ各社からの追放が行われて、九月には映画界へも波及した。いわゆるレッド・

パージ（赤色追放）である。六月末には朝鮮戦争が勃発していた。
『醜聞（スキャンダル）』は〃報道の自由〃という名のもとに、言論の暴力が個人を襲う問題を主題にした作品であり、このテーマはいまなお今日的である。『酔いどれ天使』以来常連俳優となった三船敏郎は、ここでは正義感あふれる画家を、志村喬はいかさま弁護士を演じている。この作品の批評は少なく、かつ積極的な賞賛も見られない。『朝日新聞』の無署名寸評は酷評である。

感覚的で戦後派的な作品。カストリ雑誌の悪徳を攻撃しているのだが、作品にもカストリ一歩手前のところがある。「男と男が泣かせる気合！！」と広告がうたうのもそんな点だ。貧しい弁護士が危うく買収されかけて、最後にスタンドプレーをやる。演出がうまいから、だまされるが、中味は一時代前のものと少しも変わらぬ。（一九五〇年四月二十九日）

『東京新聞』は『朝日』よりもていねいに評している。ただし、映画の力点は不正ジャーナリズムへの抗議よりも「収賄弁護士の告白弁護を通じて人間の善悪を強調する点」にあったとみて、次のように結論づけている。

……悪に負けやすいお人好しの弁護士の性格環境も興味を引くように描かれていて、それに伴う志村喬の演技力も発揮させる劇の仕組も達者な製作ぶりといえる。／ただ作品の焦点からいって他の登場人物やジャーナリズムの問題が影が薄くなる（従って『醜聞（スキャンダル）』という題名から離れがちになる）のはやむを得ないとして、法廷に出てからの弁護士の悩みや行動の現れ方が平凡かつ明快を欠いているので、予定の迫力が出なかったのは失敗である。（敏、一九五〇年五月五日）

黒澤監督を論じるとき、行動を描くのは巧みであるが、人間心理を描くのは不得手だ、という判断をずばりとくだしたのは、この作品に先立って増村保造が論壇にデビューしたときだった。彼は大まかに、アクションによって表現するアメリカ映画と、心理によって表現するフランス映画とに分け、黒澤作品は前者に属し、アクションの豊富な場面では絢爛たる効果を発揮するが、心理描写を主とした場面では比較的に生彩を欠いているとみた（「黒澤明論」新人論壇入選論文第一席、『キネマ旬報』一九四九年十一月上旬号）。

のちに監督として異才を放ち、自らを「映画職人」と称した増村は一九四七年、大映に入社しながら、東京大学文学部の哲学科に再入学、論文投稿時には学生でもあり、助監督部にも所属していた。彼の黒澤論は本書の別の個所（本書一八四―一八七頁および第六章の三）でも取り上げるので、ここでは「明瞭」を愛し、「曖昧」を嫌う作家、そこに黒澤の長所と短所もあるという増村の指摘を記すにとどめておこう。

『醜聞（スキャンダル）』では作品としての緩急のバランスが崩れており、オートバイを愛用して疾走する画家の快活さと発言のスピード、つまり明瞭な「動」に対して、寝込んだ少女が父親を心配する思いや、被告側に買収されたあとの父弁護士のいじけた姿、つまり曖昧な「静」との対照が功を奏したとは見えない。クリスマスの夜、バーでの酔っ払い男（左卜全）が歌い出し、その場のみんなが唱和していくシーンは長すぎて、物語が停滞してしまう。

映画化される前の「合評によるシナリオ時評」（『映画作家』一九五〇年四月号）では、「事件が先に転がってしまい人間の心理が置き去りにされている、人間の善性を描く夢としても、社会的な暴露としても中途半端、スタイリストすぎる、小手先の手段が先行している」等々、このシナリオは才気ばしっているものの、人間が見えてこないという意見で一致していた。では映画化された実際の作品はどう見られただろうか。当時、黒澤作品評としては珍しく皮肉っぽい文章が書かれた。これは黒澤明を憤慨させた批評でもあった。

全くもってうまいものである。心得たものである。こんなところが黒澤明の人気を不動のものとしているのだ。ほとほとと感心するような個所が随所に見られながら、しかし観終わって、これほど「ケレン」を感じた映画もまた最近なかった。／すべてが志村喬を、ものほしげな三百代言から貧乏ずれした小市民の涙にまで、彼のアカデミー賞的奮闘を賭けて、マリオネットの如くにあやつってみせる手品の妙に尽きる感じであった。要するに、善玉悪玉と割り切れたままごとの、今日的メッキのうまさという印象から脱け出すことは出来なかった。／善か悪かにはっきりと分れた人物の単純性も、甘く誇張されてトントンと手際よく運ぶ構成も、すべてがすべて、志村喬の酔いどれ弁護士を腹黒から腹白へと変えてみせる手品のためにのみ計算された人工的なタネにすぎない。それを見破れば、手品のうまさは、かえってケレンの嫌味となる。

（清水晶『映画評論』同年七月号）

この映画は当初黒澤監督の意図にあった、悪徳ジャーナリズムへの憤りという社会的視点よりも、弁護士が善に目覚める甘いお話へ重点が移ってしまったのはたしかだろう。この弁護士は先の「合評」で、ドストエフスキーの『罪と罰』に登場する飲んだくれマルメラードフに似ていると指摘されており、たしかにそのような類似性が感じられる。

もと役人のマルメラードフは家族持ち（妻と娘たち）だが極貧の生活、なんとか酒代を工面しては酔っぱらってラスコーリニコフにからんでくだをまく。マルメラードフには娘ソーニャがおり、やさしい性格の彼女は娼婦をしながら家計を助けている。彼女はラスコーリニコフにとって聖なる女性だ。

『醜聞（スキャンダル）』の落ちこぼれ弁護士蛭田には、胸を患って床に臥す娘・正子《まさこ》がいる。彼女は父にとっての聖なる娘であり、画家青江にとっても聖なる少女である。人間の内なる善性と悪性の葛藤は『姿三四郎』以来、黒澤明のテーマでもあり、ロシア文学に親しんだ彼の人間観でもあったと思われる。ただ『醜聞（スキャンダル）』においては、蛭田という志村演じる小悪党の哀れさとその復活とが前面に出てしまった。これはのちの『生きる』でもっと中心的な人物となって再登場することになる。ケレン味として嫌がられた黒澤演出は、それまでの上質の日本映画にはみられないような〝劇的効果〟の工夫と導入であり、その才気と力業ゆえに日本離れしているという印象を生み出す原因ともなった。

黒澤以前の映画、すなわち戦前の日本映画で、この種の人物造形に近いといえば、『冬の宿』

（阿部知二原作、豊田四郎監督、日活、一九三八年）の主人公が想起される。勝見庸太郎扮する一家の親父はもと役人だったが、退職後は守衛として勤務。原作からはかなり離れた感はしたが、家庭も人生もうまくいかない勝見のエクセントリックな演技が異色、かつ印象的だった。

『醜聞（スキャンダル）』に戻ると、虚偽ニュースを流して大衆の耳目を集める紙誌やインターネット上のたくらみは現在ますます横行しており、規模も世界中へ拡大している。『醜聞（スキャンダル）』が描いた社会の断面はいまなお消えておらず、その背後にあるひとつひとつの物語もまた無数にあると言っていいだろう。映画では無数の星が輝く夜空と、それを映し出す池を見せながら、病身で亡くなった少女を星になったとたとえる。黒澤は人間の善性を信じようとした。その善性が父であるいかさま弁護士を救った。そこが甘いのだと、そっぽを向く批評家を闇に残して。病身で社会へ出て行けない人に善性が宿るというたとえは、のちの黒澤作品『白痴』の主題となる。そこでは病身というよりも、ときに発作を起こす〝白痴〟が聖なる存在となる。

『醜聞（スキャンダル）』には、これまであまりみられなかったユーモアが随所に出ており、冒頭で観客には画家の絵を見せず、絵を取り囲んだ地元の男たちが首をひねりながら画家と珍問答をする場面、あるいは画家のアトリエに不意に侵入してきた弁護士の登場の仕方と怪演説ぶり、法廷場面など。のちの時代劇映画にもユーモアが散見するが、社会正義を押し出す他の現代劇ではユーモアが少ない。音楽は早坂文雄であるが、秋山邦晴はこの作品では早坂文雄にとまどいがみられ、音楽が成功していないと判断した。[1]

注

（1）秋山邦晴、前掲書「黒澤映画の音楽と作曲者の証言」、『キネマ旬報』増刊五月七日号（「黒澤明ドキュメント」）、キネマ旬報社、一九七四年、一九九頁。

羅生門

大映
一九五〇年八月二十六日封切

脚本は黒澤明と橋本忍。原作は芥川龍之介の『藪の中』と『羅生門』。物語の時代は平安朝末期、場所は京の検非違使庁の庭と近郊の山中。土砂降りの羅生門、雨宿りの下で杣売り《そま》（志村喬）がほかの二人、旅法師（千秋実）と下人（上田吉次郎）へ回想する不思議な体験。それは山中で起きた争闘と死者をめぐる、立場と見方の異なる証言者たちの話だった。一人の武士・武弘（森雅之）が妻・真砂（京マチ子）を馬に乗せて山中を通るうち、盗賊の多襄丸《たじょうまる》（三船敏郎）と出くわし、両者は争って武弘が死ぬ。はたしてその争いと死の原因は何か、殺人は誰が犯したのか。

〈白黒・スタンダード・八七分〉

原作『藪の中』は、初出が『新潮』の一九二二年一月号に発表された短編。これを橋本忍が脚色、黒澤明が関心を示して共作した。大まかな構成とあらすじは原作どおりで、冒頭の土砂降りの羅生門と下人の登場、ここだけは同じ芥川の短編『羅生門』（初出『帝国文学』一九一五年十月）から採っている。文字表現による芥川の構成と物語は視覚の人・黒澤によってみごとに形象化された。『羅生門』公開の前、六月には戦没学生の手記に基づく『きけわだつみの声』（関川秀雄監督、東横＝東映）が、のちの九月には医師・永井隆の被爆の随筆に基づく『長崎の鐘』（大庭秀雄監督、松竹）が公開された。『羅生門』の時代離れはいま振り返ると不思議な出現だった。そして『羅生門』は、いまや世界映画史上の伝説、神話、古典になっている。よく耳にするのは、日本における当時の批評が芳しくなかったとか、ヴェネツィア映画祭でグランプリを受賞してから改めて見直されたとかの言説。はたして実際はどうだったのだろうか。

『読売新聞』は封切り当日に、「芥川文学の映画化を語る・鼎談会『羅生門』の芸術性と大衆性」という見出しで、試写を見た三人の作家、久米正雄・佐佐木茂索・井上友一郎に感想を語らせている。その導入部の記事で、「戦後最も野心的かつ精力的な仕事をしてきた黒澤明が日本文学においてすでに古典化しつつある芥川龍之介の作品と取組んだ意欲は注目される。この一作が観客大衆の支持を受けるかどうか、『羅生門』の成否は日本映画今後の消長に大きな影響を投げるものであり、もしこの映画が失敗すれば、新しい境地をひらこうとする良心的な意図はみじめにも挫折するわけだ」と、鼎談者たちの写真入りで七段抜きほどの扱いは、記事自体が意欲的な姿勢を見せてはいる。だが、三人の作家たちの感想は「深刻すぎる」「芝居気が多い」「楽しさがない」「わかりにくい」などの不満のみが強調されたかたちになっていた。せっかくの黒澤作品の意欲作も封切初日に水をかけられたことになる。

『東京新聞』（一九五〇年九月一日）も「野心的な『羅生門』」という見出しのわりには、「退屈」「単調」「演出の誤算」「失敗」「破綻も大きい」等の言葉が使われていて、はなはだ否定的な印象を与えてしまう。当時、日本の新聞の映画評はわずかの字数で作品紹介と批評とを兼ねており、〝批評〟と呼べるほどの内容を持たないものがほとんどだった。しかも、一人の担当記者が書く場合が多いので、さまざまな傾向を持つ映画すべてを一人で判断するのにはどうしても無理が生じてくる。言論メディアとしての影響力の大きさを考えるとき、担当記者の鑑賞能力には大きな責任がかかっていた。なかで『羅生門』の成功」という見出しを付けた『朝日新聞』（九月三日）には、短い文章ながら好意的な紹介が見られた。

山中で妻を連れた一人の武士が殺されるという簡単な事件をテーマにして、発見者たるキコリ、僧、妻、盗賊およびミコの口を借りた武士の述懐を各人各様に陳述を行うところを、画面で説明しているが、最初のヤブの中の切り出しなど黒澤明らしい力感にあふれている。／録音はいつもの如く悪く盗賊のセリフなどほとんど聞こえぬが、筋が簡単なことと、この筋の立体的なつみ重ね方が巧みなため最後までひきずられて行く。芥川の作品の映画化は今回初めてで、このような企画は日本映画の一歩前進であろう。興行成績は山の手で非常によく、浅草は普通――作品の質を表している。（井沢）

当然のことながら、雑誌にはもう少し突っこんだ批評が見られる。滝沢一は『映画新報』（同年九月下旬号）で、原作と映画とは描写のタッチが全然異なることについてふれ、「芥川は冷く見せている。冷く描写している。／黒澤は汗をかいて描いている。格闘する三船も京マチ子もその顔に玉の汗がぶどうのようにつらなって光っている。／女の魔性が原作では冷え冷えと描かれてる。その代り黒澤はぶんぶんと匂うような野性の人間の体臭を画面一杯に放散させる」と、両者の資質の違いを明らかにする。ただ、同一事件を四人の視点から語らせるやり方には、もっとヴァリエーションがあってよかったのではないかと述べ、フランス映画『バラ色の人生』[1]を思い出してほしいと言う。語り口の一様さに疑問を呈しているものの、滝沢評は『羅生門』の視覚的処理のみごとさには大きく注目していた。

それにしても黒澤のフォトジェニックな感覚は鮮烈そのものだ。風がふいてムシをまきあげると京マチ子の顔がこの世のものならぬ美しさに輝いてみえるカット、白衣のミコの狂わしく踊り跳れ《〔ママ〕》るカット、羅生門の大オープンセットを一杯に使って陰うつな雨の情景のなかに巧まずして暗い時代の影を投影させているところ、又逆に、白い砂白い壁の検非違使の庭を一方びきのカメラできびしく捉えているところなど立派である。／宮川一夫のカメラワークの黒澤に対するよき協力者ぶりもつけ加えて置きたい。すこしオーバーのきらいもあるが、藪の中に隠見するぎらぎら光る太陽の直射をとらえ、検非違使の庭の明暗のシャープな出し方、雨の羅生門のグルーミイな感じ、移動に不自由な悪条件のロケ地での自在なカメラの駆使など、統一された画調と共に黒澤タッチに合わせたよき女房ぶりである。早坂文雄の音楽にも創意がありよく画面に密着している。それから京マチ子の進境。

『映画新報』は次の号（十月上旬号）でも『羅生門』の批評を載せた。書き手は飯田心美である（「『羅生門』の組立て」）。彼は冒頭で、『羅生門』は最近の日本映画のなかで異色味あふれるおもしろい作品であること、題材からみても表現形式からみても、これまでの日本映画にない新しい境地を切り開いていること、決して渾然たる充実感には達していないが、見終わったあとの気分はまことに新鮮でハツラツたるものがあること等を述べ、「何にしても、最近とかく沈滞がちの日本映画のためには久しぶりで堂々と気をはく作品となっている」と、作品全体としては大きな賞賛を述べている。ただし、彼はこの作品の構成、組立て方に新味を引かれたものの、成功を収めたとは言いがたく、『バラ色の人生』における視点の対照——主人公の空想と他人が見た現実——のほうが効を奏していたと、ここでも前号の滝沢評が言及した『バラ色の人生』を引き合いに出す。『羅生門』では対照関係が四つもあって、差異が際立たなかったと言う。いま見比べると、物語・表現技法ともに、『羅生門』がはるかに斬新かつ先鋭な作品である。当時の批評家たちには『バラ色の人生』の多視点もかなり印象に残ったのだろう。ただし、後者では一人の中心人物（中年教師）の実像が明らかにされていくので、この描き方としてはオーソン・ウエルズ監督・主演の『市民ケーン』（一九四一年）がとりわけ有名である。と言っても、結局「ケーン」の謎とき——彼が死に際にもらす「バラの蕾」という言葉の意味——は観客に委ねられるのだが、『市民ケーン』をアメリカよりも先に高く評価したのは戦前のフランスだった。『羅生門』のころ、『市民ケーン』は日本では未公開だったから、日本の評者の大半が知らなかったと思われる。日本での劇場公開は一九六六年、それよりテレビでの放映が早かった（一九六一年）。

それはともかく、飯田心美は『羅生門』の魅力に、「構成・戯画的筆法・現代世相と共通する題材」の三点を挙げ、そこに黒澤明の創作意欲を感じているが、ただひとつの欠点は「音の悪い点」だと言い、『朝日新聞』評と同様の指摘をしている。セリフがよく聞きとれないという指摘はその後の黒澤作品にもついてまわる欠点だった。

詳細な『野良犬』評を書いた双葉十三郎も、『羅生門』にはあまり肌が合わなかったらしく、「強烈な表現はみるべきだし／京マチ子のショットにはフォトジェニックな美しさがある」とは言うものの、作者が一人で力んでいるような印象、シニカルな事件とヒューマニスティックな結末とのバランスのくずれ等、いくつかの疑問を呈して簡単にすませている（「日本映画月評」『映画芸術』一九五〇年十一月号）。ただここで、ひとつの事件をいくつかの角度から眺める趣向は『六月十三日の夜』ほか、外国映画に例が多いと述べており、『バラ色の人生』とは違った作品名が挙がっているのは興味深い。『六月十三日の夜』は一九三二年製作のアメリカの探偵映画で、日本では同年十二月に公開され、翌年のキネマ旬報ベストテン外国映画の八位に選ばれている。(2) ところで、『羅生門』をほぼ全面的に否定した批評もある。滋野辰彦は、むやみな深刻がり、庶民のキザなセリフ、主題のわかりにくさ、演出の単調さ、セリフの聞き取りにくさ等々、かつて『姿三四郎』でデビューした黒澤に快哉を叫んだ批評とはうって変わって、注文ばかりつけた（『キネマ旬報』同年十月下旬号）。また、『映画新潮』（同年十月号）に「わからぬこと」を書いた北川鉄夫、同じく「人間不信」を書いた岩佐氏寿、いずれも「さっぱりわからない映画」

と、黒澤の独り善がりに苦言を呈している。

以下、本書の序章で述べたこととやや重なるが、『キネマ旬報』は一九五〇年度のベストテンを選出した。選者たちは飯島正、大黒東洋士、上野一郎、滋野辰彦、登川直樹、双葉十三郎、津村秀夫の七人であり、『羅生門』は第五位に入っている。おもしろいことに、『羅生門』を一番高く評価したのは津村秀夫であり、八五点をつけている。ちなみに、一位は『また逢う日まで』（今井正）、二位は『帰郷』（大庭秀雄）、三位は『暁の脱走』（谷口千吉）、四位は『執行猶予』（佐分利信）だった。『羅生門』は日本公開翌年の一九五一年九月十日、ヴェネツィア映画祭でグランプリを受賞して、多くの日本人を驚かした。日本での評価はそれほどの作品とは思われなかったからだろう。しかし、日本映画・日本文化の歴史と風土のなかで黒澤作品を見続けてきた人々と、そのような文脈からまったく切り離されて黒澤作品に対面した人々との間に、評価の食い違いが生じても不思議はない。私たち日本人が高く評価し、映画ファンが熱い思いをこめている外国映画でも、その本国では一向に顧みられていない作品の例だって多いのだから。それに、わずか七人の選者によって選ばれた『キネマ旬報』ベストテンに絶対的権威を与える必要もなければ、逆に多数の選者によって評価されるアメリカのアカデミー賞も、性格の異なる選定基準ゆえのひとつの目安でしかない。戦時下に引き裂かれる男女の青春を描いた『また逢う日まで』が第一位に選ばれたのは、敗戦からやっと五年目、まだまだ戦争の悲劇が選者たちの心に深い傷跡となって残っており、しかもそのロマンティックな描写が大方に感銘を与えたからだと思われる。
同時代の『ニューヨーク・タイムズ』（一九五一年十二月二十七日）には、ボスリー・クラウザーが「興味そそる日本映画『羅生門』」を書いている。

……古い物語の断片から採られたこの映画には、不思議に興奮させる緊張感と、荒々しい、絶えざる衝動感が立ち現われてきて観客をゆり動かす。／映画の力強さの多くが――それは催眠術的な力であることは疑いないが――黒澤明監督のカメラ使用のみごとさから生じている。撮影は素晴らしく、画面の流れは言語を超えた表現力に富んでいる。同様に、音楽や付随するサウンドの使用も秀逸であり、登場人物すべての演技も役にはまって刺激的だ。／謎めいた妻の京マチ子は美しさと生命力に満ち、気を動転させながらも不可解な心底を覗かせ、三船敏郎は恐ろしい野性味と激しい野蛮さを持つ悪党を演じている。森雅之は冷ややかな夫を演じる……。／これはスクリーン上に生の一断片を、芸術的かつ魅力的に表現した映画だと断言できよう。(3)

音楽に関しては早坂文雄の「ボレロ」がとくに印象的であるのは、有名なラヴェルの「ボレロ」と錯覚させるような反復するリズム、静かで微かな音から次第に強まっていく音まで、その類似性にもあるだろう。検非違使の白州で真砂（京マチ子）が証言し回想する場面に使われた曲である。これはラヴェルの曲自体とも思われ、あるいはその模倣とも思われたようだが、「ボレロ」はスペイン舞踊曲のリズム形式が原型であるため、早坂は黒澤の強い希望によってこの形式を使ったという。「ボレロ」以外にも、『羅生門』における早坂の音楽は随所ですぐれた効果を発揮しているが、当時の批評で音楽を深く論じているものは見当たらない。[4]

『羅生門』が欧米で高く評価され、一躍日本映画へ世界の関心を向ける役割を果たしたのは黒澤明の大きな功績だった。のちに日本の批評家たちを悪く言う黒澤自身、受賞直後のインタビューで、入賞など予期もしていなかった、できるなら外人向けに徹底的になおしたかった、もっと日本の現実にふれた作品で受賞したかった、エキゾティスムや敗戦日本への同情があったのではないか等々、とまどいと謙虚さと自信と迎合とが入り混じった言葉を発している（「日本映画『羅生門』にヴェニス大賞輝く」『キネマ旬報』一九五一年十月上旬号）。その後、欧米では無数の『羅生門』評が書かれることになり、たしかに絶賛も多かったが、まとはずれや皮肉っぽい酷評もあった。そうした当時の批評のさまざまな傾向を、私たちはドナルド・リチー編著の『フォーカス・オン・ラショーモン』[5]（一九七二年）で知ることができるが、それを読むと賞賛評のなかにも、テンポののろさ、繰り返しの単調さ、深刻がり、わかりにくさ等を指摘している文章があったことがわかる。しかし時の流れとともに、『羅生門』の映画的卓抜さは世界共通の文化的遺産となり、ヴェネツィア映画祭五〇周年記念の折、過去のグランプリの中の最高傑作という栄誉を勝ち取ることになった。『羅生門』は黒澤明が四〇歳のときの作品であり、物語構成、画面造形、不確かな人物の性格設定、撮影技法、編集の才、音楽や美術など、またその謎解きの不可解さと多様な解釈の可能性において、いまなお私たちを魅了する。

注

（1）『バラ色の人生』（原題La Vie en Rose）はジャン・フォーレ監督のフランス映画、一九四八年製作、日本公開は一九四九年十月。物語は男子中学校の修了式から始まる。校長の式辞が続くなか、教師の一人テュルロ（ルイ・サルー）が参列していないので、同僚のルコック（フランソワ・ペリエ）が彼を探しにいくと、首つり自殺をして倒れていた（未遂）。そばに日記があったので、ルコックが読み始めると、テュルロとコレット（校長の娘）の秘密の恋がロマンティックに綴られている。式場に戻ったルコックの回想、いたずら中学生たちの回想、校長の回想など各自の視点から明らかになるテュルロの一人合点。哀れなテュルロは学校を去っていく。独身中年教師が悪童たちの偽ラブレターに翻弄される滑稽と悲哀を軽いタッチで描いた。戦後まだ三年であるにもかかわらず、戦後世相や社会問題はほとんどみられない。

（2）『六月十三日の夜』（原題The Night of June 13）はスティーヴン・ロバーツ監督のアメリカ映画、一九三二年製作、日本公開は同年十二月、ヴェラ・キャスパリイ原作。もとピアニストの妻エルナは隣人の女性トウルーディが夫ジョンと浮気をしているのではないかと疑ってノイローゼになり、トウルディーへの復讐を決意する。ジョンはトウルディーへ妻の心理状態と危険を告げると、トウルディーは引っ越すから大丈夫と言う。ある夜、ジョンが帰宅すると妻は死んでいた。妻は自殺したのか他殺なのか、裁判が始まる。

（3）Bosley Crowther, *Intriguing Japanese Picture*, "*Rasho-Mon*", New York Times Film Review, Dec.27, 1951.

（4）『羅生門』の音楽に関しては以下の論考がある。

秋山邦晴、前掲書「黒澤映画の音楽と作曲者の証言」、一九六―一九八頁。

西村雄一郎『黒澤明　音と映像』（完全版）、一九九八年。

関谷浩至「『羅生門』の音楽と早坂文雄」、岩本憲児編『黒澤明をめぐる12人の狂詩曲』収録、早稲田大学出版部、二〇〇四年。

（5）Donald S.Richie (ed.) *Focus on Rashomon*, Prentice-Hall, Inc. Englewood Cliffs, N.J. 1972.
このあとも、海外における黒澤論は増えていくが、近年では〝羅生門〟を書名に入れたポール・アンドラの著書が刊行された。著者は朽ち果てた巨大な羅生門の造形と、降りしきる黒い雨に、黒澤が体験した悲惨な関東大震災、そして敗戦直後の東京の廃墟を重ねてみる。それらの廃墟イメージを、現代世界のさまざまな地域における廃墟イメージと重ねていく。もっとも、同書全体は黒澤の『蝦蟇の油』を深く読むことから、そして芥川龍之介の小説を手がかりに、黒澤映画のイメージの源泉を浮かび上がらせている。『黒澤明の羅生門——フィルムに籠めた告白と鎮魂』北村匡平訳、新潮社、二〇一九年（原著は二〇一六年）。Paul Anderer, *KUROSAWA's Rashomon : A Vanished City, a Lost Brother, and the Voice Inside His Iconic Films, Pegasus Books, 2016.*

白痴

松竹＝映画芸術協会
一九五一年五月二十三日封切

脚本は久板栄二郎と黒澤明。原作はドストエフスキーの長編小説『白痴』。物語の舞台は原作の一九世紀サンクトペテルブルグから、第二次大戦後の北海道、札幌へ移され、人物たちも日本人の名前と生活に置き換えられた。札幌へ向かう途中、赤間（三船敏郎）は亀田（森雅之）と知り合い、亀田の無防備な人間性に惹かれてしまう。亀田は沖縄で戦犯として処刑される直前、助かったのだと言い、自分を癲癇《てんかん》持ちで〝白痴〟、〝ばか〟だと告げる。札幌駅近くの写真館に那須妙子（原節子）の大きな写真があり、二人は見入ってしまう。赤間は父の莫大な遺産を受け継ぐために札幌へ帰郷したのだが、亀田は遠縁の大野邸へ立ち寄ることになる。物語は、亀田の穏やかで繊細な性格に惹かれてしまう周囲の人物たち、とりわけ那須妙子をめぐる多様な男女の確執を描いていくが、その核を成すのは赤間、那須、亀田の奇矯な三角関係である。物欲と支配欲の赤間、無私の愛を求める那須、慈愛者としての亀田、その他に、大野家の主（志村喬）、妻（東山千栄子）、娘・綾子（久我美子）、秘書・香山（千秋実）、那須を囲っていた東畑（柳永二郎）ら、多彩な登場人物たちがからんでくる。

〈白黒・スタンダード・一六六分〉

この映画の完成版は四時間二五分あったが、当時の興行時間の慣習と営業上の理由から大幅な縮小をよぎなくされて、黒澤明・久板栄二郎、野村芳太郎（当時助監督）の三人で削除や修正・補足（説明文字）を行い、三時間とした。[1] ただし、これは三日間のロードショー上映時だけであり、さらに短縮された二時間四六分版が一般公開されて、現存するフィルムやビデオの時間となった。結局、一時間四〇分ものフィルムがカットされたのだが、オリジナルのフィルムが現存するかどうか、噂がつきまとうがいまでも真偽不明のままである。

このように、完全版とは大きく異なる短縮版が公開されたため、またその野心的な試みも理解されなかったため、『白痴』はひどい酷評を受けることになった。相当のカットをしたとはいえ、当時の興行時間でも異例の一六六分という長さである。カットを要求された黒澤監督が、フィルムを縦に切ってくれと言ったほどの愛着ある作品に、短縮版で見た人々が批評を述べるのは難しいかも知れない。だが興行作品として公開された以上、監督は覚悟と諦めを持たざるをえなかった。無念の思いはいつまでも心に残ったに違いない。それにしても、たとえば『毎日新聞』（六月三日）の「愚かなる激烈」という見出しの批評は、黒澤監督に横っつらが殴られるほどのショックを与えたことだろう。

ワイラーの「我等の生涯の最良の年」は確か二時間五十八分だったが、完全に長さを忘れさせた。「白痴」の長さは観客に肉体労働の疲労を要求する。ワイラーの演出には映画的リズムと優雅な趣味があるのに、黒澤の演出には映画的リズムがなく、激烈さが神経をかきむしるからだ。美しい激烈さは深い感動の傑作を生むが、これは醜悪な激烈さ、愚かなる激烈さにすぎない。／「ジャングル・ブック」の猛獣に近いものにされている原節子や三船敏郎こそ災難だ。異常な大金を使って、こんなものを作られた松竹も災難だろうが、黒澤の才能を過信して製作に放任主義をとったのは間抜けである。（P）

評者の記号Pが誰かはわからないが、ほぼ同時期に発行された『サンデー毎日』（六月十日号）では、「感動伴わぬ凡作」の見出しが付けられ、新聞よりも長い批評が載っている。この文章を読むと、新聞評と同じような感想と言い回しがあるので、同一評者と思われる。たとえば、上映時間の長さ（三時間版を見た）によるひどい疲労感、対してほぼ同じ長さのワイラーの『我等の生涯の最良の年』には疲労感がなかったこと、黒澤演出の「激烈さ」は神経をかきむしるが、深い感動や美をもたらす激烈さではない、俳優たちはただ猛獣のように演技をさせられて哀れ、企画の大誤算等々。以下、類似の酷評個所を引用してみる。

ワイラーの「我等の生涯の最良の年」は、たしか映写に二時間五十八分を要したと記憶するが、少しも疲労を感じなかった。ところがこの「白痴」を見ると、非常に疲れる。疲れない人はよほど強い体力と神経の持ち主で例外であろう。／一方は映画的によく出来ており、俳優の演技もよかったから、相当重い内容の戦後の社会劇でありながら、疲労を感じさせない。それに対して、こちらは、映画的リズムを欠くところに致命傷があり、俳優の演技も余りよくないので、ドストエフスキーの原作の「哲学的」重量が、二倍にもなって疲労を感じさせるのである。／黒沢は、長尺物として日本映画の新記録を作ったが、内容的には、これという新味もなく、美しい感動もなく、むしろ凡作にすぎないものを作った、という結論になる。／〔三船、森、原〕かれら三人が、のべつ眼玉をむいて、いまや獲物に飛びかかろうとする猛獣のような恐ろしい形相をしているので、これは「眼玉映画」といってもよく、「猛獣映画」とさえ称してもおかしくあるまい。／黒沢のこの演出は、暴力的と思われるほどの激烈さ。美しい激烈さは感動の深い作品を生むが、単なる暴的激烈さからはグロテスクな作品しか生まれない。（永戸俊雄）

評者の永戸俊雄、この人はパリ特派員を経験してヨーロッパ文化に通じていたはずだし、フランスの劇作家（映画監督でもあった）、『ファニー』ほかマルセル・パニョルのマルセイユ三部作の翻訳者でもあったから、映画作品の評者として不適任だったとは言えない。だが彼にしてこの評である。黒澤明は二度も横っつらを張られたことになる。『白痴』ではムイシキン公爵ならぬ森雅之の亀田が、ガーニャならぬ千秋実の香山に頰を殴られる場面がある。むろんムイシキン＝亀田は反抗どころか、静かに受け止めるだけである。黒澤はある座談会で、映画評論家の南部圭之助から『白痴』演出の拙劣さ、監督としての不勉強や教養不足を叱責するような発言を繰り返されたが、黒澤は怒らず、憤慨せず、穏やかに弁解し、また反論している。同席した本多猪四郎ほか映画人たちも黒澤を弁護して、作品への理解を示していた。（座談会「映画の名人芸」(2)）

『白痴』への批判はさらに続いた。「観念の空転」と見出しを付けた『東京新聞』（六月七日）からも、引用しておこう（句読点は若干を修正）。

ドストエフスキー作品の映画化。日本映画で、外国映画を観ているような気分のするのが珍しい。製作者もそこに力を入れているらしいが、どちらかというと、生硬な台詞、俳優の大仰な動作から受ける感じは古い時期の翻訳芝居を想わせて、こなれが悪い。／神経病にかかった白痴の如き青年（森雅之）、愛情一途の荒らくれ男（三船敏郎）、清い心を持ちながら娼婦の如く振舞う不幸な女（原節子）の愛憎のかっとうを中心に、その周囲の人間の俗悪さを併せて描き出そうとしたもの。女は絶望の末自殺するが、二人の男も発狂するという陰惨な結末に終っている。／神秘的な香と意味あり気な登場人物の個性に気をひかれるが、それが交流して劇が発展する段になると不鮮明な個所が多く、戸迷いがちである、説明不足と観念の空回りに起因している。結局、この映画がいわんとするところは、憎むところを知らず大きな愛を持ったがために奇矯に映った青年が、白痴ではなく、虚飾と俗悪を恥じぬ普通人の方が白痴だという、登場人物の述懐に在るわけで、ヒューマンな響きは大衆の共感を得そうな結論である、がその程度の常識的な考え方を示すだけに、多くを費していているに止まって充実しなかったのはやはり失敗作といわねばならない。俳優も外型的な演技の域を出ない。（敏）

この評者は物語の要点、主題、大衆への共感度などを理解しながらも、演出の「説明不足と観念の空回り」、演技の「外型的」な点から「失敗作」とみたのである。

『朝日新聞』の評は見当たらないが、そこのQ氏は『週刊朝日』に『白痴』評を書いている。『サンデー毎日』と同じ六月十日号で、見出しは「企画の大きな誤算」とある。少し長くなるが引用しておく。

この三時間の奇妙な映画が作られたことは、それ自身が悲劇である。なぜ、こんな材料に貴重な才能と、金と歳月が無駄に費されたかと思うと、いたましい。そのいたましさはちょっと戦慄をおぼえるほどである。／十九世紀の暗いロシアの社会と天才の協力で生み出した人間の群れは、如何に敗戦日本でもこの国の精神的風土とはまるで無縁であるという事情――そういう簡単なことを知るためには、何も三時間を辛抱しなくてもよい。諸君は三十分で感得するだろう。／〔あらすじを述べたあと〕主要人物は、大体こんな所だが、大野家、香山家の家族もあり、なくもがなの副人物が多い。妙子の旦那、東畑（柳永二郎）などは最も不得要領人物である。／三時間を以てしても人物過多で脚色は悪戦苦闘、苦心を重ねたらしい。／第二部はより以上に、見物に緊張の連続を強いられるが、テンポも渋滞気味である。／つまり国籍のない映画である。／要するに黒沢監督はドストエフスキイの亡霊につかれているらしく気の毒である。物につかれた人には、一種の力と美しさも出るものだ。それだけに部分的には力強い感触も、清らかな抒情味もないではない。／妙子は美しいが亡霊である。綾子も亀田を赤間も亡霊である。大野夫妻や東畑や香山は亡霊ではないが、観念的人形である。／筋の通らない独り合点の映画は所詮、民衆に愛されまい。要するに翻案物はよほど消化しないと無理で、『白痴』の如きは翻案が殆ど不可能なもの。企画の誤算というべし。俳優諸君も自分が何をやっているかよくわかるまいが、特に原、久我、千秋など珍妙な演技というほかない。

さらに、外国文学に理解のあった飯島正でも、「黒澤の悪戦苦闘はいたいたしいほどだが、その意欲は買っても、作品は浮き上がった根なし草となってしまった」「ドストイエフスキイでさえ、これをもっと余裕のあるユウモラスな筆致で書いている」と、『白痴』を失敗作とみなした（『キネマ旬報』一九五一年六月下旬号）。失敗作とみる点では滋野辰彦も同様であり、「この映画が全体に間のびしたのは、いたるところ激情をこめた場面の連続だからである」（『映画評論』同年七月号）と、以前『野良犬』評で「剛速球一本やり」と評した双葉十三郎と同じく、黒澤演出の緩急のない単調さを突いている。力まかせに押しまくる演出、〝深刻〟劇、省略や表現の経済性を重視する一方で長くなるシーン等、黒澤作品の味の濃さは、薄味やスマートさをよしとする批評家や観客には敬遠されだしたのである。

日本と同様の辛口批評は、日本公開時から一二年後の『ニューヨーク・タイムズ』評（ワード・トンプソン、一九六三年五月一日）にもみられるが、一方ヨーロッパ、とくにドストエフスキーの本場のソ連（当時）では高く評価しているものが多く、日本とは際だった違いをみせている。なかでも、セルゲイ・ユトケーヴィッチやグリゴーリー・コージンツェフら、当時のソ連を代表する監督たちが日本映画の『白痴』を賞賛したことは、黒澤監督を大いに慰めてくれたことだろう。[3] 酷評が載った『東京新聞』（六月三日）の同じページの下段に『白痴』の広告が出ており、二人のロシア文学者の短い言葉が使われている。

「日本映画〝白痴〟の出現によって今迄欧米映画にのみ期待されるもので日本映画に無かった荘厳さと重厚さとによる立体感をここに始めて獲得」

米川正夫氏

「難解と称せられるドストエフスキイ文学の精神を何ら懈《たる》みもケレンもなく描ききった映画として〝白痴〟は世界的なものであると言える」

中村白葉氏

二人ともロシア文学の翻訳者として著名であり、米川正夫は最初の翻訳が『白痴』で、終生、ドストエフスキー全作品の個人訳に打ち込んだ。中村白葉は米川と年来の友で、『罪と罰』を初めてロシア語から訳した。黒澤が愛読した『白痴』は米川訳だったはずである。二人は映画を見たあと（たぶん三時間ヴァージョンで？）の発言だろうから、宣伝に使われるのを承知のうえで、この推薦文を出したと思われる。

新聞、週刊誌、映画雑誌などでの批評は大方が「失敗作」と書いたが、興行成績は必ずしも悪くはなかった。映画音楽は早坂文雄であるが、当時の批評には言及がなく、のちの秋山邦晴は、早坂にも混乱がみられ、成功したようには思えないと述べている。[4] 原作の本国ロシアではのちのちまでも黒澤版『白痴』への関心が強く続いた。日本のドストエフスキー研究者たち、井桁貞義、清水孝純、高橋誠一郎らも、原作『白痴』のテクスト読解を通して、黒澤版『白痴』の評価を深めていった。彼らの黒澤作品への高評価は本書の第六章の二（「黒澤明――ドストエフスキーの星の下に」）で扱うことにする。

現在、ドストエフスキーの翻訳小説ならぬ、翻案映画の『白痴』を見る私たちにとって、この黒澤版がかなりエクセントリックな作品であることに変わりはない。エクセントリックとは、主要人物と彼らの存在の場が私たちの暮らす生活空間から逸脱し、飛躍した世界に移されているからである。翻案化すなわち日本化ではなく、日本のどこにもない空間、清水孝純の言う象徴主義的な空間が表現されているからである。バランスのとれた感銘を残さない作品よりも、黒澤版『白痴』は強い表現力にあふれ、異様な磁力で引き付ける作品だ。主役四人の顔のクロースアップによるイメージの連続は印象的であり、とくに眼のアップと強調――新聞評から「眼玉映画」とか「猛獣映画」などと揶揄された――三船敏郎と原節子の目玉演技は強烈である。[5] 二人が見つめる先には「死」が待っている。黒澤はときおり「メロドラマ」という言葉を使っているが、その呼び方に軽蔑や自嘲はないので、堂堂とした日本版メロドラマを創出したかったのだろう。興行館へのフィルム配給はなにしろ〝メロドラマの松竹〟だったのだから。ドストエフスキーの原作もメロドラマの形式をとりながら、饒舌な語りのなかで、愛・信念・疑念・反発などが複雑に絡み合う激しいドラマを展開する。主人公のムイシキン公爵とは何者か？

彼は死刑宣告者の体験を身近に聴いた者で、スイスから健康を恢復してロシアへ帰国した者。人間キリストの再来のようでもあり、莫大な遺産相続者でもある。囲われの美貌ナスターシャの結婚をめぐる大金の応酬。ムイシキンは駆け引きの渦中へ巻き込まれ、その調停者ともなり、挫折者ともなる。ロゴージンはなぜナスターシャを殺すのか等々、読者もまた渦のなかに巻き込まれていく。

『白痴』撮影時の助監督だった一人、中平康は回想で「あれは本来三万フィート、五時間半の超大作だった。／私はいまでもこよなく愛し、そして必ず人に言うのだ。『いままでの黒澤さんの最高傑作は『白痴』だよ』と。[6]」

黒澤版『白痴』に先立って、戦後まもなくフランス版が制作されており、人気俳優ジェラール・フィリップが主演していたにもかかわらず、当時の日本で輸入紹介されることはなかった。[7]

注

(1)短縮された二時間四六分版（現在流布しているバージョン）と原シナリオの関係については、野上照代の詳細な照合ノートがある。『全集』第三巻に「シナリオ注」として収録、岩波書店、一九八八年。
(2)座談会「映画の名人芸」、『丸』一九五一年九月号、『大系』第一巻に再録。
(3)ユトケーヴィッチの『白痴』評価に関しては、『キネマ旬報』一九五九年二月下旬号に、囲み記事（無署名）の紹介「黒澤明の『白痴』に対するソヴェトの讃詞」がある。

（4）秋山邦晴、前掲書「黒澤映画の音楽と作曲者の証言」、一九九頁。

（5）「目玉の映画」といえば、エイゼンシテイン晩年の異色作『イワン雷帝』二部作（一九四五―四六）を想起する。この作品の第一部が日本公開されたのは一九四八年九月。これら二部作は「眼と影のドラマ」であり、第三部はスターリン体制下で未完成のまま廃棄された。エイゼンシテインは『イワン雷帝』シナリオの準備中に『カラマーゾフの兄弟』を構想しており、一九四六年、心筋梗塞で入院中に回想録を認めながら『白痴』を読み返し、原作中の〝自殺〟についても考えていたようだ。ドストエフスキーを間にはさんで、エイゼンシテインと黒澤明は『白痴』を読んでいたことになる。

（6）中平康「雪の街に飛ぶチロルハットの鬼の必殺の罵声」、『キネマ旬報』増刊五月七日号、黒澤明ドキュメント、一九七四年、一五四頁。

（7）フランス映画『白痴』の製作は一九四六年。ジョルジュ・ランパン監督、ただし日本公開はひどく遅れた。監督のランパンはロシアのサンクトペテルブルグ生まれ、モスクワ芸術座で俳優として出演、ロシア革命後の一九二一年にパリへ巡演、そのまま亡命して一九二〇年代以降はフランス映画に出演、監督第一作が『白痴』（L'idiot）となった。この作品の全般的印象は平板で、黒澤版にみなぎるパトスがない。ムイシキン役のフィリップは明るく颯爽としている。映画の外見――建築物、インテリア、調度類、衣装、パーティ、食事等々――は黒澤版より華麗で、女性たちは美しいが魅力的ではない。ただし、ナスターシャ役（エドウィージュ・フィエール）には原節子にないエロスめいたものがある。

虎の尾を踏む男達

東宝
一九五二年四月二十四日封切

脚本は黒澤明。物語の大筋は、能の「安宅」から歌舞伎の「勧進帳」へ移って広く知られるようになった古典芸能から採られた。源義経一行十二人が山伏姿で都落ちする。兄・頼朝の追及を逃れ、北国、陸奥の国へと向かう途上、加賀の国「安宅の関」に差し掛かる。ここの関守・富樫は頼朝の命令を受けて義経一行を通すまいとする。映画の題名は能の詞章の末尾にある「虎の尾を踏み毒蛇の口を、遁れたる心地して、陸奥の国へぞ、下りける」から。なお、「安宅の関」は実際には存在しなかったという。

〈白黒・スタンダード・五九分〉

この映画は戦争末期（一九四五年前半）の日本で製作に着手され、敗戦を挟み、まるで体制の異なる戦後に完成された。製作順としては、『續姿三四郎』のあと、『わが青春に悔なし』の前になる。奇妙な運命に巡り合わせただけでなく、黒澤監督が最も嫌悪した旧内務省の検閲官によってGHQへの報告が故意にサボタージュされ、おかげで七年間も一般公開が遅れてしまったという。だが実情は、GHQの指示による映画製作方針のひとつ「封建的な忠義に基づく歌舞伎化タイプの劇は不可」というカテゴリーに入っていたため、公開が遅れたと思われる。(1)したがって戦後の公開順は、『わが青春に悔なし』『素晴らしき日曜日』『酔いどれ天使』『静かなる決闘』『野良犬』『羅生門』『白痴』『虎の尾を踏む男達』となる。本書では当時の批評を読むのがねらいでもあるため、公開順として『白痴』のあとに置くことにした。

戦時下の国策映画として、製作意図は不明である。雑誌『日本映画』は前年、一九四四年の二月一日・十五日合併号をもって発行を中止したと思われる（明確な終刊告示はない）。同誌には同年二月二十日現在の撮影近況として、「東宝『續姿三四郎』撮影中」、とあるのみ。劇映画企画紹介も松竹の『乙女のいる基地』一本のみ。ページが薄くなった誌面には「共栄圏映画」「南方向け映画」など、プロパガンダ色の強い記事だけが目立っている。もし、『虎の尾を踏む男達』に国策上の意義があったとすれば、長期戦と耐乏生活に倦んだ国民へ慰安を与えるため、人気の喜劇役者・エノケンを使ったということだろう。むろん時代劇の大スターだった大河内伝次郎との配役の妙と魅力もあったに違いない。

当時のフィルム不足、上映作品の不足、極度の物資不足を逆手に取って、黒澤監督が『虎の尾を踏む男達』を撮影していたとき、日本は敗戦の日を迎えた。公開は遅れてしまったが、『虎の尾を踏む男達』封切前年の十月、『羅生門』（大映）がヴェネツィア国際映画祭でグランプリを受賞したので、その勢いもあって、東宝が公開の機会をとらえたと思われる。公開の一九五二年は前年に結ばれた対日講和条約が発効する年でもあり、さまざまな課題を抱えながらも日本は占領下から独立した。

『虎の尾を踏む男達』は、一時間足らずの小品で製作上の悪条件が重なったにもかかわらず、創造性にあふれた佳作である。この映画をいち早く見た外国人の興味深いコメントがある。イギリスのバレエ映画『赤い靴』（日本公開一九五〇年三月）や『ホフマン物語』（同一九五二年三月）など、エメリック・プレスバーガーとの共同監督で国際的に著名なマイケル・パウエルが来日したときである。『読売新聞』は映画評論家・筈見恒夫にインタビューを依頼した（「パウエル監督　日本を語る」一九五二年四月五日）。パウエルはこう語っている。

『羅生門』はあちらで見た。〔来日後〕『姿三四郎』の一部分と『虎の尾を踏む男達』を見た。黒沢明は素晴らしい監督だよ。彼は才気と創造力で、世界一流のレヴェルだ。背の高さといい、態度といい、才能といい、キャロル・リードを思わせる。『虎の尾』はある意味で『羅生門』と劣らない出来だ。敗戦直前の苦しい条件で作ったそうだが、黒沢の頭脳が、それを補っている。ベンケイになった俳優もいいし、エノケンというコメディアンの使い方も独創的だ。歴史的背景を説明さえすれば、イギリスでも見せられる。ぼくは持って帰りたいと思っている。

来日前にすでに『羅生門』を見ていたパウエルは、『虎の尾を踏む男達』も見て、黒澤の才能を高く評価し、戦中戦後のイギリス映画を代表する監督キャロル・リードと並べてさえいる。リード作品は『邪魔者は殺せ』『落ちた偶像』などがすでに日本で公開されており、前評判の高い『第三の男』がこの年九月に日本公開を待っていた。

日本の新聞では『毎日新聞』（四月二十八日夕刊）が短評を載せており、強力《ごうりき》エノケンの動きと伝次郎弁慶の対比は「不調和がかもす妙な効果」をあげようとねらったのだろうが、この試みは必ずしも成功していない、とそっけない。一方、雑誌では、映画評論家の大黒東洋士が黒澤演出の才気ぶりを好意的に評価していた。

義経、弁慶の名狂言「安宅の関」の一幕物ともいえる構成で、話そのものには新味がない。しかしエノケンを強力に仕立ててユニークなコメディー・リリーフの効果をあげているあたりに、黒澤らしい才気のほどが感じ取られて面白い。虎の尾を踏む心地のする安宅の関の一場はどこまでもシリアスなものとして描き、これとはおよそ水と油と思えるエノケンのコメディー・リリーフをあしらって破綻を見せていないのは注目に価する。おそらく黒澤はエノケンの使い方に新機軸を出そうという野心があったのではないかと思うが、この狙いは一応成功している。エノケン天性のコメディアンとしてのキャラクターを生かす一方、人口に膾炙された安宅の関の一席を能狂言の呼吸で、服部正作曲の近代音楽の合唱をヴォーカル・フォア混声合唱で随所にきかせて黒澤明の「安宅の関」にしているところに、この作品の特異性がある。

（『キネマ旬報』一九五二年六月上旬号）

古典のミュージカル化であると同時に、古典を生かしたパロディでもあるこの作品は、シーンの単純化と演技の様式化に徹しながら、冒頭で森の中を進む山伏達をワイプでリズムづける動的なシーン、あるいは勧進帳を読む弁慶と周りの敵味方との顔のモンタージュ、弁慶と富樫のやりとりの固定したロング・ショットの長いシーンから短いシーンへの緩急の移り変わり等、映画的にもすぐれた処理を見せていて、とても戦争末期から敗戦直後のどさくさのなかで作られたとは思えない才気がみなぎっている。日ごろはろれつの回らない時代劇の大スター大河内伝次郎も、ここでは弁慶役の〝古典的セリフ〟をいかにもそれらしくしゃべって愛嬌があるし、本来ならば弁慶の見せどころであるラストの〝飛び六法〟も、道化役のエノケンにやらせて結びにするという思いがけない変更がなされている。すでに『姿三四郎』で、「能の囃子、それほど高いものでなくとも、そのツボを掴んでいる感じがしますね」と山本嘉次郎が見通していた古典への黒澤明の造詣と親和度は、『續姿三四郎』の〝物狂い〟を経て、『虎の尾を踏む男達』で一層強まった。のちに秋山邦晴はこの映画音楽（音楽担当は服部正）を分析、愛すべき一編として実験性を評価した。

ともかく「虎の尾を踏む男達」は、このようにオーケストラ、合唱などの西洋音楽的な表現と、いっぽうでは能の音楽、下座音楽、謡曲、祭り囃子、お神楽といった日本の伝統音楽的な要素を自由自在に使って、日本のミュージカル映画のひとつの実験をこころみた注目すべき作品であるといえる。この映画はその試みのうえでまだ完全であるとはいえないし、随所に欠陥もみられる。ことにミュージカルとしての映画音楽の表現の未熟さといったものが目立つことも事実である。安っぽい音楽もある。とくに洋楽器によるパートと邦楽器のイディオムの融合や、全体のスタイルの統一といった点では、いまだったら、まだまだ突っ込んだ表現ができたにちがいない。／そういったいくつかの欠点はあるとはいえ、これが戦時中につくられたことを思うと、ひとつの記念すべき映画ではなかったかとおもわれるのである。(2)

私たちはこのあと、黒澤映画における演劇への挑戦を『蜘蛛巣城』『どん底』『乱』等にもみていくことになる。もっとも、『虎の尾を踏む男達』で道化役に徹したエノケンの〃喜劇的〃表情や姿態と、悲劇と呼ぶべき『乱』で〃深刻な道化役〃を演じたピーターとでは、まるで役割イメージが異なっている。

注

(1)『虎の尾を踏む男達』の公開が遅れた理由について、佐藤忠男は具体的に説明している。終戦直後(九月)に完成したこの映画は旧検閲官が題材を咎めたので黒澤は猛反論、検閲官は故意に完成リストから外して、GHQ(連合国軍最高司令官総司令部)へ報告しなかったという。『全集』第一巻、四一二―四一三頁。浜野保樹はGHQが一九四五年十一月に指示した「反民主主義映画」に含まれていたからではと推測している。『大系』第1巻、六九四頁。GHQの映画検閲は一九四九年六月、日本側の映画倫理規定管理委員会へ移された。

(2)秋山邦晴、前掲書「黒澤映画の音楽と作曲者の証言」、一九二頁。

生きる

東宝
一九五二年十月九日封切

脚本は黒澤明、橋本忍、小国英雄によるオリジナル。主人公は役所の市民課長・渡辺勘治（志村喬）、無欠勤のまじめ役人として三〇年を勤めてきた。物語は、陳情に来た町のおかみさんたちが各課へたらい回しされる場面から始まる。渡辺は病院の検査で胃癌を悟る。妻に先立たれており、同居の息子夫婦は別居を考えていた。渡辺は亡妻や子供時代の息子のことを回想し、無断欠勤を続け、飲み屋で小説家（伊藤雄之助）と出会って、ともに歓楽街をさまよい、「ゴンドラの唄」を歌う。翌朝、部下の小田切（小田切みき）から辞職願いのハンコを頼まれ、彼女の活力に吸い込まれるように一緒の時間を過ごす。喫茶店で、小田切はおもちゃのうさぎを渡辺に見せ、その活気に影響された彼は、残りの人生を「生きよう」と願う。そのとき、二人の奥の席では女学生たちの誕生パーティーが進行中で、「ハッピーバースデイ……」という歌声が流れる。こうして渡辺は、市民から陳情が出ていた児童公園の実現に全力を傾ける。雪の朝、彼の死体が公園で発見された。通夜の場で、参席者各自が渡辺の思い出を語り議論していく。警官は、夜の公園のブランコに座って「ゴンドラの唄」を口ずさんでいた渡辺の最期の姿を語る。

〈白黒・スタンダード・一四三分〉

『生きる』は、その前に黒澤が製作した『白痴』の封切から一年五カ月近く経って公開された。もっとも、『白痴』のあとは『虎の尾を踏む男達』が公開されている。この年は講和条約が発効して、日本が占領下から独立した年であるが、政府の右傾化（再軍備の強化）と、反政府側の極左化（火炎ビン闘争）とが対立を明確にしていった年でもある。激しい対立の時代ではあったが、映画は前年に、のどかな田園喜劇『カルメン故郷に帰る』（木下恵介監督）が日本における〝総天然色〟時代の幕を開き、翌一九五二年には、菊田一夫作のラジオドラマからブームが巻き起こった〝すれ違いメロドラマ〟『君の名は』（大庭秀雄監督）が女性観客たちを夢中にさせていた。

新聞評でいち早く『生きる』を紹介したのは『読売新聞』（九月二十九日夕刊）だったが、「筋の運びが独断」という見出しからわかるように、この作品を理解していたとは思えない。翌三十日の『毎日新聞』（夕刊）は「この不幸な男の追いつめられた姿を黒澤のカメラは充実した調子を崩さずに尾け回している。充実した調子――全く遊びや余裕を知らないこの作者のウンウンいう声が聞こえるような画面のつながりだが、二時間半の長い劇をダレさせていないのはさすがということだろう」と述べながら、最もよくできたシーンは、主人公の死後の通夜の場面だと指摘する。

この、通夜の場面が印象深くできていることに関しては多くの評者がふれていて、『毎日新聞』は一週間後の記事（十月七日夕刊）でも、佐佐木茂索（当時、文藝春秋新社社長）・永井龍男・河盛好蔵ら文人たちによる鼎談で、「堂々たるスケール鮮やかな〝お通夜〟の場面」という見出しを付け、永井龍男が「お通夜の場面で、その後の推移や主人公の性格なりを集まった人々の言葉のやり取りから回想をはさんで説明していってるんだが、それが非常によく納得出来る。鮮やかだ」と語っている。あるいは『東京新聞』(十月十日)は、「このあたり『羅生門』の技法と意図を一歩前進させた跡がみえ、いかにも黒澤作品らしい才気に富んだものがある」と、通夜に集まった人々の議論と回想をフラッシュバックの挿入で描き、そこから主人公の知られざる姿を浮き彫りにするやり方を、『羅生門』から発展したかたちとして位置づける。鼎談で佐々木茂索が「『羅生門』よりもいいっていえるんじゃないか」と述べており、一躍国際的な脚光を浴びるに至った『羅生門』の構成はどの評者も意識せざるをえなかったようだ。『羅生門』をその封切り初日に取り上げながら、不満のみを述べた前記(本書一〇八頁)『読売新聞』の鼎談(佐佐木茂索のほかは別人たちであるが)よりは『生きる』を高く評価したことになる。

文人たちと言えば、『野良犬』評で重い問題を投げかけた作家の椎名麟三は、シナリオを読んで「『生きる』のリアリズム——黒澤作品に現れた人間像」(『映画評論』(一九五二年十月号)を書き、文末で「文学者と映画作家がおたがいに協力出来る機関がほしいという感想が、終始去来した」と記し、このあと椎名自身、映画と深く関わっていくようになる。その椎名麟三は出来あがった『生きる』の映画を見て、改めて批評を書いた(同誌同年十二月号「人生への参加——『生きる』を見て」)。標題から察せられるように、彼は『生きる』を人生に真に参加した作品として、黒澤監督の態度を「賞めても賞めすぎることはないと思う」と賞賛する。しかし、一方で次のようにも批判している。

死が全面に立ちふさがっている人間にとって、小公園さえも無意味であるはずであるのにもかかわらず、そのことは何も説明されていないのである。人々は、このことに黒澤氏の善意をいい、ヒューマニティを見る。だが、僕に云わせれば、そんなものはセンチメンタリズムにすぎない。胃癌や死を、仰々しく渡辺勘治に背負わさなくても、何もしないよりは、何かした方がいい、ということは自明である。僕は黒澤氏に考えてもらいたい。死は、主体的な不条理として、生全体の意味を失わせるものなのだ。

死の意味、すなわち生の意味を人間存在の問題として主体的に受け止めようとした実存的作家・椎名麟三と、死の意味よりも生の意味を倫理的な〝生き方〟の問題として考えようとした監督・黒澤明との間に懸隔があったのは当然のことである。黒澤作品の基調をなすのは〝生へのエネルギー〟であって、生の無意味さや虚無ではないのだから。もう一度、通夜の場面に戻ると、滋野辰彦もまたここに注目している。

公園建設を決心した以後の行動を、このように回想の形でつみあげたことは、映画の手法を巧妙に駆使したすぐれた表現であって、それがこの映画に奥行をあたえている。同時に通夜に集まった人たちの性格を表現し、それによって人間の様々なタイプを示すことにも成功している。（「『生きる』——黒澤明のヴォリューム」『キネマ旬報』一九五二年十月下旬号）

あるいは、批評文全体が絶賛に近い荻昌弘の文章は、『生きる』に感動した多くの人々の気持ちを代弁していたと思われる。

「生きる」。これはまた、何と大きなテーマであろう。人間にとって「生きる」ことほど本質的な事実はなく、「生きる」事実を考えつめるほど重大な思想はない。私は何よりも先ず、黒澤明が映画という表現手段によって、この大きな主題に真正面からぶつかって行こうとした勇気に、敬意を表したいと思う。黒澤明は、壁のように立ちはだかる難問に向って、自分の体ごとエモーション（感動）を投げつけるような作家であるが、映画「生きる」は、そのエモーションが最も純粋且つ壮大に爆発した一つの頂点だといっていい。〔中略〕ひとりの人間を素材にして、生へのあがきをみつめようとした日本映画は例がないであろう。そしてその不幸をみつめる作者の心が主人公とともに苦しみ、一つ一つのショットから作者の息づかいが聞えるかと思うまで力をふりしぼって生への讃歌をうたっている例は、なおさらないであろう〔中略〕この作品は、最近の日本映画中シナリオが大層すぐれていることで評判だが、私は、そのすぐれた脚本構成と演出と間然することなく一致したのは、ラストの主人公の通夜の場面においてであると思う。（『映画の友』一九五二年十二月号）

戦後派作家ならぬ戦後派批評家の若い荻昌弘まで含めて、批評家の多くが通夜のシーンの卓越した効果を指摘している。そしてそれは『羅生門』の多視点的構成と共通する技巧の表われでもある。この議論形式は脚本家、橋本忍（『羅生門』）の特質が出ているのかもしれない。のちには同様の議論形式で『切腹』（小林正樹監督、一九六二年）の脚本を書いた。もう一人の小国英雄はこの作品から黒澤脚本の協力者となっていくが、彼は戦前戦後、多くの脚本を書いたベテランであり、戦前には山本嘉次郎監督のエノケン喜劇なども手掛けているので、助監督時代の黒澤は戦前からの付き合いがあり、小国の多彩なジャンルに及ぶ娯楽性の高い器用さを認めていた。批評家たちから激賞されたシナリオも渾然としており、三人の才能を細かく区別することはできない。だが、最初のシナリオにはなく、完成作品をみると、途中で挿入された効果的な場面がある。若い女性の小田切が、もう付き合うのは今夜が最後よ、と渡辺勘治に告げて入った大きな喫茶店。二人が座った向こう側、奥の部屋では女学生たちの誕生パーティが進行しており、店内には、明るく楽し気な、そしてうるさいほど活気のある音楽がたえず流れている。小田切はおもちゃのうさぎを渡辺に見せ、ものを作ることの楽しみと、全国の赤ちゃんたちと仲良しになった気がすると語る。その彼女とうさぎを見ながら、渡辺勘治の感情は、「生きる」思いへ転換する。言葉にはならないが、残りの限られた人生を「本当に生きよう」と。二人が階段を下りていくとき、階段を上がってくる女学生に、奥で待っていた友人たちが「ハッピーバースデートゥーユー」という歌声と歓声を投げかける。死へ向かって沈んでいた主人公、生を祝う楽し気な女学生たち、無関係な両者の対照をひとつの画面に収め、そこに流れる音楽や歌声で主人公の心情との落差を際立たせ、それらが交錯する感情の頂点で渡辺勘治もまた「生」へと蘇る。みごとな演出である。

『生きる』の強いヒューマニズムは、前半の主人公の放浪――失われた生を求める哀れで滑稽にも見えるさすらい――と表裏一体のものである。志村喬が扮する市職員、課長は胃癌であるらしいことを悟って、これまでの人生の孤独と空白に直面する。誰しもが死を免れることはできないものの、この主人公にとって癌は早すぎる死の宣告であった。残り少ない人生をいかに生きたらいいのだろうか。この問題は、日ごろ死を身近に考えることの少ない多くの観客にとっても、不意に突き付けられた、のっぴきならぬ問題となる。半ばやけ、半ば貪るように生の探求に向かった主人公に、観客は不思議な力で引き付けられていく。同居し、最も近い存在であった息子夫婦でさえ、父にとっては遠い存在になった。

だが、前半のあわただしい人生探求、後半の生き残っているものたちの議論、いずれにしろ黒澤作品は小津安二郎後期作品の端正さからも、木下恵介作品の抒情性や喜劇調からもほど遠く、まじめ一筋だった庶民を〝不意に宣告された死〟――医師からは胃潰瘍と告げられただけだが――という実験室へ放りこみ、ギュウギュウ言わせながらその極限の姿を見つめていく。その姿勢は黒澤監督好みのロシア文学の主人公に近く、とりわけ私たちはすぐさまゴーゴリ作品のなかの小役人たちを思い出させられるが、何かにとり憑かれたように「善」へと突き進む主人公のひたむきな姿には、どこかドストエフスキー小説の人物の影があるようにも思える。実際、この映画は〝写実的リアリズム〟よりも、圧縮された生の〝エクセントリック〟な、つまり異常かつ風変わりなまでの表現によって、哀れみと滑稽さと感動とを与える作品なのだ。完成した小公園のブランコに乗って、「ゴンドラの唄」を歌う主人公。公園、夜、雪、ひとりぼっちの老役人——現代では老人とは呼べないが——ブランコ、ジャングルジムなどの矩形を通しての絵的構図……奇妙な取り合わせのなかで鮮烈なイメージを作り上げたこのシーンにも視覚の人、黒澤明を見ることができる。そして、ラストの通夜の場面で、「渡辺課長は胃がんであることを知っていたから、あの並外れた行動がとれたのだ」と一人が発言すると、別の一人が「そうなったら、僕達だってやるさ、きっと」と言う。さらに別の一人が「しかし、我々だって何時ぽっくり死ぬか……」と言い、一座がシンと静まる。ここは観客にも突き付けられたセリフである。

「ゴンドラの唄」は視覚的に印象深いだけではなかった。中山晋平作曲・吉井勇作詞のよく知られた唄を、あの低く響く志村喬の忘れ難い唄へと、聴覚的にも印象深いものへ変えたのは、『酔いどれ天使』以来、黒澤作品の音楽を担当した早坂文雄の努力にあった。その具体的な技法に関して、映画批評家が言及するのは無理だろう。のちに秋山邦晴は早坂自身の手紙（作曲家・斉藤一郎宛）を引用して、「ゴンドラの唄」では、まず、志村喬の口をマイクに近づけて歌ってもらいテープにとり、それをフィルムへ移し、フィルムのコマ数（毎秒のコマ数）をさまざまに変えながら落ち着くコマ数を探し出したこと、あるいは通夜の場面で、はじめ音楽を付けたのだが、画面が流れすぎるという黒澤明の判断によって、音楽を外してしまったことなどを明らかにしている。[1]

注

(1)秋山邦晴、前掲書「黒澤映画の音楽と作曲者の証言」、二〇〇—二〇一頁。なお、監督本人から音と音楽について聞き出したインタビューに西村雄一郎の連載「黒澤明監督に〝音〟について聞く」(『キネマ旬報』一九七三年九月下旬号—十二月上旬号)があり、西村雄一郎はその後もこのテーマを一貫して掘り下げていった。『黒澤明 音と映像』(完全版)、一九九八年。

七人の侍

東宝
一九五四年四月二十六日封切

脚本は黒澤明、橋本忍、小国英雄によるオリジナル。物語の舞台は戦国時代末期の山村。米や麦の刈り入れどき、村はたびたび野武士（野盗）の群れに襲われるので、困った村人たちは守ってくれる侍を雇おうと、侍探しを始める。まず智勇兼ね備えた勘兵衛（志村喬）が見つかり、彼が残りの侍たちを選んでいく。以下、登場順に五郎兵衛（稲葉義男）、久蔵（宮口精二）、平八（千秋実）、七郎次（加東大介）、勝四郎（木村功）が選ばれ、最後に菊千代（三船敏郎）が勝手に加わり、計七人となる。勘兵衛が指揮をして、村人たちを訓練し、防備体制を整え、侍たちの役割分担を決める。野武士の出没があり、侍たちが夜討ちをかけたりする。いよいよ野武士たちの襲撃が始まり、侍たち、村人たちとの全面的戦闘となる。闘いは凄まじく、侍や百姓たちにも犠牲者が出るが、ついに野武士たちは全滅して、村に平和が戻ってくる。生き残った侍は勘兵衛、七郎次、勝四郎の三人だった。女房を野盗に取られた百姓（土屋嘉男）、若い百姓娘（津島恵子）、村の長老（高堂国典）ほか、登場人物は多数にのぼる。

〈白黒・スタンダード・二〇七分〉

一九五〇年代、『生きる』（一九五二年）よりあとの黒澤作品は、『生きものの記録』（一九五五年）を除けば、あとの四本は時代ものなので、この時期は題材の転換を示しているようにもみえる。だが第一作『姿三四郎』（一九四三年）まで遡ってみると、現代ものと時代もの（物語の場所が制作時よりもかなり過去に置かれているもの）はちょうど半々になることがわかる。時代ものにおける黒澤作品の特徴は、物語作家としての表現の誇張と映画的リアリズム（現実らしさへの接近）との組み合わせにあるだろう。この頂点に達したのが『七人の侍』だった。公開初日はちょうどゴールデン・ウィーク（この呼称は一九五一年の映画界から広まる）の書き入れどきをねらった大作である。『毎日新聞』（四月二十八日）は、短くストーリーの紹介をしたあと、後半の戦闘シーンをアメリカの西部劇と比較して、黒澤作品は「相当にいい勝負」をしていると述べながら、ゴールデン・ウィークにおける各社の映画の観客の入り（初日）を掲げている。それによると、東宝の『七人の侍』、東映の『笛吹童子・第一部』（萩原遼監督）と『悪魔が来りて笛を吹く』（松田定次監督）、松竹の『君の名は・第三部』（大庭秀雄監督）が渋谷・新宿・浅草の盛り場で競り合っており、渋谷では『七人の侍』が一位、新宿と浅草では『君の名は』が一位となっている。『君の名は』はちょうど二年前にNHKの連続ラジオドラマとして始まり、女性を中心に大人気となって二年後（つまり一九五四年）に終了、映画化は一九五三年に第一部と第二部が公開され、これも大ヒットする人気ぶりだった。このように、他社の人気作と並び『七人の侍』は大衆の支持という点で黒澤人気を一気に押し上げる役割を果たした。

『七人の侍』が多くの人にアメリカの西部劇映画を想起させたのは当然のことであろうが、『読売新聞』（四月二十六日夕刊）の「日本映画としてはまれにみるスケールの大きいものであり、たくましいタッチだが、何分にもアメリカ映画をみなれた目からはさして驚くにたりない」という評に対して、『朝日新聞』（四月二十七日夕刊）は「西部劇しのぐ迫力」という見出しで、西部劇に勝る重量感が出た作品と評価している。ところが、『読売』は活劇シーンよりも人物描写に注目していた。

むしろ黒澤監督のうまさは多様な人物群の巧みなさばきであり、かつ綿密な計算による〝人〟の描き方である。登場人物のそれぞれに独自な風格性情を十分にもたせながら、半面また武士と百姓の性格の差をもあざやかに描きわけた手腕は立派である。／一見その内容は再軍備問題にからんだかの感もあるが、この作品はそのようなふうにとるべきではなく、乱世の時代不遇の境地にあっても決して失われることのない信ずる者のみにかよう心のつながりを、七人の侍の結合になぞらって哀感をこめて美しく描いた佳作である。（錦）

「再軍備問題にからんだかの感もあるが」というのは、一九五〇年の警察予備隊創設から、一九五二年の保安隊へ、さらに一九五四年七月には自衛隊へと改組されていく動きを指している。大戦の悲惨な結果を味わった日本国民にとって議論の的となり、「再軍備」への懸念と反対運動が起きた。一見、娯楽映画としか見られない作品が時の政治や社会状況の暗喩と解される映画評は一九六〇年代――とくに日米安保条約改定時の一九六〇年前後――に多くなるが、当時の黒澤作品であれば、たとえば『用心棒』（一九六一年）が米ソの東西冷戦を諷刺すると見られた場合もそうである。『七人の侍』も、戦後日本の防備をどうすべきかという社会的文脈で解される要素を持っていたことになる。

一方、『東京新聞』（四月二十九日）は「イタリア映画的な」といった言葉を使っているのが面白い。だがここにも、「大戦における戦没犠牲者に寄せた作者の同情であるのか」と書かれており、まだ敗戦後の社会感情がよく残っていたことがわかる。

作法は西部活劇ないしはインディアン撃滅のトリデ物といった感じで、必しも独創的だとはいい切れぬが、そこへイタリア映画的な、土色と野性味を加えて、日本流の作品として十分こなされているのが興味深い。／同時にアメリカ映面流のぜん立てをかりながら、あくまで創作的な方法によって、興味を新にしようと心掛けているのが大きな魅力である。／真面目に戦った侍の悲哀が漂っているが、大戦における戦没犠牲者に寄せた作者の同情であるのか、この映画がいわんとする線をもうひとつ明確な形で打ちだしていれば一段と興味は充実したことであろう。（敏）

ふたつの新聞評に、〝再軍備〟とか〝戦没犠牲者〟とかの言葉が出てくるので、この時代劇大作に記者たちが当時の社会的感情を重ねて見ていたことはたしかだ。〝インディアン〟という呼称、現在では〝ネイティヴ・アメリカン〟と呼ばれ、日本の映画やテレビでは「先住民」と訳す場合が多い。『東京新聞』の「イタリア映画的な、土色と野性味」を持った黒澤作品とは、ネオレアリズモ映画群のいくつか、『にがい米』（ジュゼッペ・デ・サンテス監督）、『越境者』（ピエトロ・ジェルミ監督）、『オリーブの下に平和はない』（同前）などが評者の念頭にあったのかも知れない。これらは一九五二年から五四年にかけて日本で公開されていた。[1]

日本映画史上未曾有の大作と宣伝され、話題や人気を呼んだわりには、雑誌における『七人の侍』評にはすぐれたものが少ない。〝大衆娯楽〟としての徹底した味付けに評者たちがとまどったのだろうか。清水千代太はやや長い批評、「黒澤明の意図と『七人の侍』の矛盾」（『キネマ旬報』一九五四年五月下旬号）の結論で、創造的な活劇映画が商業主義的な活劇映画へ妥協したがゆえに黒澤作品を「壮烈な失敗」と呼んでいるし、上野一郎も作品評（同誌同年六月下旬号）で、「娯楽作品として徹底するか、それとも自分の思想をもっと鮮明に出してこれまでの黒澤作品の系列にそのまゝ加え得る作品にするか。そのいずれの方向をとるかがもっと明確に踏み切られていたならば……」と、黒澤監督の壮大な意図や創作上の努力は認めながらも、賞賛を差し控えている。

「悲痛なる人間観」（『映画芸術』一九五四年七月号）を書いた登川直樹の文章は最も長文であるが、その半分はあらすじに費やされている。彼は、表題のように、侍たち、百姓たち双方に悲劇的な運命観が漂っており、野武士たちはともかく、主要人物群に悪人がいないのは作者のヒューマニズムゆえであると言い、全体としては力作であることを讃えている。

地理的な関係の説明にいささか難点はあったが黒澤明の演出は、この長尺を克明かつ入念に組み立てている。その野心はもっぱら、性格の描き分けと同時に運命の悲哀の強調に向けられているが、しかもなお、数々の戦闘場面では直截な表現で迫力を盛る。勘兵衛に退治される盗人や、久蔵と真剣勝負をした侍が死ぬときスローモーションでゆっくり倒れるのは、「姿三四郎」で再三用いて斬新さを讃えられた手法である。しかしこの映画でもっとも作者が表現上苦労したと思われるのは戦闘場面で、なかでも雨の中の乱闘は傑出している。／技術的には中井朝一の撮影が貴重な収穫といえよう。松山崇の美術も早坂文雄の音楽も印象的だが、ただ録音がやや劣っていた。東宝設備の欠点でもあろうか。

性格の描き分けとはいうものの、畠山義忠は『七人の侍』における黒澤の百姓観に大きな不満を感じた一人だった。彼は「『七人の侍』の現代的意義」（『映画評論』一九五四年八月号）で、百姓根性の薄汚さやどぎつさの数々の場面は真をついてはいるが、侮蔑以外には何も感じとれない。黒澤監督は単純な高踏的武士的気質を捨てて、民衆の愚かな一面だけでなく、その精神の純粋さも賛美するだけの余裕を持ってほしいと述べている。黒澤監督としては、ラストの田植えのシーンが百姓たちの勝利を明瞭に示しているではないかという反論もあろうが、この〝高踏的武士的気質〟はその後の黒澤論のなかで、彼の気質の負の評価――武士的・英雄的・男性的視点――として、他の評者に継承され論議されていくことになる。

百姓論議はともかく、『七人の侍』を積極的に評価した一人に文学・文化研究者の桑原武夫がいた。映画批評の専門家ではなかった彼の論評ほど『七人の侍』を高く評価したものは当時に見当たらない。

日本映画に活劇のリアリズムをはじめて打ち立てたという意味で、『七人の侍』は特筆すべき作品である。リアリズムといったのは、描写が特定の型によらず、映画のみがもちうる直接的現実感にみちていること、『山椒大夫』にはっきり出ているような、伝統的形象パターンによって美的なイメージをつくることの反対、を意味する。／彼は、一般にインテリと庶民との関係を、さまざまの角度から描いてみようとしたのではないか。農山村工作隊の問題まで考えたとはいわないが、外的な絶対悪に対してインテリと庶民が、理論の上でなく、行動の協力においてなにをなしうるか、またそこに不可避的にいかなる問題が派生するか、そうした問題を現実化しうるもっとも近い時代として、彼は日本民族がもっともエネルギッシュでありえた戦国時代に事件を設定したと考えられる。／『七人の侍』は、従来のマゲモノ映画とは型がまったく違う。その打破は吉村〔公三郎、監督〕が『森の石松』で試みたが、ここではさらに一歩すすめ、集団対集団として取りあげた点に特色があること、いうまでもないが、さらに集団内の個々の人物のパーソナリティがするどくとらえられている点に最大の興味がある。／志村喬の勘兵衛は智略すぐれた歴戦の古強者だが、万物流転風の達観をもつ。そして、日本的な面白みのあるこの人物にひかれて、他の武士が参加する。そうした集団の形成過程は極めて日本的といえる。／侍たちは決して百姓を軽蔑しているわけではないが、百姓ととけ合うことができない。／注文はいろいろあるが、一昨年ころからもちはじめた日本映画の優秀性への私の希望が『縮図』『真空地帯』に引きつづき、『七人の侍』によって確信を高められたことは、感謝にたえない。

（『七人の侍』評、『改造』一九五四年六月号）

文中の「農山村工作隊の問題」とは、これも映画公開二年前あたりから日本共産党が実行した「山村工作隊」のことを指し、農山村へ入って労働をともにしながら党の方針を広める役割を担った。当然、再軍備反対であり、『七人の侍』の持つ暗喩、その両義性がここにも見られた。山村工作隊を経てすぐれたドキュメンタリー監督になったのが、のちの土本典昭、そして劇映画も監督した黒木和雄である。ここで想起するのは、ジョン・フォードの騎兵隊三部作のひとつ、『アパッチ砦』（日本公開は一九五三年一月）だ。騎兵隊で補充兵の訓練が行われる場面、並んだへっぴり腰の頼りなさそうな新人たちに、やっきとなって号令をかける曹長（ヴィクター・マクラグレン）、これは『七人の侍』の竹槍訓練シーン、百姓たちの滑稽な場面に黒澤が応用したと思われる。

ほぼ二〇年後の一九七五年秋、『七人の侍』は日本初公開時よりも長い完全版（三時間半）が公開され、『キネマ旬報』は改めて『七人の侍』の特集を組んだ。四名の執筆者たち、評論家の西脇英夫は時代劇映画としての先駆性と革新性を説き、編集者にして評論家の白井佳夫は黒澤の表現に日本的なるものと西洋的なるものの対立と相克を見てとり、脚本家の笠原和夫は三船敏郎演じる「菊千代」に、農民と浪士間を往来するピエロの卑しさ、自由さ、美しさを讃え、撮影監督の原一民は、作品に捧げられた撮影の知恵と創意を分析して賞賛した。[2] 音楽は早坂文雄、勇壮な主題曲「勘兵衛のテーマ」は彼の映画音楽で一般に最もよく知られた曲となった。秋山邦晴はこう述べている。

これはたしかに裸のオーケストレーションである。旋律が裸のまま生き生きと語りかける音楽である。／それは勇壮な金管楽器群を主体としたマーチ風の音楽だが、北欧のシベリウスをおもわせる重々しく、悲しみのこめられた、それでいて勇壮なメロディだ。素朴で、単純、明快な、力強い音のうごき。それは、この映画全体の性格を深く印象づける役割をはたし、性格そのものを形づくっているといってもよいくらいである。／この映画音楽の構造上の特色は、はなはだ古風におもわれるようなライト・モティーフといった性格旋律を使って、それぞれの人物の行為や感情などを描きわけながら、全体の統一を図っていることである。

秋山は、1勘兵衛のテーマ、2侍のテーマ、3恋人たちのテーマ、4リズム主題、5農民のテーマをそれぞれ説明し、最後に結末の唄、「田植歌」（早坂の創作曲）にふれる。早坂当人とも交流のあった秋山は、早坂が残した五線譜ノートを見ながら、早坂のたゆまぬ努力とその成果を讃えた。[3]

黒澤映画のなかで、『七人の侍』は国内外において大衆的人気の最も高い作品だろう。映画の娯楽性と芸術性がみごとに融合した記念碑的力作である。その影響力については本書の終章でふれることにする。

注

(1)『七人の侍』より前、戦後最初に日本で公開されたイタリアのネオレアリズモ系作品は一九四九年の『戦火のかなた』『平和に生きる』であり、以下、題名だけを挙げると、五〇年の『無法者の掟』『靴みがき』『荒野の抱擁』『自転車泥棒』『無防備都市』、五一年の『シーラ山の狼』『ポー河の水車小屋』、五二年の『にがい米』『街は自衛する』『ミラノの奇蹟』、五三年の『越境者』、五四年の『オリーヴの下に平和はない』など続々とあった。

(2)西脇英夫「時代劇映画の系譜にみる『七人の侍』の特異性」、白井佳夫「『七人の侍』と黒沢明の映像主義を支えるもの」、笠原和夫「黒澤映画は私の青春に差し込んだ陽射し」、原一民「『七人の侍』が我我に残した教訓とは?」、いずれも『キネマ旬報』一九七五年十月上旬号。

(3)秋山邦晴、前掲書「黒澤映画の音楽と作曲者の証言」、一九八―一九九頁。

生きものの記録

東宝
一九五五年十一月二十二日封切

脚本は橋本忍、小国英雄、黒澤明のオリジナル。物語は当代の東京品川の工場地区。歯科医の原田（志村喬）は家庭裁判所の調停委員として呼び出しを受け、中島一家のもめごとに参与する。騒ぎの発端は中島喜一（三船敏郎）というガンコ親父の常識外れの行動に家族たちが困惑したためであった。中島喜一は鋳物工場を経営しており、妻子五人のほかに、二人の妾とその子供たちの面倒もみていた。しかし彼は原水爆と放射能を極度に恐れており、自分が安全と信じる南米へ家族一同を強引に移住させようと計画して、ブラジル移民の成功者（東野英治郎）と土地の交換を試みる。家族らは強く反対する次男（千秋実）を先頭に、家庭裁判所へ、喜一を準禁治産者とする申立てをした。原田はその申請に関与するうち、喜一の心情を理解するようになるが、喜一は準禁治産者と認められてしまう。切羽詰まった喜一は工場へ放火し、精神病院へ収容される。原田が面会に行くと、その部屋から喜一は核爆発（燃える太陽）を見るのだっだ。

〈白黒・スタンダード・一〇三分〉

原水爆に恐怖する男を描いた『生きものの記録』――黒澤監督は舞台を現代に移して意欲作を発表した。しかし、批評の大半はその意図のまじめさ、テーマの重大さ、黒澤監督の正面からの取り組み方等を評価しながらも、「しかし……」「けれども……」「にもかかわらず……」といった言い方で、主人公・中島喜一の人間像に首をかしげ、これでは作者の意図が観客に伝わりにくいのではないかと疑問を呈している。『毎日新聞』(一九五五年十月二十四日)は「季節外れの問題作」という見出しを掲げているが、〝季節外れ〟とは、前年三月、太平洋上のビキニ環礁における水爆実験の影響で第五福竜丸が放射性物質に被曝し、日本中にショックを与えて、五月以降の原水禁運動の端緒を作ったことを指しているのだろう。この映画が完成したときは前年のショックも薄らいで、〝季節外れ〟になっていたという評者の認識である。だが、これではあまりに楽観的かつ単純すぎる認識だ。原水爆問題に〝季節外れ〟などはありえないからである。当時の映画担当記者の問題意識の希薄さをうかがわせる。

それはともかく、知性よりも動物的直感を持った主人公の非常識なまでの行動が、多くの評者に〝被害妄想〟患者の異常な言動と映ってしまったことは否めない。『週刊朝日』(同年十一月二十七日)における無署名の評では「野心的だが、重苦しい」の見出しを掲げ、多くの疑問点を挙げている。主人公が南米へ逃れるために、二人の妾やその子供たちまで連れて行こうと試みるのは、この映画が欧米に輸出された場合、道徳的に理解されないだろうと懸念する。何よりも一代で財を築いたらしい生活力ある老人が「観念的に」原水爆を恐怖するのだから、家族たちが困惑し、とくに次男（千秋実）が憤慨するのも理解できる、主人公が精神異常者とみなされるのも無理はない、ともっぱら主人公批判の立場である。そして、この作品は悲劇としてでなく喜劇にすれば、「諷刺的喜劇映画として新鮮なものになったであろう」と述べる。

『週刊読売』（一九五五年十二月四日）の飯田心美評は「原水爆の恐怖を描く」という見出しで、喜一の恐怖の原因を、次の戦争で原水爆が使われることへの恐怖であると理解しながらも、次のように結んでいる。

広島、長崎の体験を持つ日本人のだれもが抱く不安を拡大して見せた映画。興奮しやすく忘れっぽい普通日本人の代わりに、動物本能をそのままの人物をつれてきた点が面白い。ただし、この人物を描くにあたり、精神的に病的傾向の持主であったかのごとき扱い方は、作意を途中からそらせるおそれがある。なお心理描写のうえで実感が足らず、全体に作者の観念だけで終わった観があり、良心作だが、成功とはいいにくい。

監督に対して「観念だけで……」という言葉が使われているが、主人公の異常行動または病的傾向へ感情移入ができなかった点では他の評者と同様である。この点では、心理学者の宮城音弥までもが「原水爆がこわくて、精神病者になるなどということは、絶対にあり得ぬことである」（『東京新聞』同年十二月十九日）と述べているくらいだから。だが別の心理学者・乾孝は、「分裂型」に属する主人公をもっと綿密に解説しながら、「がんこ者で誠実な中島喜一という人物が、〃死の灰〃の危険に対して、〃生きもの〃として誠実に反応した行動の記録ともいうべきこの映画は、彼の心の展開を、かなりみごとに描出している。／喜一老人のような〝分裂型〟人格の方が、素直的に、原水爆の危険を本筋でつかまえ得たのだということかも知れない」（「〝分裂型〟の必然的帰結」『キネマ旬報』同年十二月上旬号）と、黒澤監督の人物創造を肯定的にとらえている。これは映画評論家の瓜生忠夫も同様であり、主人公の精神の狂いは、彼が準禁治産者となって「家庭と工場で絶対権をふるっていた、その絶対権がくずれたこと」「いいかえると、喜一が完全に身の置き場を失う」（『映画芸術』一九五六年十一月号）ことから生じたのだと解釈する。

詩人で映画批評家でもあった北川冬彦は、主人公の超人性に共感できないものの、「三船敏郎によって、驚くべき迫真の人物に仕立て上げられた。この映画の主人公はまさしく生きものである。水爆に挑戦する人間ならぬ生きものの異様にかがやく眼は物凄い」と述べている（「人間の動物性の研究」『キネマ旬報』一九五五年十二月上旬号）。ここにも黒澤演出の「目玉演技」の迫力があったわけだが、振り返ると、三船の「激しく見つめる眼」のクロースアップは、『野良犬』『静かなる決闘』『白痴』そして『生きものの記録』と、何かに憑かれた男の強い執念を表す記号にもなっている。それは一九二〇年代ロシアのジガ・ヴェルトフの「世界を見つめる眼」、「他者、見えない世界を解読する眼」とはむろん異なり、主人公の心の眼、精神のありようが外へと露出した眼である。この眼はときに「奇矯の眼」となり、観客をたじろがせる。物理学者の武谷三男は同誌に寄稿した「象徴主義の限界」で次のように言う。

黒澤明は、そのテーマの構成、手法の進め方において、象徴主義の立場に立っている。それは一概に悪いことではないが、この映画に描かれた喜一の恐怖と行動は、あまりに奇矯であり、とうとつであり、大衆の今日もっている恐怖心にひびいて来ないものである。観客の共感を呼ばないのである／象徴主義の限界が、ここにはっきりと現れている。

これらに、安部公房の「なぜ諷刺的にとらえなかったのか」（同誌「方船思想」）を加えると、主人公の描き方に疑問を呈した代表的な論評となるだろう。さらに、主人公はヒューマニズムに転化するのではなく、もっとエゴイズムに徹するべきではなかったか、と説く小川徹（「解決のない不安」『国民』一九五五年十月号）、あるいは全体としては賞賛に近いものの、主人公が「なぜ原水爆に異常な恐怖を抱くようになったかという動機がわからない」と疑問を投げる双葉十三郎（『映画旬刊』同年十二月下旬号）などの評からも〝主人公への共感が難しい作品〟という見方をされていたことがわかる。

黒澤本人を交えた鼎談（ほかは作家の武田泰淳、監督の木下恵介）で、かなり強く批判する武田泰淳に対して、黒澤監督は「僕自身がどうしていいかわからないのに、諷刺的なものが描けますか」とむきになって反論している（「人間像製作法」『中央公論』一九五六年二月号）。しかし、井沢淳のように「恐らく、これは、黒澤作品の頂点であろう」と感じた批評家もいたし（『キネマ旬報』一九五五年十二月下旬号）、「見てる方では、彼のいい分が全く正しいと思うようになる。そこまで話を追い込んだ黒澤明監督の演出力に圧倒される」と、記事全体が好意的な

『朝日新聞』（一九五五年十一月十八日）のような批評もあった。だが、肯定派は少数であった。[1]太陽を見て、『ああ、地球が燃えている』と叫ぶ幽鬼のような主人公――ここで私たちは、『姿三四郎』の敵役以来の、まさしく黒澤的な人物造形と出会うことになる。ドナルド・リチーはのちにこれを「現代のリア王を創造したとさえ言ってよかろう」と述べている。[2]これは卓見また予見と呼ぶべきだろう、のちに黒澤は『乱』の主人公にリア王の役柄を重ねたからである。

「象徴主義の限界」と見た安部公房ではあったが、この映画はのちに海外では、核爆発への恐怖を象徴的に描いた警世の作として、より深く論じられるようになる。たとえば、ジェームズ・グッドウィンは論考「黒澤明と核時代[3]」のなかで『生きものの記録』を中心に分析を進めながら、佐藤忠男の「家父長の権威をもってしても、原水爆のこわさについて家族に説得することができないのはなぜだろう」という疑問や、スティーヴン・プリンスの「黒澤が地球規模の政治問題に英雄的個人主義の視覚的・説話的構造を当てはめようとした」という論評を引用し、この映画は物語素材の両面――社会的側面と心理的側面――を統一できなかったというプリンスの結論に同調する。その一方、ジャック・デリダ、ノエル・バーチ、ジル・ドゥルーズ、ドストエフスキーらにふれていき、なかで哲学者ジル・ドゥルーズが『生きものの記録』ラストに示した見解、「知識の限界を超えるだけでなく、行動の条件をも超えていく。そして、純粋な光の世界に到達する」を引用している。これが注目に値するのは、ドゥルーズが作品の象徴性を肯定的にとらえているからである。たぶん、黒澤作品の表現主義と象徴性は海外の識者のほうがより理解しやすいのだろう。日本人識者、観客一般は黒澤映画を物語レベルであれ、表現レベルであれ、同じ国内の環境空間と生活様式へ、つまり身の丈サイズの尺度で具体的に判断しがちだからである。ドゥルーズの言葉を確認するかのように、グッドウィンはこう述べている。

『生きものの記録』が最後のシーンに近づく頃、精神病院の窓から中島が見つめる太陽は、まさしくそのような空間を開けている。太陽の炎が発する鮮やかな放射エネルギーが、この登場人物の存在や目的を超えた概念のイメージとして、そこにある。その概念はどんな客観的相関物もなく存在する。むしろ、それは、可能性というものを通してしか知り得ない出来事や現象のイメージとして存在するのだ。このイメージの、まとまりのない眩しい空間は、核時代における核関連事項のディレンマの表現である。この映画は、まるごと、この時代が生んだ社会的・心理的遺産を存在の不条理として表現しているのだ。(4)

この映画の興行成績が不振だったのは、映画が公開された一九五五年十一月、当時の観客が原水爆に関心を持っていなかったからではない。それどころか、同年八月六日には広島で原水爆禁止を訴える最初の世界大会が開催されていた。同大会に対する国内の賛同署名者だけでも三千万人を超えていたのである。公開のタイミングとしては決して悪くはなかったはずだ。しかし、配給収入の邦画トップテンによれば、観客数の上位を占めた作品は、順に、『赤穂浪士天の巻 地の巻』（東映）、『修善寺物語』（松竹）、『ジャンケン娘』（東宝）、『新・平家物語』（大映）、『亡命記』（松竹）、『続宮本武蔵 一乗寺の決斗』（東宝）、『楊貴妃』（大映）、『宮本武蔵 完結

篇 決闘巌流島』（東宝）、『力道山物語 怒濤の男』（日活）、『夫婦善哉』（東宝）であった。

映画のなかで他者から何度も「老人」と呼ばれる中島喜一、この役を演じた三船敏郎は当時まだ三五歳の若さ。メークで顔を作りこみ、物腰や歩き方に老年を感じさせる工夫を凝らしているが、東西の数ある映画作品中、主役としてこれだけ実年齢とかけ離れた役を演じた映画俳優はまれだろう。「精力的な老人」という風貌はよく表現されていて強い印象を残す。もう一人の老人役、真っ黒に日焼けしたブラジル移民の成功者を演じた東野英治郎は当時四八歳、やはりかなりの老け役であり、この「老人」も印象に強く残る。両者ともに黒澤流表現主義の誇張された顔の造形であった。

映画音楽を担当していた早坂文雄は、制作の途中で病死した。日本の映画音楽を開拓した大きな業績を残してはいたがまだ四一歳、黒澤の失意の大きさはもちろんのこと、続く若手作曲家たち、武満徹、佐藤勝らの落胆も大きかった。早坂の生前、映画音楽家としての彼の業績については、同時代の批評のなかで深く論じられることがなかった。タイトル・シーンとエンディングに流れる不協和音の不気味な戦慄（〝のこぎり音楽〟）は映画のテーマである中島喜一の恐怖、そして核時代に生きる我々の不安を表しているのだろうが、一方で病床の早坂文雄の悲しみを伝えているような気もする。早坂亡きあと、彼が残したスコアのデッサンをもとに、音楽を完成させたのは弟子の佐藤勝であり、以降、彼は黒澤作品の音楽を担当するだけでなく、多数の映画音楽の作曲家として活躍することになる。

注

（1）佐藤忠男は『生きものの記録』を論じた冒頭で次のように書いている。

『生きものの記録』は、黒沢明の失敗作であると一般にいわれている。私も、この映画の封切当時にこれを失敗作だと断定する批評をいくつか書いている。しかし、ある作品を失敗作だと断定したことが、その後、はたしてそれで正しかったかどうか、若干の疑問となって自分の心のなかに残る場合がある。『生きものの記録』は、私としては、そういう気持をかなり強くもった作品であった。製作されてから十三年後に再び見たとき、私は、これはやはり、成功した作品ではないと思った。しかし、失敗作であるにもかかわらず、これは黒沢明にとってもっとも重要な作品のひとつであり、興行的に成功した彼の他の多くの作品などより、ずっと貴重な、誠実な魂をもった作品だと思った。

（『黒沢明の世界』前掲書、一七八頁）

（2）ドナルド・リチー『黒澤明の映画』三木宮彦訳、キネマ旬報社、一九七九年、一九九頁。

（3）ミック・ブロデリック編著『ヒバクシャ・シネマ　日本映画における広島・長崎と核のイメージ』柴崎昭則・和波雅子訳、現代書館、一九九九年。ジェームズ・グッドウィンの「黒澤明と核時代」は同書の第8章に収録されている。佐藤忠男およびスティーヴン・プリンスからの引用は同書の一六七頁、ジル・ドゥルーズからの引用は一七二頁。原著は、Mick Broderick, (ed), *Hibakusha Cinema: Hiroshima, Nagasaki and the Nuclear Image in Japanese Film*, Kegan Paul International, London & New York 1996.

（4）ジェームズ・グッドウィン「黒澤明と核時代」からの引用、同前、一七二頁。

蜘蛛巣城

東宝
一九五七年一月十五日封切

脚本は小国英雄、菊島隆三、橋本忍、黒澤明。原作はシェイクスピアの『マクベス』。
物語は時代と場所を日本の戦国時代へ移した翻案ものであるが、原作の有名なセリフは多くが省かれている。蜘蛛巣城の武将・鷲津武時（三船敏郎）と三木義明（千秋実）は敵を破ったあとの帰路、深い森と霧のなかで道を迷う。雷鳴下に怪しい老婆（浪花千栄子）と遭遇し、その老婆から武時はいずれ蜘蛛巣城の城主になり、義明は大将に、また義明の子は蜘蛛巣城の城主になる、と予言される。武時の妻・浅茅（山田五十鈴）は、夫に主君・国春（佐々木孝丸）殺しを唆かし、逡巡のあと武時はついに国春を殺害する。また、義明をも殺してしまう。良心の呵責から、武時は死者たちの亡霊に取り憑かれ、浅茅も死産し狂っていく。国春の子・国丸（太刀川洋一）が義明の子・義照（久保明）とともに蜘蛛巣城に攻め来る。森が動かぬ限りは敗けぬと、また老婆が予言するが、森は動き、武時は敵兵が放つ無数の矢を受けて絶命する。

〈白黒・スタンダード・一一〇分〉

この映画の新聞評は各紙各様といえる。たとえば、映画封切り日に簡単な紹介評を載せた『読売新聞』（夕刊）はすこぶる好意的だ。

シェークスピアの『マクベス』が、巧みに日本の戦国時代に移しかえられている。翻案といった臭みもなく、また無理も見当たらない。脚本（小国英雄、菊島隆三、橋本忍、黒澤明）演出（黒澤明）の慎重な準備と努力の結果である。／特に山田（五十鈴）はぬきん出た巧みさをみせている。現在に安住出来ぬ人間のいらだちからくる悲劇を『生きものの記録』を経て、ここに見事結実させた黒澤監督の努力に拍手をおくりたい。秀作である。

一方、『東京新聞』（同二十日）は長所も短所も合わせて指摘している。

撮影（中井朝一）も大変な努力が集中されていて、画面の一コマ、一コマに労作を感じさせるものがある。森林の間を疾駆する騎馬のスピード感。モヤに帰路を見失う情景。武時が矢を浴び、首を射ち貫かれるシーンのすさまじさ。ひとつひとつがいままでの日本映画にくらべて破格の見ものになっている。／ただ一体に俳優の発声が聞きとりにくいこと。人物対人物のからみ合いを単純化したあまり、心理的なかっとうの面白味が薄くなったこと。省略法が極端なため瞬間的にのみこみ難いところがある。という不満もないことはない。けれど、『マクベス』からの映画化ではあるが、型破りで、独創的な魅力にあふれた作品には違いない。

ところが、『毎日新聞』（同二十二日夕刊）は岡本博の署名入りで、「セリフ全くわからず　黒澤に腹が立つ」という見出しで、きわめて強い調子の批判を掲載している。セリフがわからないという文句は、雑誌を含めてどの批評にもあり、これまで折りにふれて指摘されていた黒澤映画のセリフの聞き取りにくさへの批判が、『蜘蛛巣城』で一気に高まった。黒澤監督自身は岩崎昶との往復書簡(1)のなかで、録音設備の限界や劇場側の音響設備の悪さを指摘しているが、ことは『蜘蛛巣城』に限らないのである。岡本博同様、北川冬彦も不満というよりも憤懣に近く、黒澤作品にはスーパー(字幕)をつけよ。海外で『羅生門』が評価されたのはスーパーがついていたからだ、と皮肉っているほどだ。

セリフの聞きとりにくさを別にすると、飯田心美も(「意欲ある時代劇『キネマ旬報』一九五七年一月下旬号)、花田清輝も(「蜘蛛巣城の問題」同誌)、黒澤演出の面白さに興味を引かれており、両者ともこの作品がヨーロッパで歓迎されるだろうと予測している。事実、この映画は九月のヴェネツィア映画祭でグランプリの下馬評に挙がりながら賞を逸したものの、評論家による非公式の人気投票では、『夜を逃れて』(フレッド・ジンネマン監督)に次いで第二位に選ばれた。ちなみに、グランプリを獲得したのはインドの『大河のうた』(サタジット・レイ監督)、人気投票の第三位はイタリアの『白夜』(ルキノ・ヴィスコンティ監督)だった。

『蜘蛛巣城』の様式的実験を詳細に論じて、その演出意図をよく理解した評者に郡司康子がいて、この人は日本の古典芸能に深い素養を見せている。

この三船敏郎扮する男の顔は、カブキならさしずめ幾重にも書き込んだ赤隈の実悪面《じつあくづら》に例えようか——興奮の連続だから見得は切りっ放しで、六法に踏まえた足はのっしと歩く。それがおびただしい人馬の蝟集する野戦場のダイナミックなスペクタクルと相俟ってこの映画の動の世界を担っている。／そしてこの映画は皮肉にも、その動かない二本の横糸によってあやつられて行く。一人は武時の妻浅茅、一人は戦国動乱社会の邪まな世相の化身を象徴する森の妖婆である。武時の動の表情とは反対に、能舞台の演技よろしくこの二人の人形師は、あくまでも無表情である。それに比し、あやつられる男の方は蜘蛛の糸に手足を奪われてか、同じ道を右往左往する許りで、おびただしい精力の消耗程には成果が挙がらない。／蜘蛛巣城内をそのまま松羽目の能舞台にひきうつして鑑賞すると、脇座に位置した義明の亡霊はワキ柱にもたれていた。居眠りする警護の武士の中を長刀を運ぶ浅茅は橋懸りを一歩々々重心を爪先にかけて一の松、二の松、三の松と歩いていた。そして最後に武時がはりねずみのように悪の報い矢を受けて、我と我が身が張りめぐらせた蜘蛛巣の中にのたうちまわる末路はそのまま〃土蜘蛛〃の精を彷彿とさせた。／鬼才黒澤監督が不可能ということを知らない映画メカニズムに反逆して、故意に額縁の中で奔放な絵筆をふるおうと試みたのかどうかしらないが、自ら厳しい制約を課してその中に見事に昇華させた黒澤芸術を私は終始息をつめて観賞した。

（「『蜘蛛巣城』雑感」『映画評論』一九五七年四月号）

みごとな『蜘蛛巣城』評である。さて、このあとの黒澤作品の動向を予測している点で、岩崎昶の次の一文（前掲「往復書簡」）を挙げておこう。

『蜘蛛巣城』はあなたのこれからの仕事の分岐点になるのではないかという気がします。この映画であなたが試みた様式化とその成功はうたがいないにしても、これがあるいは今後様式化への傾斜というか、現実への強引な加工というか、そんなものとなってあなたの作品に残るか、それとも『生きる』『生きものの記録』のような今日の時代の人間の存在の根本に問題をなげかける現実的な切実なテーマを追及していくか。『蜘蛛巣城』はそのどっちへもの可能性を持っていて、だから分岐点となりうるのだと思います。(2)

音楽は若き佐藤勝（当時二八歳ころ）、早坂文雄亡きあとに全責任を負うことになったが、よく黒澤の期待に応えた。のちのインタビューで秋山邦晴は『蜘蛛巣城』の音楽は早坂文雄の手法を忠実に受けついだような作品でありながら、注目していいすぐれた映画音楽であった、ことに能の音楽の使用で、謡曲的な要素をとりいれた合唱など、実に新鮮な表現だったと述べ、佐藤勝から次のような回想を引き出している。

あの映画音楽に、能の音楽を使おうじゃないか、ということは黒さんもおっしゃっていた。まず、あそこでは、能の大乗《おおのり》、小のり、あるいは鼓《つづみ》のリズムといった、ある種の能のパターンと、オーケストラとを、いかに混ぜるかと考えた。それが和洋合奏になってしまっては、つまらない。そこで冒頭のコーラスにしても、謡曲の間《ま》というか、唸りというか——あれは声楽というよりは、唸りというものでしょうね——そうしたことを意図したりして作曲したんですよ。[3]

『蜘蛛巣城』は『マクベス』を下敷きにしていたこともあり、欧米ではとりわけ注目されて評判も高かった。ロジャー・マンヴェルは『シェイクスピアと映画』（原著は一九七一年）のなかで一章を割き、『蜘蛛巣城』を論じている。マンヴェルは『蜘蛛巣城』における能様式の利用を戸井田道三の論から引いたり、黒澤自身の演出観や、『マクベス』の翻案プランを引き出す佐藤忠男のインタビューを紹介しながら、次のように述べている。

このようにして『蜘蛛巣城』は、『マクベス』のテーマの変形であり蒸留であって、脚色ではない。この映画はこの種のもののなかでは断然最も完璧にして満足のゆく作品なのであり、事実、ユニークなのだ。これは要するに映画作者である人の作品である。しかもこの映画は、原作あるいは原文に相当する翻訳を使ってシェイクスピアをスクリーンで表現する方向で努力してきた人たちの絶賛を博したのであって、この映画の真価を認めた監督のなかにはコジンツェフ、ピーター・ホール、ピーター・ブルックがいる。[4]

マンヴェルはイギリスの映画史家・映画評論家であり、彼が名前を挙げたコジンツェフ（コージンツェフ）はソ連時代を代表する映画監督、かつシェイクスピア舞台の演出家であった。日本でも彼のロシア映画版の『ハムレット』や『リア王』が上映されたことがあり、それぞれ秀作である。ピーター・ホール、ピーター・ブルックとも舞台演出家として著名で、いずれも映画を監督している。戸井田道三は能や民俗芸能に詳しく、マンヴェルが引用した個所は『蜘蜘蛛巣城』に関して戸井田が述べた文である。

映画『蜘蛛巣城』が能をとり入れている〔の〕は、われわれにはたいへん見やすいことだ。マクベス夫人にあたる山田五十鈴が、すり足で歩いたり片ひざ立てて坐ったりするところがそうだし、マクベスにあたる三船敏郎が主殺しを決行するため別室にさり、山田五十鈴がひとり不安と期待とに部屋をいったりきたりするときの伴奏は能の囃子《はやし》だ。予言をする魔女のいるのが「黒塚」の作りものの中だし、まわしている糸車もそうである。殺された

武将たちの幽霊の扮装は、みんな二番目修羅能の後シテと同様に法被《はっぴ》・半切《はんぎり》をつけている。(5)

右の引用は、戸井田が一九六三年の「東西演劇シンポジウム」に参加したとき、イタリア人の質問へ答えたのを回想したものであるが、「〔質問者が〕はたして、わたしの説明を納得したかどうかはあやしいものだと思っている。なぜなら、わたしはあまりにも目に見え耳に聞こえるかたちの類似につきすぎていたからである。彼はもっと全体からうける印象について能と『蜘蛛巣城』の関連を知りたかったのかもしれない」と述べながら、『蜘蛛巣城』の影響、あるいはその全体に及ぶ能の影響は、ベルイマンの『処女の泉』や、ギリシャのカコヤニスの『エレクトラ』、ジャン・コクトーの『オルフェの遺言』にもあったのではないかと想像した。

本書に引用はしなかったが、マンヴェルがすぐれた評論として挙げたブラメンサールのシェイクスピア論、これは筆者（岩本）もかつて読んだことがあり、とても印象に残った名文の評論である。(6)残念ながら邦訳はない。その後、シェイクスピア劇の映画化をめぐる英語の書物は

かなりの数にのぼり、黒澤の『蜘蛛巣城』は高い評価を受け続けている。筆者（岩本）自身も『蜘蛛巣城』は傑作だと思う。本作品の表現については第六章「一、幽鬼の肖像――黒澤明と表現主義」でもふれておいた（本書、二九八―二九九頁）。

『素晴らしき日曜日』から『蜘蛛巣城』までプロデューサーを務めた本木荘二郎は、この映画を最後に黒澤作品から名前が消える。個人的な資金運営に失敗、東宝との金銭的トラブルも起こしたらしく、以後、黒澤明とは縁が切れた。[7] ただし、『蜘蛛巣城』のあとの二本、『どん底』と『隠し砦の三悪人』までは本木が東宝との契約を交わしていたという。

注

(1)黒澤明「『蜘蛛巣城』をめぐって――岩崎昶との往復書簡」、『映画評論』一九五七年三月号。

(2)往復書簡、前掲書。

(3)秋山邦晴、前掲書「黒澤映画の音楽と作曲者の証言」、二〇三頁。

(4)ロジャー・マンヴェル『シェイクスピアと映画』荒井良雄訳、白水社、一九七四年、一五二頁。原著は、Roger Manvell, *Shakespeare and the Film, London* 1971. 原書は一九七九年に改訂版が出た。

(5)戸井田道三『能　神と乞食の芸術』せりか書房、一九七三年、二四五―二四六頁。

(6)原文は『サイト・アンド・サウンド』誌・一九六五年秋号。J. Blumenthal, "*Macbeth into Throne of Blood*", in Sight and Sound, Autumn, 1965. BFI, *London*

ちなみに、シェイクスピアの『マクベス』にある有名なセリフ、魔女たち、マクベス夫人、マクベス、門番ら――これらは『蜘蛛巣城』にはない。セリフはないが、人物と行為はあるもの――魔女たち、予言する老婆、血の手を洗うマクベス夫人。『蜘蛛巣城』のみにあるもの――オープニング・シーン、霧の中の城址、男声合唱、霧の中をさまよう二騎、矢弾を受け、矢に射ぬかれる主人公。

(7)東宝を辞めた本木荘二郎の後半生の舞台はピンク映画界へ移った。彼の軌跡を追った二冊がある。一冊は小説形式で、本木がなぜ東宝から去ったのか、なぜ黒澤は本木辞職の経緯を語ろうとしなかったのかを探っていく、藤川黎一著『黒澤明vs.本木荘二郎　それは春の日の花と輝く』論創社、二〇一二年。これは同じ著者による『虹の橋　黒澤明と本木荘二郎』(田畑書店、一九七四年)に加筆・修正したもの。もう一冊は鈴木義昭著の『「世界のクロサワ」をプロデュースした男 本木荘二郎』山川出版社、二〇一六年。これは東宝時代、ピンク映画時代を合わせて本木荘二郎の仕事全体を再評価している。

どん底

東宝
一九五七年九月十七日封切

脚本は小国英雄と黒澤明、原作はロシアのマクシム・ゴーリキーの戯曲『どん底』。物語はほぼ原作どおりで、時代は二〇世紀初頭の帝制ロシア末期から、日本の江戸時代末期、一九世紀半ばへ、場所はロシアのほら穴のような共同ねぐらから、江戸は崖下日陰のおんぼろ長屋へと移された。そこは人生の吹き溜まり、どん詰まりの場所である。家主（中村鴈治郎）はケチで強欲、その女房・お杉（山田五十鈴）は亭主を嫌い、泥棒の捨吉（三船敏郎）に惚れていた。だが、捨吉はお杉の妹・かよ（香川京子）にぞっこん。この四人を軸に、殿様と呼ばれる男（千秋実）、役者くずれ（藤原釜足）、夜鷹（根岸明美）、飴売り（清川虹子）、鋳掛屋（東野英治郎）、その女房（三好栄子）、遊び人（三井弘次）、下ッ引（上田吉二郎）、巡礼（左卜全）などがいて、しょっちゅうもめごとが起きたり、はては死人が出たり。幕切れでは、やけっぱちのどんちゃん騒ぎが続くなか、役者が首を吊る。

〈白黒・スタンダード・一二五分〉

黒澤監督は前作のシェイクスピアからゴーリキーへ、再び古典的戯曲の映画化へ挑戦した。古典的とは言っても、ゴーリキーの原作初演（検閲版）は一九〇二年、日本では小山内薫訳と演出による『夜の宿』上演が一九一〇年だったから、ほぼ現代劇として受容されたはずである。以降、築地小劇場で何度も上演され、一九三六年の新協劇団による村山知義演出から『どん底』の題名が定着したが、戦前は小山内薫訳が使われていた。戦後は一九四六年九月、帝劇における新協劇団と東京芸術劇場合同上演が最初。ロシア語からの新訳『どん底』(神西清訳)上演は一九五四年三月、文学座の岸田国士が演出した(一橋講堂)。ただし、岸田は舞台稽古の途中で急逝している。黒澤明は戦前戦後、いずれかの上演を見ていたはずだが、神西清訳の『どん底』が一九五六年四月には『世界現代戯曲集』に収録されて河出書房から発売されていたから、小国英雄とのシナリオ共作に際して神西訳をテキストに使ったと思われる。

映画封切りの前年、一九五六年には「もはや戦後ではない」という流行語が生まれたほど日本経済は復興を見せ、いわゆる〝神武景気〟が訪れた。石原慎太郎原作の『太陽の季節』が映画化され、同傾向の映画も次々に製作されて、〝太陽族映画〟がセンセーションを巻き起こす。その一方、翌年からしばらくは〝なべ底〟不景気にも陥った。このような時期、黒澤版『どん底』が公開された。そして、黒澤作品に対する賛否両論という批評傾向は、この映画でますます強くなった。

まず新聞評では、『朝日新聞』(九月十日夕刊)が「名作をよくこなす」という見出しで、「映画は古典名作を明快におもしろく描いて見せる。映画としての娯楽性も考え、しかも原作を傷つけないで、二時間にまとめ上げた黒澤の手腕に注目したい」と、前作『蜘蛛巣城』よりも成功したと見ている。ところが、『東京新聞』（九月二十六日夕刊、敏）はこれと逆で、「配役の妙味」という見出しを付けながらも、「作品が意図したらしい明るさというものが、それほど強く伝わってこないのは根本的な失敗と見られる。／暗さと無気力さが全体を支配するために、希望も明るさもカゲが薄くなっているのである。どん底には光はささなかったという印象だけが強すぎるのはこの映画のねらいからすれば、もっとも不十分なところであろう」と述べている。「風俗喜劇の面白味」という見出しの『毎日新聞』（同九月三十日夕刊、岡本博）も、スジは原作を忠実に追っているが、「一種の風俗喜劇にした面白味、またはものたりなさであろう」「全体が起伏のないお話の連続」と、高くは評価しなかった。

だが、そのあとの『読売新聞』（九月三十日夕刊）は「黒沢の見事さ」という見出しで、「せまい場所に沢山の人物、それも舞台は一歩もここから出ずに、黒沢監督は〝どん底〟にあえぎながら、泣くがいやさに笑い候といった庶民の生きるたくましさを見事描ききっている。素晴しい演出力である」と賞賛した。

雑誌評では井沢淳が「映画と演劇の対決という実験的なものの意欲がすばらしい形で行われている。／文句をいうところはないのだ。」「人物たちは、すべて明るい。ルンペン的明るさである。」（『キネマ旬報』一九五七年九月下旬号）と絶賛している。他にはかなり手厳しいものが多く、歯に衣着せぬもの言いは、詩人・黒田嘉夫の「現われたのは民衆の根強さでも希望でもなく、惨めったらしさであった。／ということは、日本の民衆の雑草のような根強さと楽天さは、落語において日本版「どん底」より優っているといえる。」(『映画批評』同年十月号)、あるいは北川冬彦の「黒澤明の『どん底』から、誰も人生を感じはしなかったろう。少なくとも私は、それを感じない。」(『キネマ旬報』同年十一月下旬号)など、いくつかあるが、椎名麟三と赤岩栄の対談も黒澤作品の力を認めつつ、やはり批判的であることに変わりはない(「黒澤明と『どん底』」『映画評論』同年十月号)。

椎名麟三の「どんなに外に風や雨がふきあれていても、わらしべ一本、ふしぎなほど動かないんだ。作品の技術的な問題でない。やはり根本的な問題だと思う。もうちょっと、長屋というのは世界の中にあるというこの世の中がほしかった」、また椎名麟三の盟友で〝赤い牧師〟として名を馳せた赤岩栄も「〔ゴーリキーの『どん底』は〕日常性というものがそこにあって、日常性はほかの世界に通ずるということが設定されて、その上で異常な事実が動いて行くと、われわれの受け取り方は他の世界と関係づけられたどん底という感じがあるのですが、この〔映画〕『どん底』はとにかくどん底しかない」。再び黒田嘉夫の言葉を引用すると、「黒澤明の観念の熱っぽい状態、「ごーん」と鳴り渡った最初の鐘の音から、字幕の調子、登場人物のそれぞれにいたるまで黒澤明の観念的な世界の仮りの姿のもの」「それは何より〝物〟の状態と行動を捨象したところに現われたもの」(前掲誌)という批判。これらに岩崎昶の「黒澤明が日本の映画作家の間で持っている特質は、私はそれをあえて功績は、といいなおすが、功績は彼が何よりも観念的な作家だということにある」(「黒澤明の世界」『中央公論』同年十一月号)などを並べると、貧乏生活を描くリアリズム映画のような外見を持ちながらも、『どん底』は黒澤監督が作り上げた密室の人工的世界であることがわかる。

筆者（岩本）も彼らの批判には首肯できる。原作戯曲（初演は一九〇二年）には、半地下生活者たちと外界との連続性が感じられる。男爵が巡礼のルカに「お前は何者だ？一体どこからやって来たんだ？、巡礼か？」と問うと、ルカは「この地球に住むものは、みんな巡礼だよ。いや、そもそも地球にしてからが、宇宙をめぐる巡礼だと言うじゃないか」と応える。ルカは外界からふらりとやって来て、またふらりと外界へ去って行く。生きるものすべて――人間以外にも――心やさしい理解者であろうと努める老人であり、『どん底』を書いたころのゴーリキーは当時まだ三〇代前半、レフ・トルストイを深く尊敬していたから、ルカにはトルストイの思想も反映している。ただし、ゴーリキーは戯曲の登場人物たちすべてを相対化しており、そこにこの戯曲の面白さがある。ルカ以外の登場人物には、外界へ出たがる女たちもいて、彼らはそこにかすかな希望を抱いている。ちょうど同時代のチェーホフの『三姉妹』（初演は一九〇一年）の女性たちがモスクワに憧れたように。[1] 強いニヒリズム、社会革命思想、トルストイの人道主義、聖書の教え、それらの混合が蠢くゴーリキーの『どん底』。戦前戦後の新劇ファンやロシア文学愛好者たちがなじんでいた世界でもあった。

第一作『姿三四郎』のなかに、すでに飯島正が「誇張された様式」とみたもの（本書三三頁）、あるいは水町青磁が「その観念的なものが、この作品の力であると思った」（本書三四頁）とみたもの、これはその後のすべての黒澤作品に現れる明瞭な刻印だ。全力投球型、剛速球型、正面直撃型である黒澤演出は、力あまって時空間のゆがみを生じさせるような表現主義的な演出に近い。白井佳夫が『七人の侍』について、「あのデモーニッシュなファナティシズムの迫力と重量感」「一種表現主義的なセットと画面の構図、出演者の一種重演劇的な演技」(「『七人の侍』と黒澤明の映像主義を支えるもの」『キネマ旬報』一九七五年十月下旬号)と述べたもの、これは『どん底』にも当てはまる。「重演劇的な演技」とは言い得て妙だが、映画『どん底』の世界は、カメラによって外界から切り離され、凝縮されて自律する人工的世界でもある。すなわち、すぐれて視覚的な黒澤映画の世界は、彼の観念の形象化でもあり、のちに私たちは『どん底』を色彩化したような『どですかでん』と出合うことになる。『どん底』ラストの、ジャムセッションもどきの「てんてんつくつく」の唄と踊り、これはなかなか面白いのだが、まさに外の世界とは無縁の、うちなるやけっぱちのエネルギーで終わっている。黒澤明が若いころ――共産党の合法的機関紙『無産者新聞』が非合法へと移ったころ――彼は運動から離れて神楽坂の長屋、兄の住まいへ転がりこみ、しばらくは長屋の一角に暮らして人々の生活をつぶさに見ていった。『どん底』『赤ひげ』『どですかでん』の貧乏物語には、このときの肌にふれた実体験が根底にあったのだろう。

ともあれ、黒澤は戦前の日本で公開されたフランス映画版『どん底』を見ていたに違いない。その雰囲気は原作とも、黒澤版ともかなり異なっていて、結末にはいくらかの希望が見える。(2)

注

(1)チェーホフの『三姉妹』はロシアの有産階級の没落と知識階級の無力を描き、モスクワへの旅立ちで終わる。ゴーリキーの『どん底』はロシアの無産階級の無力と生へのあがき、あきらめ、どん詰まりを描き、若干の希望、外の世界への脱出を暗示する。洞穴のような地下室に巣くうのは、もと男爵、酔っ払いの役者くずれ、浮浪者、こそどろ、娼婦、その妹、巡礼の老人、宿主と女房など。

(2)ジャン・ルノワール監督のフランス映画『どん底』は一九三六年の製作で日本公開は一九三七年。初め三分の一は男爵(ルイ・ジューヴェ)のギャンブル依存症的怠惰な生活を見せ、そこへ泥棒に入ったペペール(ジャン・ギャバン)と男爵が友だちになる。男爵がルンペン宿のどん底仲間へ加わるのは映画の後半から。物語の焦点はペペールとナターシャの恋にある。ルカのセリフと役割がほとんどなく、原作の「なぜ人間はみじめな人生を送るのか、人間とは?」の問いもない。「役者が首を吊った」のセリフは同じだが、そのあとにペペールとナターシャがのんびりと徒歩で田舎道を歩いてゆく。ナターシャは棒の先に風呂敷包みを突っかけ、肩にかけて。外の世界に希望があるようで、またないような、放浪紳士チャップリン映画のラストみたいに。このように、フランス版『どん底』は原作を素材に、ルノワール的人間模様と放浪へのあこがれを描いたとも言える。この映画のシナリオ共作者はゴーリキーの後輩かつ盟友であったザミャーチン(エヴゲーニイ・イワーノヴィチ)で、彼は革命後のロシアで弾圧された作家で、フランスへ移ったあと、晩年は不遇のうち一九三七年に死去した。ゴーリキーはその前年に他界している。ゴーリキーは社会主義リアリズムの代表的作家としてスターリン時代に持ち上げられたが、現実のコミュニズムには批判的だった。

隠し砦の三悪人

東宝
一九五八年十二月二十八日封切

脚本は、菊島隆三・小国英雄・橋本忍・黒澤明のオリジナル。物語の舞台は戦国時代のある山国。秋月家に敗れた山名家の領地が混乱し、落ち武者狩りに巻き込まれた二人の百姓、太平（千秋実）と又七（藤原釜足）は右往左往する。山名家の世継ぎ雪姫（上原美佐）は逃亡し、秋月側から懸賞金が懸けられ探索が始まる。二人の百姓は山名家が隠した軍資金発掘の強制労働から脱走、国境を越えるべく岩の多い山間へ向かう途中、金の延べ棒を見つけ、そこで謎の男につかまってしまう。この男こそ、山名家再興を目指して雪姫と軍資金を守る、侍大将の真壁《まかべ》六郎太（三船敏郎）だった。そしてそこに隠し砦があり、真壁は二人の欲深さを利用しながら、国境脱出と同盟者・早川家への到着を試みる。映画の後半では、百姓娘（樋口年子）を助けたり、山名家の侍大将・田所兵衛（藤田進）に正体を見破られたり、この脱出行の難関を彼らがいかにのり越えるか、サスペンスたっぷりに見せていく。スペクタクルとしての趣向が随所に仕掛けられた作品。

〈白黒・東宝スコープ・一二六分〉

この映画はお正月映画として前年暮れに封切られて、一般観客には大好評を博している。黒澤監督初のワイド・スクリーン映画（白黒）であるが、アメリカではすでにテレビ人気のため映画産業が陰りを見せており、その対抗策として多様な大型映画が開発製作されていた。日本でも五年前からテレビの本放送が始まり、邦画各社は一九五七年から大型映画製作へ踏み切ったばかりだった。『隠し砦の三悪人』が公開された年、日本の映画観客数はピークに達しており、以後観客数は激減していくのである。

『生きものの記録』『蜘蛛巣城』『どん底』と、主人公たちをある限定された空間へ追い込んだ黒澤明は、ここでは『七人の侍』あるいは第一作の『姿三四郎』にまで戻って、〝活動写真〟のダイナミズムを広い空間のなかに解放しようとした。新聞各紙の見出しは、「雄大なスケール底抜けの面白さ」（『毎日新聞』一九五八年十二月二十七日夕刊）、「時代活劇の醍醐味」（『東京新聞』同二十九日夕刊）、「前例見ぬ壮大さ　戦国無常と美しい心の交流」（『読売新聞』同日夕刊）など、活劇映画としてのスケールの大きさ、趣向の凝らし方を楽しんでいる。その『読売新聞』は「お正月映画採点」欄だったからか、娯楽大作として推奨に値する結論を載せる。

力強いタッチの演出は、壮大なロケーション・シーンを大型画面一ぱいにとらえ、そのスケールの大きさ、すばらしいボリュームは、日本映画初のものといっても過言でない。そして、そのスペクタクルな話の底流に、戦国の世の無常、将たる者とこれに仕える者との心の交流の美しさが脈々と流れているところにこの作品の彫りの深さがある。

しかし『朝日新聞』（同二十八日夕刊）だけは、「三悪人とはいったいだれとだれなのか、などと考えてもちょっとつまずく。／そんなセンギ立てはこんな活劇映画でヤボなことなのだろうか。／二人の百姓上がりに最後までみじめな道化芝居をうたせたストーリーに、何か文句をつけないではいられない気持がいつまでも残った。」と、人物描写に割り切れなさを告白している。

娯楽大作とはいえ、まだ『七人の侍』では侍について、あるいは侍と百姓とをめぐって評者が何やら思想性を議論することができた。しかし、『隠し砦の三悪人』は評者たちに何の手掛かりも与えないように思われたのである。したがって、批評は「何もない」ことへの不満か、逆に「何もない」ことをただ楽しむかのふたつに分かれてしまった。どちらにしろ、そこに見えている映画そのもの、露わになっている画面そのものを手掛かりにすることなく、背後の〃内容〃やら〃思想性〃やら、あるいはその不在やらを念頭に置いている評者がほとんどであった。

「芸術などという青臭いものではない。豪快な映画美を、健康な娯楽性のなかで見つけ出そうとしているのだ。」「ただ痛快な娯楽劇なのだ。」「農民がどう扱われているかということではない。ただドラマが、こういう二人を設定することを要求したに過ぎない。」（「大型スクリーンの娯楽性」『キネマ旬報』一九五九年一月下旬号）と、なにやら類語反復的な賞賛的弁護（？）に終始する井沢淳に比べると、当時新進のドキュメンタリー監督として『教室の子供たち』『法隆寺』などを発表していた羽仁進のほうはもう少し具体的である。現代芸術の第一級のすぐれたイメージとして、黒澤の画面は「僕達の視覚を変えてしまうような力をもっていた」と述べたあと、次のように述べている。

イメージの処理にあたって黒澤監督は、知的なものへの強い希求を示す。たとえば壮大な火祭のシーンにおける節度ある描写は特徴的である。祭の底にある呪術的なものあるいは無意識的なものの魔力は、ここではまったく拒否されてしまう。難行軍のシーンなどではあんなに粘りつくようだったカメラの視線が、ここではキチンキチンと截断していく。そして祭の明けた暁に、冷えてしまった灰の中から金を掘出す時の白々しいまでに明るい感触。

（『映画芸術』一九五九年三月号）

羽仁進は、山中の火祭の場面で「祭の底にある呪術的なものあるいは無意識的なものの魔力」が消されていることに、黒澤の「知的な」処理を見たようだ。しかし、この場面は筆者（岩本）にはむしろ急に「舞台化され、ショー化された火祭」が挿入されたという印象が強い。黄金が隠された薪の山を火にくべるという物語上のサスペンス、面白さはあるにしても。

こうした形式美に対して、最も痛烈な皮肉を放ったのは花田清輝だろう。彼は、登場人物たちがほとんど鑑賞にたえないような薄っぺらな人物ばかりであること、主要人物は三悪人というよりも三阿呆であること、黒澤演出には大家然としたもののものしい構えだけがあり、農民は武士の眼によって卑屈な姿だけがとらえられていることなどを列挙したあとで、「もっとも、わたしが、この作品をみながら、手に汗をにぎったことは事実である。」と、読者に彼一流の背負い投げをくわせている（「贋造宝石のきらめき」『キネマ旬報』同年一月下旬号）。他の否定的見解としては、花田と同様の皮肉を効かせた北川冬彦の批評があった（『キネマ旬報』同年二月下旬号）。花田清輝や津村秀夫（『映画の友』同年三月号）らが、捕虜たちが石段を怒濤のごとく駆け下りるシーンで、『戦艦ポチョムキン』（エイゼンシテイン監督）のなかの有名なシーン〝オデッサの石段〟を思い出していたことを記すにとどめておこう。エイゼンシテインとの比較は、岩崎昶が『蜘蛛巣城』をめぐる黒澤との往復書簡のなかでふれており[1]、黒澤監督自身はこの比較に迷惑そうだった。だが、黒澤明はあとの作品でも、他の評者たちによって、エイゼンシテインと何度か比較されることになる。

いくつもの批評が書かれたなかで、増村保造のやや長文の評論「『隠し砦の三悪人』と黒澤明」（『映画評論』同年二月号）が核心のひとつを突いている。増村は「時代劇とは何か、なぜ戦前にすぐれた時代劇が生まれて、戦後にはごくわずかの例外（溝口健二の諸作品、今井正の『夜の鼓』）を除き、心に訴える時代劇がないのか」と問う。それは現在の時代劇が既成のパターンを適当に組み合わせて、観客承知の物語と扮装で、虚構と夢と面白さを盛り合わせる、「いわば浅薄荒唐無稽なお話を、ジャズそこのけのお噺子〔お囃子？・〕にぎやかに、目先を変えて見せる」作り方になっているからだと。そのように、時代劇がチャンバラと喜劇とを混合したコスチューム・プレイであるとすれば、「時代劇は単なる二流の娯楽にすぎず、観客に深い感動を与える芸術約な創作活動ということはできない」と言う。増村が監督として成長していった戦後（増村の監督デビュー作は『くちづけ』一九五七年）は、時代劇が数量的に戦前の全盛期——サイレント映画時代末期からトーキー初期――に匹敵する大きな人気を得ていた時代である。会社では東映の急激な成長と全盛期に重なっている。ただし、増村自身は大映に所属しており、大映でも独自の時代劇製作が行われた。大量製作の作品は戦前でも「二流の娯楽」にすぎなかったのは同じだが、戦前には時代劇のなかに芸術的な作品が生まれたと増村は言う。

時代劇は、その完成期に伊藤大輔、稲垣浩、伊丹万作、山中貞雄の四人の巨匠を持った。伊藤大輔は、時代劇のダイナミックな形象美を完成した人であり、伊丹万作は、時代劇に舞台を借りて、社会諷刺のパロディをつくり、稲垣浩と山中貞雄は、ユーモアとペーソスを織りなして、人間の心を見事にうたい上げた作家である。伊藤大輔のニヒリズムの漂う形象美は、昭和の暗く圧迫された人々の心の唄であり、伊丹万作のアイロニイは、人々のレジスタンスであった。稲垣浩や山中貞雄の人情は、当時の社会の、ほとんど江戸時代とかわらぬほど虐げられ、おしつぶされた、下層の人たちの哀歓そのものだったのである。／これらの作家たちは、現代劇では描くことの許されないものを、時代劇の舞台の中で描き、観客も又、現実では味うことの許されないものを時代劇の中に求める。それ故に、観客は、時代劇の中で、不自由な現実社会に於けるよりも、一層なまなましく、リアルな情緒を感じたのである。ここに戦前、時代劇に傑作が生れた理由がある。

黒澤時代劇からいくぶん離れた文章ではあるが、筆者（岩本）がかつて『「時代映画」の誕生』（二〇一六年）で長々と論じた要点を、増村保造はわずかの文字数でまとめている。戦後は事情が一変して、建前としては表現の自由が保障された。当時ＧＨＱによる時代劇の制限や、日本独立後の映倫による〝自主〟倫理規定の検閲もどきがあったとはいえ。すなわち増村は「〔戦後の〕時代劇に登場する人物の心情や行為が、観客のそれから隔絶してしまった」ばかりでなく、「戦後、急速に書き替えられた日本歴史の知識と相まって、今まで時代劇で活躍していたヒーローたちの現実性というものを全く失わせて、彼等を影のごときお噺《ママ》子の中の人物と化させてしまった」と考える。そしてこう言う。

『隠し砦の三悪人』も時代劇である。われわれはこの作品の中で、戦国時代の姫君、武将、兵士、農民、町人などにお目にかかるが、実感を帯びて迫ってこない。／たとえば六郎太が姫君の身代りに、妹を犠牲にする。また老臣と老女、その郎党が姫のために防戦して死ぬ。六郎太がお家再興の軍用金を必死に守りぬく。ところが、これらの忠誠をつらぬく忠誠心というものは、今日ではもはや実感として理解することのできないものである。何故身命を賭してお家を守らなければならないのか、この一点がエゴイスティックなリアリストである今日の観客に、十分納得されない限り、家臣たちの行為は精彩を失う。／この「お家のために」という精神に実感がないために、……〔中略〕なまなましい迫力がなく、空虚な様式美に終始している。／戦国時代の武士が、どれほど苦悶しようと、今日の日本人の苦悶には全く無関係なのである。

増村保造は戦後イタリアへの映画留学で覚醒し、戦前の日本映画界に巣くう非近代的思想を批判、とりわけ日本映画のなかに描かれた女性像——男たちに献身し、また抑圧される女性像——を反転させようと試みた。監督デビューは一九五七年、『くちづけ』『青空娘』『暖流』と立て続けに、自己主張をする女たちを登場させている。黒澤が『蜘蛛巣城』と『どん底』を発表した年であり、増村が師と仰ぐ溝口健二が『赤線地帯』を遺作に世を去ったのが一年前であった。また一九五八年に、増村は『氷壁』『巨人と玩具』『不敵な男』『親不孝通り』と、四本を撮っている。現代風俗を題材にした物語が多く、およそ黒澤作品と結びつく要素はほとんどないが、増村は黒澤の「作画力」、画面の形式美や構成力の圧倒的表現には刮目して尊敬していた。そして何度も黒澤作品評を書いている。映画監督であり続けながら、他の監督作品に鋭利な評論を書いた人として、増村は珍しい存在である。『隠し砦』を全否定した増村だが、「しかし、登場人物たちの心理を追求しないならば、この映画は実に面白い。迫力がある」と、その面白さを認めていた。

俘虜たちの脱走、馬上の斬撃、槍試合、火祭り、最後の関所からの脱出など、黒沢監督でなければ創造し得ない豪快な映画美にみちあふれている。主従関係の空々しい様式化とは全く異って、これらのシーンには、なまなましい現実感があふれ、観客を興奮させる。見事なショオである。／所詮、巨匠黒沢監督の手腕を以ってしても時代劇はショオを一歩も出ないのである。／武士、浪人、侠客、岡っ引、旅人——時代劇のヒーローたちは、変転する戦後の時代の波に洗われて、夢の国、ディズニイランドの住人と化しつつある。彼等から、われわれの心に直接ひびく、鮮烈な唄も叫びも、もはや聞くことができまい。ちょうど、花田清輝が「登場人物たちがほとんど鑑賞にたえないような薄っぺらな人物ばかり」と評しながらも、「手に汗をにぎったことは事実である」と付け加えたように。増村は『七人の侍』『羅生門』『蜘蛛巣城』などは、それぞれ別の理由から認めていた。もっとも、増村は映画論壇デビューした一九四九年いち早く、黒澤監督は「行動を描くのは巧みであるが、人間心理を描くのは不得手だ」と論じている（本書一〇二頁）。増村が批判した「お家騒動」ものが、テレビ時代に移ってからでさえ消えなかったのは、観客・視聴者が現代の企業や官庁など権力機関を身近に置き換えて楽しみ、留飲を下げていたのだろう。高度経済成長時代の民間社員や昇進をめざす公務員たちは、「企業戦士」であれ「働き蜂」であれ、帰属集団への忠誠心を持って必死に闘っていたのである。時代劇映画が人気ジャンルとして衰退していくのは一九六〇年代後半からであるが、テレビに移ったこのジャンルはかなりの年月、人気番組として続いた。

筆者はお家騒動ものにはほとんど関心がないが、若いころ見た『隠し砦の三悪人』は冒険活劇ものとして楽しく見た。現在では、物語の細部にいくつかの疑問がわくとはいえ、画面のみごとな造形力にはいまでも唸らされる。

注

（1）黒澤明「『蜘蛛巣城』をめぐって——岩崎昶との往復書簡」、『映画評論』一九五七年三月号。

第三章 1960年代

『悪い奴ほどよく眠る』から『赤ひげ』まで

『悪い奴ほどよく眠る』広告
『キネマ旬報』1960年9月下旬号

悪い奴ほどよく眠る

東宝＝黒澤プロダクション
一九六〇年九月四日封切

脚本は小国英雄、久板栄二郎、黒澤明、菊島隆三、橋本忍のオリジナル。物語は土地開発公団の副総裁・岩淵（森雅之）の娘・佳子《よしこ》（香川京子）と、岩淵の秘書・西（三船敏郎）の結婚式から始まる。政財界の名士が集った披露宴の会場で、公団の課長補・佐和田（藤原釜足）が刑事に連行される。そこに運びこまれた、あるビルをモデルにしたウェディング・ケーキには、かつてそのビルから自殺者が飛び降りた窓のあたりに、バラが二輪突き刺してあった。こうして物語は副総裁の部下（志村喬）、その部下（西村晃）、西の親友（加藤武）らが絡み合い、公団と建築会社の隠蔽された汚職事件をめぐる謎解きと、かつての自殺者に関係する人物・西の復讐劇へと展開する。佳子の兄（三橋達也）はやや傍観者的立場から事件を見ていく。

〈白黒・東宝スコープ・一三三分〉

『隠し砦の三悪人』（前年末に封切）が興行的に大成功を収めたとはいえ、製作費と製作日数の超過で東宝を悩ませた黒澤明は、株式会社黒澤プロダクションを設立して、経理を東宝から独立させることになった。その第一回作品が『悪い奴ほどよく眠る』である。増村保造の批判を気にしたのかどうか、『生きものの記録』同様、現代社会の問題に正面から取り組んだ作品である。五人のシナリオライターは汚職をどうドラマ化するかに苦心したという。なかで菊島隆三はすでに社会派的な「汚れた手」を書いており、シナリオとしての評判はよかったものの、政治的理由から映画化を阻まれていた。一九六〇年は激動の年だった――三池争議の全面ストライキ突入（一月）、チリ大地震の津波（五月）、安保条約改定阻止闘争（ピークは六月）、岸内閣総辞職（七月）、社会党委員長・浅沼稲次郎刺殺事件（十月）等々。一方、日本映画界にも経済的な陰りが見え始めたが、大島渚監督の『日本の夜と霧』ほか、若い世代の映画が台頭して、吉田喜重監督、篠田正浩監督ら〝松竹ヌーヴェル・ヴァーグ〟が誕生した。

『悪い奴ほどよく眠る』の新聞評は『東京新聞』（一九六〇年九月十二日夕刊）が一番早かった。「息もつかせぬ緊張感」という見出しを掲げて、「見ごたえのあるスリラーだ。／……五人の合作というぜいたくなシナリオによる巧みな話術に最後まで引きずられてしまう。デュマの『モンテ・クリスト伯』の現代版といった面白さである」「彼〔主人公の三船敏郎〕がどんな手段で報復をはかっていくか、それと気づいた森〔雅之〕たちがどう対抗していくか、その火花を散らすかけひきが巧妙に仕組まれ、スリルやサスペンスの連続に息もつかせない。」等々、映画の面白さに魅了されたことを告げている。

ここに描かれた、自分を犠牲にしても上役をかばおうとする官僚機構の強固さ、彼らの良心のマヒぶり、業者との醜関係などは現実の社会に似た例が少なくない。つまり法的にひっかからない〝悪いやつ〟が多いことを、この映画の結末はいいたかったのだろう。復しゅう談の形式になっているため、多分にお芝居がかったところや、こしらえすぎたエピソードも目につくが、そんなことはおかまいなしで強引に押しまくった黒澤監督の馬力に圧倒されてしまう。（卓）

このあとに続くさまざまな批評も、大方はこの『東京新聞』評に指摘されていることと同様である。『毎日新聞』（九月十七日夕刊）は「現代復しゅう奇談」という見出しで、文末に「ぜんたいにつくられたドラマのあざとさが目立って、汚職悪への作者の怒りがそれほど感じられないが、はなしのおもしろさと、ダイナミックな演出でたのしませる作品」と述べ、『読売新聞』（十月五日夕刊）は「汚職を素材に見事な演出」という見出しで、「〝巌窟王〟ばりの話で、二時間半という長編をひた押しに事件を追いながらも、黒澤監督は随所に見る者の肩をほぐさせる余裕をつけるという巧みさである。／きびしく、そして困難な素材に取り組みながら、これをあくまで〝劇〟に消化しきったところに黒澤監督の腕のさえがある。」と述べる。この一九六〇年には『週刊文春』『週刊現代』等が創刊されており、四年前に創刊された『週刊新潮』、戦前からの『週刊朝日』『サンデー毎日』、戦後すぐからの『週刊読売』等と合わせて、週刊誌が続々と発刊される時代がやってきた。週刊誌の黒澤映画評には好意的なものが多く、なかでも『週刊朝日』（同年九月十八日号）の荻昌弘は、「世界の映画を見わたしたところで、黒澤明の作品ほど、全画面に、きれば生き血の吹き出るような熱気と、倒れればこちらが押し倒されそうな重量感をつらぬいている存在は少ない。」と、熱烈な賞賛の言葉を贈っている。好意的な批評では黒澤演出の力と話術が評価され、否定的な批評では逆に黒澤演出の力みが作品の欠陥になったとみる。その両極はすべてを良しとみる井沢淳（『キネマ旬報』同年十月上旬号）と、すべてを悪しとみる岡本博（『映画芸術』同年十一月号）だろうか。

一方的な賛辞か否定かという両極を除いても、「主人公がスーパーマン的であることがリアリティを欠く一因」とみる人（小倉真美『キネマ旬報』同年九月下旬号ほか）、また「モンテ・クリストばりの時代劇」「古風な道具立て」「チョンマゲ姿のメロドラマ」という印象を持った評は津村秀夫（『映画の友』同年十一月号）一人にとどまらなかった。

『悪い奴ほどよく眠る』は、その問題意識はともかく——いや、その問題意識の正義派ぶりゆえにと言うべきか——『生きものの記録』同様、ある妄執にとらわれた異常な人間を主人公にしてしまった。水爆から必死に逃れようとする男、汚職を必死に暴きたてようとする男。それぞれは倫理的には正しいのだが、その思考と行動は一般の庶民感覚からほど遠く、とくに後者が時代物めいて映ったのは仕方ないことかも知れない。庶民感覚に忠実であることを基準に批評を出発させた佐藤忠男は、「家庭の幸福に絶望するところからしか社会的な人間が生まれない」とする黒澤作品に疑問を投げかけた（『毎日新聞』同年九月二十八日夕刊）。この種のタフガイ映画——ハードボイルドもどきのメロドラマ——を見慣れているはずのアメリカの批評、たとえば『ニューヨーク・タイムズ』紙（一九六三年一月二十三日）には、「黒澤が作り出した力強く興味深い映画——やや冗長で、終わり近くは変に感傷的だが、主題を摑んでいる観客をずっと飽きさせない面白さを持っている。英語字幕はよくない。」（ボスリー・クラウザー）とある。当時、日本映画の英語字幕の拙さはしばしば指摘されていたことだった。

この映画をいま見直しても、長所短所は当時の批評にほぼ出尽くしている気がするが、物語の仕掛けにしても、大仰なセリフや人物たちの表情にしても、やはり芝居気が強すぎる。とくにラストシーン近くで、西の親友・板倉（加藤武）が絶叫し、歯ぎしりし、「悪い奴ら」が社会の背後にうまく隠れて巨大な利益を得ていることの説明じみたセリフは、もっと抑えるべきではなかっただろうか。ラストシーンで副総裁が電話のあとお辞儀をする幕切れも、演劇の舞台であれば、鮮やかな幕切れになっただろう。また、主人公が政略結婚ならぬ「陰謀」結婚をした相手、公団副総裁の娘・佳子の性格設定が消極的すぎて歯がゆい思いがする。どうやら兄のせいで片足に障害を負ったらしいこの娘、香川京子扮する佳子は黒澤流「純心無垢」な女性、疑うことを知らない女性として描かれていることもあって、とてもひかえめでおとなしく、目立たない。いまの時代であれば、もっと別の性格づけができたかもしれないが、五人のシナリオ共作者たちは男性ばかり、男性的ヒーロー像を得意とする監督黒澤明と俳優三船敏郎が中心の作品だったから仕方あるまいが、黒澤が範としてよく口にしたアメリカ映画なら、犯罪映画や復讐映画にも女性の俳優がうまい絡み方をするものが結構あったはずと、いまさらぐちをこぼすのはやめておこう。

この映画に日本の評者たちは〝巌窟王〟で知られる『モンテ・クリスト伯』ばりの復讐劇を想起しているが、欧米には『ハムレット』の趣向を読み取った評者や研究者たちもいた。結婚式のケーキに仕組まれた過去の事件、殺された父の復讐を心に秘めた主人公、悲劇のヒロイン等々。(1)

注

(1)『悪い奴ほどよく眠る』と『ハムレット』との関係については、拙文を参照されたし。岩本憲児「映画のなかのハムレットたち」、大井邦雄編『「ハムレット」への旅立ち』早稲田大学出版部、二〇〇一年。コッポラ監督は『悪い奴ほどよく眠る』冒頭の結婚式の場面を、『ゴッドファーザー』(一九七二年)冒頭に応用したという。

用心棒

東宝＝黒澤プロダクション
一九六一年四月二十五日封切

脚本は菊島隆三と黒澤明のオリジナル。物語の舞台は江戸時代の街道筋にある架空の宿場――イメージとしては上州の空っ風の強い田舎町――が設定された。そこには縄張りをめぐって争う二人の親分がいて、用心棒や助っ人らが集まっていた。そこへぶらりと現れた浪人の桑畑三十郎（三船敏郎）、彼は居酒屋（おやじ役は東野英治郎）に腰を据え、両親分の対立を利用して双方を滅ぼしてしまおうと企む。三十郎は一方の親分・清兵衛（河津清三郎）と、他方の親分・丑寅（山茶花究）の両方に自分の腕を売り込み、両親分とも三十郎を用心棒に雇おうと躍起になる。清兵衛側には、女郎屋の女将でもあり強欲な女房・おりん（山田五十鈴）、気弱な性格の息子（太刀川寛）、背後に名主（藤原釜足）がおり、丑寅側には、丑寅の弟でおだてに乗りやすい亥之吉（加東大介）、末弟の卯之助（仲代達矢）、大男の用心棒（羅生門綱五郎）、背後に造酒屋（志村喬）らがいる。卯之助はピストルを持っていて、一時は三十郎を窮地に陥れる。居酒屋の隣にいる棺桶屋（渡辺篤）は棺桶造りに忙しい。宿場の大乱闘が治まって平安が戻ると、三十郎はまたぶらりと去って行く。

〈白黒・シネマスコープ・一一〇分〉

戦後矢継ぎ早に現代劇を発表したため、黒澤明は現代へ向かって強いメッセージを送る監督と受け取られがちだが、デビュー作『姿三四郎』以来の視覚的ストーリー・テラー、視覚的講釈師としての特質は決して消えてはいなかった。『虎の尾を踏む男達』『羅生門』『七人の侍』『蜘蛛巣城』などの〝時代映画〟は、当時の時代劇のパターンから外れた異色作だったから、時代劇として認識されなかっただけである。したがって、それをわざわざ東映の時代劇――誰もがなじみの、パターン化された時代劇――と比較することもなく、ましてやそれが東映時代劇を脅かすようになろうとは誰も予測できなかったのである。『隠し砦の三悪人』は冒険活劇の色合いを濃くした戦国時代劇で、娯楽本位の東映時代劇に近づいた作品、しかもスケールの大きさと趣向を凝らしたスペクタクル性で飛びぬけた時代劇となった。

だがここに、東映時代劇に一大ショックを与えた新たな黒澤時代劇が誕生した。『用心棒』がそれである。これは『読売新聞』(公開日と同じ四月二十五日夕刊)の「一級の娯楽時代劇」という見出しを筆頭に、新聞各紙ともすこぶる好評だった。週刊誌や雑誌関係もほぼ好評のみと言ってよく、「怒号調のセリフが聞きとれず」という相変わらずの指摘を別にすれば、『用心棒』は『七人の侍』以上の賞賛をかちえたのである。たとえば『週刊朝日』(一九六一年五月五日号)の荻昌弘は、

目もさめるばかり的確なショットに、重厚な写実が光るのは黒澤独得の強味だが、ここで何より驚嘆に値するのは、作者のねらう効果が、まさにその通り絵になって出てくるとい

う、この及びがたい映画掌握力ではないか。いま、世界の映画作家に、五人とはいない。それは至芸だ。

撮影の宮川一夫の功績についても各紙誌が言及しており、「そのドラマ作りの巧妙さは映画の演出技術としても世界的なレベルのものだ」と述べた草壁久四郎（『毎日新聞』一九六一年四月二十五日夕刊）の言葉に大方が賛同したと思われる。

『用心棒』の衝撃は、それが時代劇のパターンから外れた〝異色作〟だからではなく、むしろパターンをうまく生かした通俗性に徹していることから来ている。この点を哲学者の福田定良は、次のように説明する。いわゆる通俗的な時代劇はその〝陽気な気分〟において観客に親しまれているが、この気分と〝リアリズム〟とは相いれないにもかかわらず、黒澤時代劇においては両者が並び立っていると。

この場合、映画〔『用心棒』〕の面白さとは、むろん通俗映画が私たちにあたえる陽気な気分を単に内面的なものに終らせずに視覚的なドラマとする面白さである。私たちが陽気な気分を必要とするのはせせこましい日常生活の場から抜け出すためである。だが、黒澤はエネルギッシュで広大な映画世界を私たちの前にひろげる。／『用心棒』は、一見、その反対であるように見える、対立するやくざ同士の間に広がる小さな空間がドラマの中心になっているからである。うすぎたない遊女たちの踊りの場があまりにもせますぎて彼女たちを卑小化しているように。この小さな空間はやくざ同士の喧嘩の場としては狭すぎるために彼らをますます卑小化している。そして、かたぎの人間はもっと小さな場所にとじこもっている。ひろびろとした河原で彼らに決闘させる通俗的な時代劇が私たちの気分を開放させるとするなら、『用心棒』はこの気分を、小さな空間によって卑小化された人間のおかしみとして視覚化しているのである。そして、このおかしみが桑畑三十郎という大剣豪の活躍をうながす根本的なモチーフになっている。

（「通俗性と映画の面白さ」『キネマ旬報』同年五月下旬号）

この批評が卓抜なのは、作品＝人物のキャラクター＝画面、の三位一体的特徴をその視覚的演出に求めていることだろう。つまり通俗時代劇の陽気な気分、その効果が、宮川一夫撮影によるカメラの絶妙な動きとレンズの選択、あるいは覗き見的構図等から生じていることも忘れてはなるまい。それはまるで、カメラに〝カメラのユーモア〟あるいは〝カメラのアイロニー〟とでも呼ぶべき人格が備わったかのようであり、まったく異なる状況の異なる表現ではあるが、『素晴らしき日曜日』の無人の音楽会におけるカメラの動きを想起させもする。そう言えば、あそこでも風が舞っていた。この〝風〟を黒澤作品の象徴的言語とみたのは高瀬善夫だった。

現実を切りとってくるよりも、彼はもっと濃縮された映像をセットの中でつくり出す。その方が、彼にとっては現実よりもはるかに、彼にとっての「現実的」な画面ができあがる。セットの中で決闘が行なわれるとき、「風」がオクターブを上げる。このへんに黒澤映画が「抽象的」であり、しかも「大衆的」となった要素がありはしないか。抽象的というのは、人は風をみるときただの風をみず、そこに黒澤の与えようとする〝攻撃心〟〝悲哀〟〝空虚感〟などを一つ一つ読みとるからであり、しかも決闘は数字の計算のように全く純粋に決闘そのものであって、この決闘に何らの解説的・説教的な要素を拒否しているからである。大衆的というのは、「風」をみれば、作者の心になりきれるからである。

（「風と脱走と決闘と」『映画芸術』一九六一年七月号）

誰もが楽しい娯楽時代劇と見たはずの『用心棒』に、不気味なものを感じていた詩人もいた。飯島耕一がその人である。

これを娯楽的作品、アミューズメント、あるいはエンターテインメンツといってしまうには、なかなかに手ごわい相手である。たとえばここには、「滑稽さ」とないまぜにされていて、ときに見分けがたいが、「狂気」がある。この、女のいない国は、異様な力にみちてはいるが、むごたらしくも空しい。東野英治郎の居酒屋の親爺だけはかろうじて正気をもっているらしく見えるが、他はすべて気ちがいである。気ちがいに刃物というが、黒澤氏がここで夢に見て、くりひろげているのも、その気ちがいに刃物の世界ではないのか。娯楽にしては少々クスリがききすぎているし、どすぐろいのである。

（「黒澤明・恋人の不在――『用心棒』の夢」『映画評論』同年六月号）

この〝狂気〟は、表面上の〝陽気な気分〟を支える黒澤作品の基層にある影の部分かも知れない。『用心棒』は細部の視覚的リアリティにこだわりながら、虚構の空間と虚構の対立劇をこしらえた点で、やはり〝視覚的講談作家〟黒澤明の面白さを世間に見せ、大向こうをうならせる娯楽作となった。海外には、この映画を冷戦時代の東西対立と軍拡競争をパロディ化したものと見た評者もいたようであるが、より具体的な影響としてはイタリア製西部劇（マカロニ・ウェスタン、スパゲッティ・ウェスタン）が盗作した『荒野の用心棒』（セルジオ・レオーネ監督、一九六四年）がある。ニューメキシコ（実際はスペインで撮影）の田舎町を舞台に、早撃ちの流れ者を主演したクリント・イーストウッドはあとの二作を含む三部作で名をあげ、本場の西部劇『奴らを高く吊るせ！』でハリウッドのスター街道を進むことになる。『荒野の用心棒』の結末で、メキシコ軍とアメリカ軍の間に立った主人公は、どちらの側にも属さず悠々と去って行く、このラストシーンは秀逸である。チャップリンが『偽牧師』（一九二三年）のラストで、アメリカ合衆国・メキシコ両国のどちらにも入らないよう国境線（白いライン）を危なっかしくふらふらと去って行くのに対して、イーストウッドは堂堂と去って行く。ちなみに『羅生門』と『七人の侍』もハリウッドで正式にリメイクされて、前者は『暴行』という邦題で公開され、後者『荒野の七人』（正続編）は日本の西部劇ファンにも歓迎された[1]。『七人の侍』はアクションを中心に置きながら、人間たちのドラマとしての組み立てや趣向がわかりやすく、リメイクに向いていたので、リメイクはさらに広がっていく。

　音楽の佐藤勝は『蜘蛛巣城』以降、『どん底』『隠し砦の三悪人』『悪い奴ほどよく眠る』と着実に成果をあげていき、国内で映画音楽賞を受けたが、ユニークかつユーモラスな曲の『用心棒』では、アカデミー賞の音楽部門にノミネートされた。彼はのちのインタービューで、「三十郎のテーマ」ほかは変則的な楽器編成により、正規のオーケストレーションを裏返しにやってみた、「あのどす黒い話、ブラック・ユーモア的な残酷な話には、あのダフダフな音色が必要だったと思うんですね」と語っている。[2]

注

(1)『暴行』(The Outrage) は一九六四年のアメリカ映画、マーティン・リット監督。同年の日本公開。『荒野の七人』(The Magnificent Seven) は一九六〇年のアメリカ映画、ジョン・スタージェス監督、日本公開は一九六四年。

(2) 秋山邦晴「黒澤映画の音楽と作曲者の証言」、『キネマ旬報』増刊五月七日号(「黒澤明ドキュメント」)、キネマ旬報社、一九七四年、二〇四—二〇五頁。

椿三十郎

東宝＝黒澤プロダクション
一九六二年一月一日封切

脚本は菊島隆三、小国英雄、黒澤明。原作は山本周五郎の短編『日日平安』。物語は江戸時代、ある城下町の社殿に集まった若侍たち九名が密談をする場面から始まる。社殿の奥にはたまたま浪人（三船敏郎）が寝ており、彼は密談を聞いて、若侍たちの浅慮を嘲笑して忠告する。彼らを助けるうちに、この浪人は若侍たちが支持する城代家老（伊藤雄之助）とその反対派の争いに巻き込まれていく。城代家老の奥方（入江たか子）と娘・千鳥（団令子）を救い出した件の浪人の名は椿三十郎、頼りなげな若侍たちの一人・井坂（加山雄三）は城代家老の甥。陰謀派には大目付・菊井（清水将夫）、次席家老（志村喬）、用人（藤原釜足）、剣客・室戸半兵衛（仲代達矢）らがおり、三十郎の機転によって城代家老も椿屋敷から助け出される。お家騒動に決着がついたあと、三十郎と半兵衛は対決する。

〈白黒・シネマスコープ・九五分〉

原作の短編小説、初出は『サンデー毎日』の一九五四年七月十日増刊号（涼風特別号）。原作における主人公は、ひどい空腹を抱えた汚い浪人で非暴力主義者。剣豪などではさらさらない。ただし、原作全体に漂うユーモラスな雰囲気は映画化に際してみごとに写し採られた。

『用心棒』に続いて、殺陣であれ〝陽気な気分〟であれ、東映時代劇にとどめを刺すほどの影響を与えたのは、『用心棒』よりもさらにユーモラスな『椿三十郎』だった。これまた「文句なしにおもしろい」という見出しを掲げて積極的に評価した『読売新聞』(一九六二年一月八日夕刊)をはじめ、新聞各紙ともたいへん好評だった。しかしいずれもが、殺陣の新機軸に目を奪われてしまったようだ。この年の東宝作品で観客動員数が一番になったのも、ここに話題が集中したからだろう。たとえば、『東京新聞』(一九六二年一月四日夕刊)の「何よりの見ものは、巻頭のサヤごとたたきつける迫力のある立ち回りから、中ごろの抜く手も見せず三人を切り伏せるシーン。捕えられた四人の若侍を助けるため二十人近くを切り倒す殺陣など、それぞれ創意が凝らされているし、ダイナミックな三船の動きがまた圧巻。／ラストの仲代との決闘で切られた者が噴出させる血のすさまじさは、これまでの時代劇では見られなかったもの。／切った瞬間の音、血の噴出する音なども、これまでにない迫真力を持っている」がその代表であろう。同じ新聞から引用を続けてみる。

九人の若侍の行動のとらえ方、居眠りをしている三十郎のそばを敵方の情報集めであわただしく動きまわる若侍など、カメラアングルにもかなり思いきった手法が用いられているが、チョンまげ姿でしゃべってもおかしくない、ギリギリの線での現代用語が使われていることも注目していいだろう。黒澤・三船コンビは、ここにきわまったかの感がする。映画というものの楽しさを存分に味わわせてくれる作品。(七)

新聞各紙の好評に対して、雑誌の批評はかなり屈折していた。岩崎昶は穏やかな言い回しではあるが、『用心棒』に比べて『椿三十郎』に落胆しているし（『キネマ旬報』同年二月上旬号）、多田道太郎・加藤秀俊ほか関西の学者たちの座談会も積極的に評価している様子は見えない（「『椿三十郎』を分析する」『時代映画』同年二月号）。

この映画への強い否定は若い世代からも起こった。佐藤忠男は、意味なく人を殺し、その殺しの残虐さに喝采させる時代劇をデカダンス映画と見る一方で、三十郎一人だけが強く正しいのを、『七人の侍』の集団性から「お山の大将」への後退と見る。「『椿三十郎』で言えば、そのこわさの核心は、戦後われわれが、深い罪の意識と共に捨て去ったつもりでいた、日本刀にまつわるヒロイズムを、いともあっさり復活させてしまったことである」（「刀にまつわるヒロイズム」『映画芸術』同年三月号）。戦時下に軍国少年として育った佐藤忠男の自戒がここにある。これはまた、アジア諸国の目とも重なってくるものであろう。映画は一般観客の娯楽であると同時に、無意識のイデオロギー装置でもあるのだから。若侍たちを侮蔑的に描いたことに反発したのは、読者論壇に投稿した吉増剛造——のちに若手詩人の第一線に登場してくる——だった（「椿三十郎——隠居の思想」『映画評論』同年五月号）。これに、若い映画人たちの落胆と反発を加えることもできる（池広一夫と森川英太郎の対談「『椿三十郎』を見て」『時代映画』同年二月号）。

雑誌における否定的風潮に対していらだち、ひとあし早く強い語調で全面的に『椿三十郎』の肩を持った中原弓彦（のちの小林信彦）のような人もいた（「黒澤明の本卦還り」『映画評論』同年二月号)。ただ、彼は「面白いから面白いのだ」というような同語反復的な賞賛に終始していて、説得的な弁護と言うことはできない。作品構造の分析を通してこの「面白さ」の秘密に迫った批評は見当たらないが、人物のキャラクター分析を通して三十郎を声高く弁護したのは、映画批評家ではない武井昭夫だった。当時、『椿三十郎』よりあとに小林正樹監督の『切腹』が公開されており(一九六二年九月十六日)、識者や批評家の評価は後者がきわめて高かった。これに対して武井昭夫は、『切腹』がサムライ・モラルを描いた「挫折派インテリゲンチャアむきの〝芸術的〟チャンバラ映画」でしかなく、後ろ向きの姿勢で作られており、一方『用心棒』や『椿三十郎』は「ながい放浪生活の間にサムライ・モラルは風化してしまったが、生活と闘争の知恵と活力を身につけた男の効用と限界をそれぞれの状況において描いて」みせた作品だという。

三船三十郎は果して「ピストルの早射ちを居合い抜きに置きかえる」「操作」でつくりだされた「講談本的豪傑」にすぎなかったであろうか? 三十郎はそれ〔過去の影〕が微塵もない。典型的な故郷喪失者なのである。それゆえにかれは、ゆきついた土地の生活者と自由な関係を結ぶことができる。そしてときには、与えられた状況にすっぽりと身を置くこともできる人間なのである。ということは、逆から言えば、状況に支配されることを拒否する人間なのである。/三十郎は腕よりもまず頭を働かせる人間で、およそ講談的豪傑の無邪気さとは無縁である。/三十郎にはほとんど激するところがない。それは「敵に対する憎悪を本質的に欠いている」からではない。状況に支配されている者がおちこみやすい主観主義的激情から自由であるにすぎない。／黒澤監督はそれなりの主体的方法をもって企業内監督として生きつづけ、安保闘争後の今日、三船三十郎を創出することによって状況の抽象的把握に成功し、大衆的思想劇の舞台を用意することができたのだとわたしは思う。

（「大衆思想劇の創造」『記録映画』同年十二月号）

一九六〇年代は、安保闘争を頂点に、政治の、左右激突の、異議申し立ての嵐が吹き荒れた季節であり、『用心棒』や『椿三十郎』がそうした政治運動の視点から深読みされてしまうのは、映画が対立と闘争を主題にしていたとはいえ、むろん黒澤監督の預かり知らぬことであった。武井昭夫の人間・三十郎解釈はなかなか面白いのだが、結局のところ映画物語の決着が「お家騒動」正義派の勝利で落ち着いてしまうのが講談的であり、東映時代劇風でもあるのは否めない。ラストで組織に属さない両雄が刀で個人的な結着をつけ、映画物語にエンドマークが付くにしても。ちなみに、この映画は黒澤作品のなかで最もユーモアに満ちた作品であり、とりわけ入江たか子扮する城代家老夫人の、あわてず騒がず、おっとりした立ち居振る舞いとセリフには、さすがの三十郎も苦笑いで対処するしかなく、観客もまたその三十郎を見ながら笑ってしまうだろう。おっとりした女性像は原作どおりであるが、原作との最も大きな違いは、原作では風貌も体裁もぱっとせず暴力嫌いの汚らしい浪人者が、映画ではバッタバッタと敵を切り倒す剣豪に変わった点だ。もともと黒澤明は、助監督だった堀川弘通のためにほぼ原作に沿った脚本を書いていたようだ。ところが、『用心棒』の大ヒットにより、東宝は〝柳の下のドジョウ〟をねらって剣豪浪人、強いヒーローの再登場を監督に望んだ。ただし、原作では冒頭で若侍の井坂が江戸へ向かう途中、偶然会った汚い浪人者から飯代を乞われたあと一緒に宿に泊まり、そこで城内の内紛をこと細かに説明する不自然さがある。初対面で得体のしれない浪人になぜ城内の内紛を話してしまうのか、ここは読者として首をかしげてしまう。ところが映画では、浪人は密談をたまたま漏れ聞いてしまう。映画のほうが自然に受け取れる。なお、椿屋敷の設定や室戸半兵衛なる剣客も映画のためにこしらえた視覚的講談としての黒澤たちの創作である。

天国と地獄

東宝＝黒澤プロダクション
一九六三年三月一日封切

脚本は小国英雄・菊島隆三・久板栄二郎・黒澤明。原作はアメリカの探偵もの作家、エド・マクベインによる『キングの身代金』。製靴会社の重役・権藤（三船敏郎）は、持株数トップをもくろみ、資金繰りに躍起となっていた最中、自分の息子と間違えられて運転手（佐田豊）の子供が誘拐されたことを知る。犯人から身代金三千万円を要求する電話があり、権藤邸には戸倉警部（仲代達矢）ら刑事たちが待機、電話の声は「こだまに乗れ」と言い、金を渡す場所や方法なども逐次電話で知らせてくる。走る特急こだま内での緊迫したやり取り。子供は無事に返されるが、権藤は工面した金のことで、公私ともに苦境に陥る。運転手は子供を車に乗せて誘拐ルートの記憶を呼びおこし、警察でもあらゆる手掛かりを求めて大捜査網が敷かれる。誘拐犯の足取り、行動範囲、居住地区などが狭められていくなかで、薬物中毒者たちの死体が見つかり、不審なインターン・竹内（山崎努）が浮かび上がってくる。ついに犯人は逮捕され、権藤は獄中の犯人と向き合う。ちなみに「インターン」とは当時の医師研修生のことで、数年後に廃止された。

〈白黒・シネマスコープ・一四三分〉

『悪い奴ほどよく眠る』で、ハードボイルドの不徹底を指摘された黒澤明は、続く二本の時代劇で、ユーモア混じりのハードボイルド風講談とでも呼ぶべき新しい世界を切り開いた。そして『天国と地獄』では、アメリカの探偵ものを下敷きに、正面から現代の犯罪に取り組んだ。脚本では原作の細部を大幅に書き変えている。(1)

この映画の批評は新聞・週刊誌ともほぼ絶賛に終始している。新聞や週刊誌の発行部数の大きさを考えると、「第一級の黒澤作品」というイメージは一般観客に相当浸透したものと思われる。週刊誌のなかでは、やはり『週刊朝日』の荻昌弘が熱っぽい力をこめて『天国と地獄』の出来栄えを讃えた(一九六三年三月八日号)。その言葉を使って要約すれば、「ボルテージの高さ、ダイナミズムの激しさ、分厚い作品世界の重量。現実とは電圧のちがう一つの映画世界」ということになろうか。しかし、人物の性格設定・物語の構成・演出と編集の技術といういくつかの視点から、この作品の巧みさを論じたのは岡俊雄である(「『天国と地獄』・黒澤明の世界」『キネマ旬報』同年三月下旬号)。

第一にキング〔原作の主人公〕の性格はかなりかえられている。三船の演ずる権藤は裸一貫から叩きあげた、実業家というよりは理想と事業の完全一体を押しきるためには、いかなる妨害とも戦いぬこうとする人物で、キングのような怪物的な実業界の巨人としては登場しない。これは過去の黒澤作品に現われた彼の人間像のヴァリエーションである。誘拐事件を転機に、その心中に眠っていた社会倫理観が急激な闘争心として現われる、その転機のありかたを中心主題とむすびつけた点で、「生きる」をおもわせるものがある。／三人の重役を相手に理想家・夢想家、そして強力な実行力をもつ権藤をあざやかに説明したプロローグから、直ちに誘拐事件の本題にはいる導入部は、権藤家の居間兼客間にキャメラを据えっぱなしで、むしろ演劇的な感じさえ抱かせるが、演出のあざやかさと脚本の精密さは見事の一言に尽きるといえよう。／一体にこの映画で目立つのは演出と編集がぬきさしならぬほどによく考えぬかれ組み立てられていることで、近年の黒澤作品のなかでも、その技巧においてきわだったものといっても過言ではない。観客たちは完全に黒澤ペースにまきこまれてしまうのである。

多くの評者が、黒澤明の映画的演出力の卓抜さ、視覚的造形力のみごとさ、群像処理の巧みさを賞賛しており、『天国と地獄』は総合的な演出技術という点ではほぼ満点とも言える評価である。黒澤作品を絶賛し続けてきた井沢淳は、この作品に「完成品」「パーフェクト」という言葉さえ捧げているほどだ（『キネマ旬報』同年四月上旬号）。

このような賞賛の強い流れに逆らったのは、自己の本分を能の批評においていた戸井田道三である。彼は、権藤と犯人（山崎努が扮した）の顔がラストの面会シーンでガラスに互いに重ねて写されるので、本当は二人が対立しているのでないこと、本当に二人が対立すべきは戸倉警部（仲代達矢の役）であることを論じ、結局ここでは人間関係が曖昧にしか描ききれなかったのではないかという（「『天国と地獄』への四つの批判」『映画芸術』同年六月号）。また、会社の役員たち、ほか債権者、新聞記者、刑事たちと、集団の処理もきわめて類型化しており、それぞれの集団が「いわゆるそれらしさ」「パターン」でとらえられていると手厳しい。たしかにラストシーンでは、二人の顔を重ねて同時に見せながら、二人の生活がゼロに戻ったことを示してはいる。ここまでは両者が同じかもしれない。だが犯人は後悔せず、「死刑でも、地獄でも平気だ」と、ふてぶてしいセリフを権藤に投げつけるが、その表情には無念さがあふれ、頭を抱えて俯き、急に立ち上がって金網をつかんで絶叫する。すぐさま二人の刑務官が彼を引き離して連れ去る、その瞬間、重々しくシャッターが下りてきて非情かつ明確に二人を切り離す。この点は、刑事と犯人を表裏の関係で暗示しえた『野良犬』と大きく異なっている。そして、この断絶の明確化は黒澤作品から陰影を無くすものだったろうか。『週刊読売』(一九六三年三月十日号)は次のような見方をしている。

貧者が富者を憎むという、およそ自然な感情にも同情せず、罪を憎んで人を憎まずとか、犯罪の原因を社会全体の悪に帰するといったこともいっさい拒否したこの結末に黒澤明という作家の〝強さ〟を見ることができるだろう。(輝)

このラストシーンはいま見ても戦慄がはしるほど衝撃的だ。黒澤明は犯人の罪を憎みながらも、その「人間」を断罪しているわけではない。彼の生い立ち育ち方にふれているわけでも、彼の後悔なり謝罪なりの言葉をしゃべらせてもいない。いや、むしろ犯人は自己肯定をしている。無理な、意地をはった肯定であるにしても。『野良犬』の犯人のように、最後に泣いたりはしない。彼が刑務官に引き立てられ、面会シャッターが下りていく間、そして下りきって前が暗くなったあとでも、座ったままの権藤の後ろ姿を見せて「終」の文字が現れる。誘拐された子供が無事に返されたこと、殺人の対象は薬物中毒者たちだけだったことで、観客はとりあえず安心するわけだが、犯人の心情、真意の解釈は観客に投げ出されたままで終わる。呆然と座り続けた権藤のように。犯人自身にもうまく説明できない犯行の意図——とりあえずは利己的な「営利誘拐」であったにしろ——最後にたどり着いた独房、そして待っているであろう重刑、「後悔せず」の言葉。観客としては、犯人の絶叫のなかに、彼が心底におしころした後悔の情を聞くことができれば、救われたことだろう。

黒澤監督にとって『天国と地獄』の制作動機には、面白い推理映画を作りたかったこと、そして現実に起きた子供誘拐殺人事件に憤慨していたことがあった。映画らしい映画の魅力と社会的メッセージの発信、いかにも黒澤らしい発想であり、『野良犬』の系譜に直結するが、少し広げると『静かなる決闘』『醜聞（スキャンダル）』『生きる』『生きものの記録』などとも重なる現代社会の問題系譜にある。現実の事件では、映画公開に先立つ一九六〇年五月十六日、東京で〝雅樹ちゃん誘拐事件〟が発生、犯人は二百万円を要求したが失敗、子供を殺害して逃亡し、のちに逮捕された。被害者は銀座の鞄会社社長、犯人はもと歯科医師。警察の張り込みや追尾の不手際があり、警察は世間から批判を受けた。犯人は死刑判決を受け、のちに執行されている。この犯人はひと月ほど前にフランスで起きた幼児誘拐事件——プジョー自動車社長の孫

――にヒントを得ていたというから、模倣犯である。そして映画公開からほぼ一カ月たった一九六三年三月三十一日、映画の内容とはだいぶ異なるものの、映画から刺激を受けた模倣犯が現れた。〝吉展《よしのぶ》ちゃん誘拐事件〟がそれである。電話で五十万円を要求した男は身代金奪取に成功、じつは先に子供を殺していたことがあとでわかった。二年後に逮捕、死刑となった。この事件でも警察の不手際が世間の批判を浴びたが、電話の逆探知、報道協定、ラジオやテレビを使った公開捜査、テレビの特別番組や映画ニュースによる一般への広報と関心喚起が行われ、また刑法も厳しく改正された。これは『天国と地獄』が先行していた。現金受け渡し方法の類似など同種の模倣事件はいくつも起こり、こうして、この映画は黒澤作品のなかで同時代の事件と最も強く社会と切り結んだのである。

注

(1)原作エド・マクベインの『キングの身代金』(一九五九年)は警察もの〝87分署シリーズ〟の第一〇作目。日本語版(井上一夫訳)は早川書房から一九六〇年八月に刊行されている。映画ではあらすじの前半を採用、後半は大きく異なっている。冒頭で、高級製靴会社重役たちと主人公(キング)の議論があって紛糾する。キングは貧しい職工からたたき上げた仕事一筋の男、次期社長をめざして抜け目のない計算と決断力を持ち、愛妻家でもある。妻ディエンは裕福な家の出身、間違えて誘拐された運転手の子供を、身代金を払っても助けるべきと言い、夫と激論になる。運転手は妻に先だたれ、気の弱いおどおどした性格で、息子と一緒にキング邸に住み込んでいる。原作では刑事たちほか、犯人たちの会話もよく書けている。犯人側は三名、主導するのは悪党のシ・バーナード（三〇代半ば）、その相棒エディ（二〇代半ば）は愛妻キャシーと一緒、身代金を得たらメキシコへ逃げて、豪勢に暮らしたいと夢想する。エディは趣味の無線を生かしてキングの自動車電話へかけ、身代金受け渡しの指示をする。キャシーは男たちが銀行強盗程度だと思って許容していたのだが、子供誘拐だったので猛反対。以下、後半の展開は映画と大きく異なってくるが、探偵ものなので、あとは粋な結末も含めて省略しよう。

赤ひげ

東宝＝黒澤プロダクション
一九六五年四月三日封切

脚本は井手雅人、小国英雄、菊島隆三、黒澤明。原作は山本周五郎の『赤ひげ診療譚』。江戸時代半ば、保本登（加山雄三）は長崎に遊学後、当初の思惑に反して江戸の小石川養生所へ見習医として詰めることになった。所長は「赤ひげ」と呼ばれる新出《にいで》去定《きょじょう》（三船敏郎）。養生所は幕府が経営する貧者救済の施薬院であり、入院患者を治療するばかりでなく、所長や医員たちは外診も行っていた。保本は赤ひげの強引とも言える態度に反発しながら、薬草園の離れ家にいる狂女（香川京子）への対応に失敗し、老蒔絵師の臨終には醜悪を感じ、大けがをした女人足の手術補助では失神するが、しだいに養生所勤めの意義を認めていく。ほかの逸話に、臨終まぎわの無口な善人・佐八（山崎努）の告白――大地震で生死不明だったおなか（桑野みゆき）との再会とおなかの死の原因。母親の男と夫婦にさせられたおくに（根岸明美）の告白、保本のもと婚約者の妹・まさえ（内藤洋子）の養生所訪問、岡場所から救い出された少女・おとよ（二木てるみ）が治癒に向かう日々、前出の狂女の死を前にその父・利兵衛（柳永二郎）から責められる付き添い女・お杉（団令子）の哀話、少年・長次（図師佳孝）一家が心中する事件等々、物語は原作八つの逸話のうち六話から構成されており、劇中に使われるセリフもほぼ原作どおりである。上映時には、間に休憩を挟む長編大作となった。

〈白黒・シネマスコープ・一八五分〉

黒澤作品に限らずどのような作品に対しても、多かれ少なかれ賛否両論があり、観客の理屈と感情の幅に応じた好き嫌いの気持ちが出てくるのは当然のことだろう。チャップリン映画のように世界中で親しまれた映画でさえ、短編を除く中編以降の作品にセンチメンタリズムとヒューマニズムの説教を見て嫌がる人もいるし、乾いた笑いと唐突なイメージの飛躍ゆえに、キートンのほうを高く評価する人も少なくない。ひとつの作品に対する賛否両論は、どちらの言い分にもそれなりの理由があるだろう。要するに、ひとつの作品のポジ面を肯定的に評価するか、ネガ面を否定的に評価するか、立場の相違ということになる。

黒澤渾身の力作『赤ひげ』の場合でも、この二極化が見られた。二極化のひとつ、作品のポジを肯定的に評価する言葉を『朝日』『東京』『読売』等の新聞評から拾えば、「一段と円熟した黒澤演出」「ちみつな脚本構成・映像と音の映画的魅力」「すみずみまで神経のゆき届いた画面構成・俳優を思いのままに動かす黒澤ならではの演出力」「貧乏人はみんな心の美しい人間として暖かい目で描いている。そのへんは型通りという気がしないでもないが、悲しみの極限から生まれた人間の心の美しさをよくとらえている」「堂々、うちだすヒューマニズム」「なんといっても、技術的にはすごい映画だ」等々が目につく。だが、黒澤作品のボルテージの高さに見合うかたちで、高らかに作品の良さを歌いあげたのは、またも『週刊朝日』の荻昌弘だった

（一九六五年四月九日号）。

私は、黒澤が本領を取戻した、というだけでは済まない。黒澤は、本領に、さらに熟達を加えた、といいたい。／原作者の宝である「愛の思い」というものが、非常に素直に、また熱をこめてやさしく表現できたシナリオになったことである。もう一つはシナリオ作劇法からいって、これがじつに緻密で大柄な立体的構築を成功させたことだ。あえて、間然するところない高度で、しかも俗に徹しえた脚本、というに近い。／黒澤はこの安定した脚本の上に、圧倒的な映像を組立てる。養生所の屋根屋根を俯瞰した開巻から、その雪晴れの朝を写した結末まで、あらゆる画面が、文字通りスキもなく作家の映像神経を張りつめ、重く厚い質感で正面から見る者へのしかかる。職人山崎努と町娘桑野みゆきの哀しい恋物語を伝える画面の、夕暮れの逆光に映える冬の田んぼ、大地震の廃墟を照らす太陽。だれが今、世界で、これだけの強烈なイメージを、映画という芸術に定着できるか。／この三時間は、私たちが今日の日本映画に望みうる最も〝完全に近い〟仕事である。

『キネマ旬報』は五月上旬号で「黒澤明論特集」を組み、大黒東洋士や荻昌弘の全面的賞賛から、津村秀夫や北川冬彦の曖昧な評価、草柳大蔵の否定的評価、増村保造の〝性善説の信奉者〟としての黒澤監督論まで、さまざまな言説を掲載している。なかで、草柳大蔵の「黒澤——青年アレルギー症の決算」は黒澤作品における中年＝成熟、青年＝未熟のパターン化を批判していて、これはのちに同じ著者が「ザ・マン・黒澤明」（『文藝春秋』一九七一年十月号）で展開する人物論のもとになったと思われる。また増村保造は、黒澤映画の抜群の表現力と通俗性とが彼に巨匠としての位置を与えていることにふれながら、黒澤監督はリアリズムの作家ではなく、むしろ表現主義の作家であること、ジョン・フォードと比べるよりも、フリッツ・ラングと比べるべきであること、黒澤映画の主観的偏向ぶりは、登場人物を単純化し、空虚化し、本当の人間らしいリアリティを失うのではないだろうかと論じている。（詳しくは本書の第六章の三でふれる）

一方、『映画芸術』（一九六五年六月号）は「黒澤明の今日的意味」を特集、佐藤忠男の「黒澤明と増村保造──『赤ひげ』と『兵隊やくざ』へ」、多田道太郎の「『赤ひげ』にみる影の部分──〝悪〟とのたたかいはあるか」など、『赤ひげ』の黒澤監督に落胆した批評を載せている。佐藤忠男は『赤ひげ』の主人公（三船敏郎）をサムライ・モラルの権化と見ている点で、三年前に武井昭夫が〝三船三十郎〟を高く評価したのを再び逆転させた。また多田道太郎は、かつて黒澤映画が〝悪〟を描く力量を持ちえたことと関連させて、『赤ひげ』ではもはや〝悪〟を描くことができなくなったのだろうかと、かすかな望みを『赤ひげ』のなかの〝影〟の描写に託している。

『赤ひげ』の圧倒的な表現力に魅了されながらも、黒澤作品のサムライ・ストイシズムに強く反発したのは長部日出雄だった。彼の「黒澤明の世界」（『映画評論』同年七月号）は、反黒澤論の代表的エッセーと言ってよいだろう。

「貧困は憎むべきだ」という『赤ひげ』の建前とは違って、黒澤明が本当に語っているのは「貧しさに耐えよ」という克己の精神であることが次第に明らかになる。保本登〔加山雄三の役〕は克己する人間との出会いが重なるにつれ、自らも克己の精神を身につけていく。彼はそれまで忌避していたユニフォームを進んで身につける。ここまでくると、私は生理的に近い嫌悪感と恐怖感を禁じ得ない。政治を拒否することは、おなか〔桑野みゆきの役〕と佐八〔山崎努の役〕が自分たちを不幸にしている構造に盲目であったのと同じように、現実の支配関係に眼をつむることである。支配の構造に眼をつむってユニフォームを着る時、どういう事態が起こるかは、私たちが身に泌みて実感したことではなかったか。／私は、年齢によって加えられる技術の量の多寡を除いては、『姿三四郎』と『赤ひげ』の間に決定的な差異を見出し得ない。かつて映画少年であり、かつ神風の襲来を確信していた軍国少年だった私は、『姿三四郎』に熱狂した。だが、敗戦を経て、一切の無膠の神話を信じることのできないいまの私は、『赤ひげ』には熱狂できない。／黒澤明の理想主義は、父親のイメージを核とし、ドイツ観念論流の人格主義と、儒教倫理、武士道精神を被膜としてつくり上げられたのではないか。／私が、映画作家としての黒澤明の類い稀な資質に敢えて目をつむり、個々の作品における戦いもむなしかったとして、彼の世界からその基軸をなしている家父長制倫理だけを抽出し、それを否定しようとするのは、家父長制の倫理が私たちの内なる天皇制に通じているからである。

長部日出雄を代表とする〝反黒澤論〟は、いずれも黒澤作品のなかに流れる武士道ストイシズム（自己抑制の克己主義）、反庶民的英雄主義、家父長制的権威主義に反発したものであるが、評者たちがいずれも戦時中に〝軍国少年〟として育った世代であること、すなわち黒澤監督よりずっと若い世代であったことは、黒澤監督自身が気がつかない作品の体質に関して、これらの評者たちが甚だ敏感であったことを示している。『赤ひげ』論議で際立つようになった評価の二極化について、それが黒澤作品の空間のとり方、登場人物の空間的位置関係から来ているのではないかと、戸井田道三は問題提起をしてみたが、自身認めているようにうまく説明できないままに終わった（「映画的空間について」『映画芸術』一九六五年七月号）。そしてこの二極化は、これからあとの黒澤作品評価にもついてまわることになる。(1)

当時の批評には原作との比較を論じたものが見当たらないので、ここで少しふれておこう。原作『赤ひげ診療譚』の初出は『オール読物』の一九五八年三月号から十二月号（休載号あり）までに掲載された連作短編八つの逸話から成り立っており、その翌年に単行本化（文藝春秋新社）され、のちに文庫化もなされた。映画作品では原作の逸話から省かれたものもあるが、また付け加えられたものもあり、映画として原作を損なわないかたちで連作短編がうまくつながれている。細かい異同の指摘は省くが、目立った変更点は、第一話『狂女の話』で、原作では、ある夜、保本が外の腰掛で酒を飲みながら、お杉（狂女・おゆみの付き添い）から話を聴く。だが、お杉と思って耳を傾けていた相手が、じつはおゆみだったことに気づくのが遅れて危険に陥る。映画では、離れ家を勝手に出たおゆみが保本の部屋に不意に侵入して来る。原作では、保本は以前に何度かお杉に会っており、好意を持っていたので、暗所で酔っていたとはいえ人違いをするのが不自然。映画のほうが不自然さを感じない。第六話『鶯ばか』、映画では十兵衛の妄想である〝千両鶯〟の話を省き、五郎吉・おふみ一家の心中事件とその子供・長次の物語を中心にする。原作では、長次ほか子供たちすべて死に両親だけが生き残るが、映画では長次も生き残る。映画では、おとよと長次の出会いを設定し、生死の境を漂う長次の魂を呼び戻そうと、養生所の女たちが井戸の底に向かって名前を呼び続ける。これらの場面が映画では違和感なく創作されており、演出もていねいで、俳優たち、とくに長次役の見せどころにもなっている。

黒澤明は『椿三十郎』で、山本周五郎の原作『日日平安』からあまりにもかけ離れてしまった。原作では、主人公は一切、刀を抜かず、他者にも刀を使わせず、殺傷沙汰なしの頭脳作戦だけで、主人公自身が驚くほど完璧にお家騒動を解決してしまう。映画では、山本周五郎が嫌った豪傑侍がばったばったと人を斬り、あろうことかラストシーンでは西部劇まがいの対決シーンまでこしらえた。黒澤明は山本周五郎文学の愛読者だったから、『椿三十郎』での改変については、忸怩たる思いがあったのかもしれない。『赤ひげ診療譚』の映画化に際して、彼は真正面から原作に取り組んだ。物語の細部に異同があるものの、原作から読み取れる意図や情緒からかけ離れているものはないように思われる。映画はそれほど原作に密着しており、セリフのほとんど、とりわけ重要な赤ひげのメッセージも原作どおりである。映画のなかの説教くさいセリフが嫌いだという評者や観客もいるはずで、それは山本周五郎小説を敬遠する人々とも重なるだろう。ただ、原作者（山本周五郎）が執筆した当時の底辺社会への強い関心、とりわけ医療を通しての貧弱な救済制度、医者や医学への要望などが激しく念頭に渦まいていたのだろうし、監督黒澤も強い共感が働いたことと思われる。黒澤映画の社会派系列の主題を見るとき、正義感とヒューマニズムは率直に表出されているからである。映画では物語が視覚化されるので、この点でも黒澤は風景と人物の造形をみごとに達成した。むろん彼は作品全体の統括的立場にいる演出家なので、スタッフ、キャスト一丸となって「養生所の物語世界」を造形したことになる。狂女おゆみに扮した香川京子は、『悪い奴ほどよく眠る』の新妻役や『天国と地獄』の権藤夫人役とはまるで異なる難役に挑んだ。全体に撮影の持続時間が長く、俳優たちの顔、眼、身体、しぐさをカット割りせず、現場にいるかのように観客にも凝視させ続ける。一家心中する七歳の子供――長次――の物語のうち、原作では子供たち全員（四人）が死に、ふた親だけが助かるのだが、映画では長次も助けており、彼の魂を呼び戻そうと、井戸の底に向かって名前を呼び続ける女たちの場面まで挿入している。ここは脚本家たち誰の創案なのかわからないが、ヒューマニスト黒澤の面目躍如たるものが感じられる。『羅生門』のラストシーンで、木こりに赤ん坊を救わせたように。

山本周五郎文学の特質について、『周五郎流』を著した高橋敏夫は次のように言う。

社会の下方へ、そして人間の下方へ、さらに下方へ、無数の不幸がおりかさなる、生の「きわみ」にまで物語は降りていき、そこでさまざまな感情を爆発的に生成させる。不幸ゆえの激情があらわれ、そこにまぎれもなく新しい、ゆたかな「人間」が出現する。苦悶し、号泣し、哄笑し、激怒し、それゆえに歓喜の表情を隠さない「人間」が。するとどうだろう、そこに今まで見えなかった「人々」がうかびあがる。人生の「きわみ」に直面した者の、新しいゆたかな「人間」生成の物語にして「人々」発見の物語――これが「周五郎流」である。(2)

この言葉は映画『赤ひげ』にもみごと当てはまる。このとき黒澤明は山本周五郎の世界に憑依していたのだろう。

注

(1)『文芸朝日』(一九六三年、七月号)では、「〝黒沢天皇〟はいつ退位するか」という特集を組み、冒頭で次のように述べている。「黒沢明に〝天皇〟という呼称がついたのは、いつごろからだろうか。ともあれ、今の彼はたしかに不調の日本映画界にあって、その称号にふさわしく断然たる独走ぶりをしめしているのは事実だ」。この記事は『天国と地獄』のあとに出たのだが、次作『赤ひげ』への反発評を予兆したかのような特集名である。ただし、寄稿者たちのすべて、荻昌弘、羽仁進、三船敏郎、新藤兼人、城戸四郎らは黒澤賞賛の言葉を連ねている。城戸四郎だけは、自分が「世間ほど黒澤を過大評価していない」と言いながら。
（2）高橋敏夫『周五郎流　激情が人を変える』NHK出版、二〇〇三年、二六頁。
＊原作『赤ひげ診療譚』全八話の構成は以下のようになっている。（新潮文庫版、本文中では「赤髭」と表記されている）
1「狂女の話」長崎で西洋医学を学んだ保本登が江戸小石川の養生所を訪れ、不本意のまま医員見習いとして住み込むことになる。離れに住む狂女・おゆみのことを付き添いのお杉から聞かされ、聞き入るうちにおゆみの妄想の罠にはまってしまう。

2「駈込み訴え」保本はもと蒔絵師の六助の臨終に立ち合って醜悪さを感じ、女人足の手術中に失神する。外診途次、保本は木賃宿の金兵衛から、六助の娘・おくにとその子供たちにまつわる話を聴く。おくにの母の不貞やその相手とおくにが夫婦にさせられたこと、夫を盗みの罪で訴えたことなど。赤髭は牢屋に入っていたおくにを助け出す。六助は娘や孫のために金を残して死去。

3「むじな長屋」保本は医員の上着を初めて着用、梅雨期、むじな長屋で重態の佐八、外は大雨、裏から露出した死骸と、それに関わる佐八の回想。

4「三度目の正直」大工の藤吉と猪之の関係、猪之の女嫌い、精神の不安定などあって猪之は養生所へ引き取られ、お杉に恋慕する。映画ではほとんど省略。

5「徒労に賭ける」赤髭は保本を同行、岡場所の長屋にいる娼婦たちを診て、病に侵されている少女・おとよを心配する。途上、ならず者たちに囲まれるが、赤髭が撃退する。

6「鶯ばか」保本は赤髭に同行し、貧乏長屋に住む「鶯ばか」と呼ばれる男を診察する。妄想かと思われる症状（映画ではこの部分を省略）。この長屋で一家心中が起こり、両親が息を吹き返し、子供ら三人が死に、残る次男・長吉の最期を保本が看取る。

7 「おくめ殺し」 路傍で倒れていた角三を赤髭と保本が助ける。角三は藪下長屋の店子の一人で、その新家主が店子たちを追い出そうとしていた。その原因である一九年間も店賃無料だった謎が解けてくる。

8 「氷の下の芽」 おゆみは危篤、猪之はお杉を嫁にしたいと希望、保本が実家で内祝言を行う。映画で省略されたのは、馬鹿のふりをしたおえいの話、おえいを引き取りに来る強欲なおかね、妊娠中のおえいが父なし児を産む決意など。おえいの話の一部を映画ではおとよの出来事へ移している。

第四章 1970–1980年代

『どですかでん』から『乱』まで

『どですかでん』広告、黒澤明作画ポスター
『キネマ旬報』1970年9月下旬号

どですかでん

四騎の会＝東宝
一九七〇年十月三十一日封切

脚本は黒澤明、小国英雄、橋本忍。原作は山本周五郎の『季節のない街』（一九六二年）。
原作では時代と場所が限定されておらず、きわめて貧しい人々が暮らす街を背景に、ほぼ独立した逸話を連ねている。映画化に際しても同様で、原作の逸話を取り入れながら、逸話が互いに切れてしまわないよう工夫されている。一貫した物語もなければ、特定の主人公や語り部もいない。まず六ちゃん（頭師佳孝）が登場、母親（菅井きん）の朝のお題目に合わせたあと、外に出て「どですかでん、どですかでん」と言いながら、架空の電車を運転していく。以下、画面はさまざまな住人を紹介する。日雇い仲間（田中邦衛と井川比佐志）とその妻たち（吉村実子と沖山秀子）の夫婦交換、片足が悪く顔にも痙攣が起きる男（伴淳三郎）とワイフ（丹下キヨ子）の奇妙な組合わせ、ひどい伯父（松村達雄）のもとで暮らす姪・かつ子（山崎知子）の不幸と刺殺事件、家を建てる夢を借り合う父（三谷昇）と子、無口な男（芥川比呂志）を訪ねてくる女（奈良岡朋子）ほか。

〈イーストマンカラー・スタンダード・一四〇分〉

『赤ひげ』から『どですかでん』の公開まで五年半。この間の年月の長さは、ていねいな映画作りで知られる黒澤監督にしても、異例である。『姿三四郎』から『赤ひげ』までの二二年間に二三本の作品を発表してきたのだから。この期間の長さには、日本映画界の産業的衰退と黒澤明個人の挫折——アメリカ資本による『暴走機関車』『トラ・トラ・トラ!』などの製作不成立——とが重なっており、『どですかでん』に続く『デルス・ウザーラ』発表までの時期が、黒澤監督にとっておそらく最も苦しい時代だった。日本映画観客の減少が続いていた時期でもあり、日本映画界はこの巨匠に作品制作の場を与える余力を失っていた。『どですかでん』以降は、作品発表が五年ごとの間隔を持つようになる。ちなみに、この年度の〝キネマ旬報・ベストテン〟の上位五本は、『家族』(山田洋次監督)、『戦争と人間』(山本薩夫監督)、『どですかでん』(黒澤明監督)、『エロス+虐殺』(吉田喜重監督)、『地の群れ』(熊井啓監督)となっており、三月には日本赤軍による日航機ハイジャック事件、十一月には三島由紀夫の割腹自殺が世間を驚かした年でもあった。

『どですかでん』は久しぶりの巨匠の復活、そして黒澤最初のカラー作品という点で話題を呼んだ。だが、残念ながら批評は少なかった。これまで黒澤作品はいつも賛否両論を巻き起こしてきたのに、『どですかでん』の批評が少なく、あっても平凡なものばかりなのはどうしたことだろうか。黒澤作品の時代離れした〝どん底ユートピア〟に人々がとまどってしまったのだろうか。

新聞は『毎日』（一九七〇年十月二十九日夕刊）、『東京』（同三十日夕刊）、『朝日』（十一月七日夕刊）とも、作品を手短に紹介しているだけであり、なかでは『朝日』が「大胆な色彩」という見出しをつけてはいるものの、色彩の工夫を論じているわけではない。週刊誌でもこの作品をとりあげているものは少なく、わずかに『週刊朝日』（十一月二十日号）の「初心に帰った黒澤明監督」という佐藤忠男評が目につく程度だ。彼は『どですかでん』が「まことに春風駘蕩としたのんびりした映画であり、こせこせしためんどうなことはみんな忘れて、俳優たちの味な演技を心ゆくまで楽しんでもらいたい、という作品である」と述べたあと、次のように結んでいる。

難をいえば、短い話をたくさんつなぎ合わせているために、やや散漫な印象があることと、現代の話としては古風な部分があることだが、ひとりひとりの俳優の演技を、念には念を入れて練上げていったとみられる描写のコクは、さいきんの日本映画のなかではずばぬけたものである。人工的な派手な色彩が貧民街を一種のユートピアにつくりかえ、住めば都と思わせる。

雑誌では『映画芸術』（同年十月号）が特集を組んでいて、五人の批評または随筆を掲載している。その一人、山田宏一は作品に好感を寄せて、「まるで処女作みたいな若々しさとナイーブさに彩られた『どですかでん』の世界に魅惑された」と告白しながら、黒澤監督がジャン・ルノワールやルイス・ブニュエルの磊落さに近づいたことを指摘する。しかし別の執筆者、寺山修司は『どですかでん』が「秩序」と「原型」にこだわって生成なき概念化に終わった作品であることを批判する。

六ちゃん〔頭師佳孝〕の電車は、ただの「失われた都電」への執着であり、平さん〔芥川比呂志〕の夢は「かつて貞淑だった妻の蝶さん〔奈良岡朋子〕」への追慕であり、父と子の邸宅は「いつかどこかで見た写真集の中の大邸宅」である限り、それは日々捨てられてゆくものに向かって、うしろ向きにヒューマニズムの一本道を帰ってゆくだけのことにとどまるだろう。／だが、原型は時限爆弾をしかけられ、秩序は流動的になめらかであり、歴史は存在の軌跡にすぎぬかぎり、現実はつねに回収不可能だというところから、六ちゃんの電車は走り出さなければならない。

寺山修司のこの言葉は、まさしく寺山自身の演劇論・創作論の表明にほかならず、彼は翌年自ら監督した『書を捨てよ町へ出よう』で、幻想家族のユートピアならぬその解体を描いてみせたのだった。結局、『どですかでん』を正面から受け止め、黒澤の映画的世界に共感を込めながら深く味わおうとした批評家は荻昌弘くらいしか見当たらない。

……人間の本質だけが残った人々の理想地帯が、ここには距離――というより渋味をこめた幻想の唄として――客観的に作り出される。〝季節のない街〟は、同時に、地図に載らない街、であり、歴史から切り離された街、であり、通俗道徳を断絶した街、である。敗戦直後の「素晴らしき日曜日」に似て、じつはあの現世的な生臭さを全部取払ったメルヘン。

つまりその生臭さを抜いた蒸留地帯で、ただ人間を愛しく思う切情それだけが、愛と誠意の無償性の美しさに対して蒸留してゆく小宇宙――これはそのような新作である。映画は、誇張形による〝しぜんさ〟こそめざしているが、もはや、自然主義リアリズムからは、完全に離れきっている。

（『キネマ旬報』同年十二月上旬号）

しかし、荻が最後に付け加えた言葉はこの作品のあやうい立場を示しており、かつまた現代日本の描写から離れていくその後の黒澤作品の予感ともなっている――。

『どですかでん』は、黒澤明が自然主義的な怒号を、内的な沈潜へ克服し得た新しい映像の境地である。けれども、黒澤にとっての新しさが、なお映画にとっては古さの一つであることに、この作家は、というより、日本の映像じたいが、今後への重い課題を残すのである。（同前）

批評家ではないが、映画監督の熊井啓は『どですかでん』に大きな共感を持って受け止めた。彼が参加した座談会には黒澤監督も出席しており、監督を囲む座談会だったから忖度したというよりも、熊井啓自身の率直な見解だったと思われる。

熊井　黒澤さんの映画というのは、「家庭」を描いたものがわりと少ないですね。／今度の作品で一番打たれたのは、十組ぐらいの小さな庶民たちがみんな家庭をもっていることです。そこに打たれました。いままでの黒澤さんの映画とは異質というか。これがむしろ、黒澤さんの本質ではないか、というぐらいの感動を受けた。／紙一重でぼくなんか、

あの世界に入っていく人間ですから。親近感がある。／ぼくは十何年来の黒澤さんの作品中で一番よかった。(1)

司会の白井佳夫も「掘っ立て小屋の実に粗末なきたない環境の中から、これだけカラフルなシネ・スペクタクルの世界が出てくるというのは、驚異でしたね。しかもそれが、自由に謳歌されている」と好意的に述べている。そして黒澤本人は「こんなにリラックスして撮った作品はありませんね」と言い、「この作品をものすごく深刻に演出していったら、とてもたまらない。ぼくはとにかく、「明るくって、軽くって、かわいく撮る」ってことをスタッフにもいった。音楽なんかも、武満徹君に注文を出したのは重厚であるというよりも、明るく、軽く、楽しくということです」と付け加えている。だが筆者（岩本）には「明るくって、軽くって、かわいく」撮ったようには見えず、モノクロだった『どん底』の陰鬱さよりはましにしても、表現主義ばりに描かれ塗られた建物や太陽や月や衣装や、人間たちの誇張された演技は演劇的であり、やはり色彩版『どん底』に見えてしまう。ここで想起されるのは、黒澤監督が尊敬したジョン・フォード監督の『タバコ・ロード』である。原作はアースキン・コールドウェルの小説（一九三二年）で、すぐに舞台化されて人気を呼び、フォードが一九四一年に映画化した。大恐慌下のプア・ホワイト、極貧白人の連中を「明るく、軽く、おかしく」撮った映画だ。ヴァイタリティあふれるエクセントリックな住民たちが登場して大騒ぎをやらかすが、最後は寂しい結末。それでも原作の悲劇的結末とは大きく異なるフォード流の、あるいは大衆映画としての人情味、すなわちわずかの希望が残されて終わる。戦時下でもあり、この映画は長らく日本未公開のまま、公開されたのはなんと経済バブル狂騒下の一九八八年だった。

熊井啓の発言を再び引用しよう。

> ぼくは『生きものの記録』なんかをもう一度思い浮べながら見て、こうも感じました。これは、原爆か水爆が落ちたあと、ささやかに生き残った人間たちのドラマで、一種のＳＦ映画なんじゃないか、と。こういう人間たちだけが生き残って、こういう世界を作るだろう、という予感映画ですね。単なるメルヘンじゃなくて、黒澤さんがこの映画を作った背後には、そういうものがある、という気がします。今までの黒澤作品のエネルギッシュな迫力とはまた違った、新しい世界ですね。[2]

ここにも熊井啓の希望的映画読解が見うけられる。いまから振り返ると、原作が『朝日新聞』夕刊に連載されたのが一九六二年。日本は高度経済成長の波に乗り、東京オリンピック開催を二年後に控えていた。東京の人口が一千万人を突破、逆に地方の人口が減少し始めた。テレビの普及率が五〇パーセントを超えて、ＮＨＫはじめ民放各局は全日放送へ移行、映画時代からテレビ時代への転機点ともなる時期でもあった。東京にスモッグが発生、公害問題も話題になり始める。つまり、「経済大国」へ向かう基盤が明暗抱えながら着々と進んでいたころである。原作『季節のない街』は高度経済成長から取り残された街と人々の物語である。ただし、時代と場所は曖昧化され、そこに社会批判や社会問題が明示されているわけではない。作者は人々の生活から取材して逸話化しただけである――貧しい人々の哀歓を描いたというよりは、落語のオチにも似たわずかなおかしみと哀感を漂わせて。黒澤監督は自身が述べているように、原作に描かれた人間たちに共感を持ったのはたしかだろう。しかし、映画が公開された一九七〇年、経済成長を誇示するかのような「日本万国博覧会」（大阪万博）が三月から半年間にわたって開催された一方、光化学スモッグの公害は全国に及んでいた。監督は「明るくって、軽くって、かわいく撮る」と言ったのだが、できあがった作品は重かった。熊井啓はそこに未来を、逆ユートピアを見たのだろうか。『どですかでん』は芸術祭優秀賞を受賞したものの、一般の客足は伸びなかった。この映画の製作母体は黒澤明・木下恵介・市川崑・小林正樹の四人の監督が集まった〝四騎の会〟である。この映画はむしろ市川崑に向いていた題材かもしれないが、すでに一九五〇年代、彼には『プーさん』『億万長者』『満員電車』という軽妙な諷刺映画の秀作があった。四騎の会が共同で脚本を書いた『どら平太』（原作は山本周五郎の『町奉行』）はその後、紆余曲折を経て市川崑監督で映画化され、二〇〇〇年に公開された。

注

（1）座談会「『どですかでん』と黒澤明の新しい映像世界の秘密」黒澤明、熊井啓、佐藤忠男、松江陽一、山田宏一、司会・白井佳夫。『キネマ旬報』一九七〇年九月下旬号。
（2）同前。

デルス・ウザーラ

モスフイルム（ソ連邦）
一九七五年八月二日封切
（日本）

脚本は黒澤明、ユーリー・ナギービン（脚本の翻訳はイリナ・リポーヴァ、原卓也）。原作はロシアのウラジーミル・アルセーニエフ著『シベリアの密林を行く』と『デルスウ・ウザーラ』。なお、原作翻訳でも映画内の人物たちの発音でも「デルスウ・ウザラー」であるが、日本語題名とシナリオでは「デルス」と表記されているので、本書では引用を除いて「デルス」と表記する。黒澤唯一の70ミリフィルム大作である。映画の冒頭では、アルセーニエフ（ユーリー・サローミン）がデルス・ウザーラとの探検が終わった数年後の一九一〇年、デルスの墓を探す姿から始まり、そのまま彼が回想し、一九〇二年、ロシア沿海地方への探検の始まりと、森の猟師デルス（マキシム・ムンズーク）との出会いへと移っていく。映画の前半ではデルスの人柄を少しづつ描いていき、氷結したハンカ湖で道に迷ったアルセーニエフとデルスの二人が寒風吹きすさぶ葦原で夜を過ごす場面がクライマックスとなる。後半は一九〇七年、ウスリー地方で新たな探検を始めたアルセーニエフがデルスと再会し、虎にあとを付けられ、獣罠から鹿を救い出し、匪賊の蛮行から住民を助けるなどの逸話が続く。見せ場は渓流に流される二人と、デルスが救出される場面か。そして森のなかで虎に遭遇する。探検が終わったあと、アルセーニエフはデルスを自宅に住まわせるが、デルスは街の生活に慣れず、山へ戻る途上、強盗に襲われて殺される（この描写はない）。

〈ソ連邦国産カラー・70ミリワイド・一四二分〉

黒澤明は探検記が好きで、『デルスウ・ウザーラ』を三十年ほど前、助監督だったころに読んでおり、デルスという人物にとても惹かれていたという。ロシアの軍人探検家ウラジーミル・アルセーニエフ（一八七二―一九三〇）はサンクトペテルブルグに生まれ、陸軍士官としてウラジオストックに赴任、シベリアの極東部、沿海地方などを何度も調査探検して詳細な記録を残した。映画化に際しては、一九〇二年と一九〇六年の探検記『ウスリー地方に沿って』（邦訳『シベリアの密林を行く』）と、一九〇七年の探検記『デルスウ・ウザーラ』が参考にされた。[1]

『どですかでん』のあと、黒澤監督について自殺未遂の事件が新聞等に報道されたが、幸い大事に至らずにすんだ。六〇歳を超えたばかりの巨匠にとって、この五、六年はハリウッド映画製作予定の『暴走機関車』や『トラ・トラ・トラ！』の頓挫問題、これに関しての精神混乱状態の噂、『どですかでん』の興行的失敗など心労の多い年月であった。このようなとき、ソ連（現ロシア）から映画製作の申し出があり、監督は長年あたためていたデルス・ウザーラの映画化を進めることになった。黒澤初の70ミリ映画で、日本封切はソ連よりひとあし早かった。

『デルス・ウザーラ』の日本における批評はかなりよい。いくつかの意地悪い批評や、評者自身の鑑賞能力の未熟さを除けば、総じて黒澤演出の変化を好意的に受け取っているものが大半だ。その変化とは、押しの強い、力んだ演出が影をひそめたことである。『東京新聞』（一九七五年七月三十一日夕刊）は「力みなく素直で単純なさわやかさ」という見出しを掲げ、「黒澤作品の特色であった力みすぎたところがなく、シベリアの大自然に生きる人間の運命に心から共感して涙している。これほど素直で単純なさわやかさをもった黒澤作品は、あるいは初期の『姿三四郎』や『一番美しく』いらいではあるまいか』（佐藤忠男）と書いているし、『朝日新聞』（同八月一日夕刊）は「重厚にして枯淡」という見出しで次のように書いている。

まるで日本画を思わせるような穏やかなタッチの俯瞰ではじまる密林描写から、デルスとアルセーニエフの淡々とした交友を、悠々とじたペースでとらえてゆく。鋭い緊迫感のつみ重ねで劇的興奮を盛り上げるのに巧みであったかつての黒澤ぶしは影をひそめ、画面は枯淡の味さえ感じさせる。

あるいは、荻昌弘が、「黒澤が『白痴』を頂点として追い求めた理想人の決算、ひとつの結実。／……映画表現は、どの黒澤美学とも決別して、あえていえば植物的なまでに平明な凝視態勢に終始する。」（『サンデー毎日』同年八月十日号）と書いたのも同様な感想だろう。小野耕世もまた、この作品を『蜘蛛巣城』と並ぶ黒澤作品のなかの最高作とみて、「これらの自然をまえにして、黒澤明が作為を排した画面はこびを選んでいったことの必然が、見ていてよくわかる」（『キネマ旬報』同八月上旬号）と述べている。

『東京新聞』で「自然な」という言葉を連発した佐藤忠男は、改めて『キネマ旬報』（同年八月下旬号）に賛辞を書いた。

生命の危険を多分にともなった探検を描いているという点では、激しさはドラマの中に含まれていると言えるのだが、描き方としては、その危険を誇張して見せるようなことはむしろ慎重に避けて、探検という生活の日常的なありかたを、静かに淡々とうかびあがらせている。俳優たちの演技も写実的で、過度に緊張したり、力みかえったりしているところはないし、ストーリーの展開にも作為的なところがほとんどない。／技巧が自然さを押しのけはしない。そこに見事に大らかな風格が生まれている。

たしかに、この映画に満ちる静けさ、抑制、穏やかさは黒澤作品の系譜のなかで異色とも言えるだろう。それは『姿三四郎』や『一番美しく』にさえ見ることのできなかった安らかさでもある。いったいに温暖な小さな島国日本で――とばかりは言えない自然災害の多い国ではあるが――豪雨・強風・濃霧・地震・真夏の太陽・深い雪等々を背景に、誇張と力のドラマを創り出してきた黒澤明は、極東シベリアと沿海地方の大自然のなかですっかり充足したように見える。デルス・ウザーラの片言のロシア語にメッセージは含まれているが、声高に語らず、説教せず、押しつけず、ただ静かにデルスとアルセーニエフとの交友、大自然のなかの生き方を見つめる映画、それが『デルス・ウザーラ』である。音楽（ロシアのイサク・シュヴァルツによる）もきわめて控え目であり、野営の夜、探検隊のロシア兵たちが静かに歌う「わが灰色の翼の鷲よ」がじつに美しい。私たちが日本語字幕で読む歌詞は黒澤明による訳詞。このロシア民謡は二度目にメロディーだけが静かに、そして三度目にもう一度歌声が聞かされる。三度目は土に埋葬されたデルス・ウザーラへの鎮魂歌として。デルスが〝人〟と呼んだ木の杖が埋葬土の上に立てられ、歌とともにスタッフ、キャストの文字が浮かび上がってくる。かつて黒澤作品には見ることのできなかった抑制された抒情。心にしみるラストシーンである。

この作品は日本で好評だったとはいえ、外国映画として区分された〝キネマ旬報・ベストテン〟では五位のランクだった。上位は順に、『ハリーとトント』（ポール・マザースキー監督）、『愛の嵐』（リリアーナ・カヴァーニ監督）、『アリスの恋』（マーティン・スコセッシ監督）、『レニー・ブルース』（ボブ・フォッシー監督）である。順位は鑑賞者にとってさまざまだから、こだわる必要はない。『デルス・ウザーラ』は日本公開時には興行としても成功、同年のモスクワ映画祭では金賞を受賞、またアメリカの第四十八回アカデミー賞で、外国映画賞を受賞している。ソ連、デンマーク、ドイツ、フランス等、外国における賞賛の言葉の片鱗を、私たちは『黒澤明の全貌』（現代演劇協会、一九八三年）で知ることができる。筆者（岩本）も個人的に好きな作品であるが、原作と比べるとき、映像の利点が生かされなかったという残念さも残る。それは原作に記されたアルセーニエフの自然観察記録——無数の樹木や草花、湖沼や大小の河川、渓流、草原や山々、地層や鉱物、雲・霧・靄、太陽や星の運行、そして鳥類、動物たち——が十分には撮られていないこと、デルスほかウデへ人の考え方や民族文化が描かれていないことである。前者の、撮影に関する領域では、日本側撮影担当の中井朝一も困ったらしいモスフィルム側のフィルムとカメラの性能不足が原因のひとつ、それに急激な季節変動のため、限られた撮影日数ではゆとりができなかったことが原因のもうひとつだったと推測される。実際、たとえば秋の紅葉を見せる場面では、大量の人造葉っぱを日本から送ってスタジオで撮影せざるをえなかったというから、本物の樹林の葉の細部を見せることができず、遠くから見る歌舞伎の舞台背景のような「描かれた背景」になってしまった。黒澤が少年期に書いた「蓮華の舞踏」[2]ほか若いころの随想には、自然への憧憬——草花、小川、丘陵、草原、武蔵野の林など——があふれている。映画『デルス・ウザーラ』は黒澤の自然への眼をしっかりと観客へ伝える絶好の機会だったはずだが、大きな自然はとらえても小さな自然をとらえそこなった。完成帰国後のインタビューで、黒澤は自然の撮影がいかに困難だったかを語っている。少数民族の描写に関しては、デルスの役柄は俳優マクシム・ムンズークが適役だったとしても、ロシア人、ウデへ人、中国人（満洲人）、朝鮮人などが住む文化の多様性（その侵略性も含めて）についてはわずかの示唆はあるが、ほとんど描かれていない。動植物が共存する自然界の美しさと驚異、民族文化の魅力などに関しては、むしろ現在のテレビ番組が多様な姿を鮮明な映像で見せてくれるだろう。

前作『どですかでん』が過去志向だったか、未来志向だったかはともかく、一九七〇年前後の黒澤にとって、汚染されていく地球環境は差し迫った問題でもあった。彼は「デルスウのような、自然の中でただひとりで暮らしている人間、それで、たいへん自然を大事にし、尊敬もし恐れてもいる人間、その態度こそ、いま世界中の人がいちばん学ばなければならないところだと思います」と語っている。(3) また、デルスとアルセーニエフのような自然観、自然への態度、二人の友情を描きたかったこと、二人を通して「自然と調和した文化」を現代の観客が「ジワッと感じてくれたら、成功だと思います」とも語っている。(4)

最後に、アルセーニエフの原作から一カ所、デルスの人柄がよくわかる場面を引用しておこう。

午前十時頃、デルスウは肉を運んできた。彼はそれを三等分して、一つを兵士らに、一つを旧信徒〔ロシア人〕に、一つを近所の小屋に住む中国人たちに分配した。兵士らがそれに抗議した。／「いかん」デルスウが反撥した。「わしら、そうできん。みんなにやるんだ。ひとりでみんなとる、わるい」／この原始共産観念が、彼のあらゆる行為に、いつも一筋の赤い線のように通っていた。自分のとってきた獲物を、彼は民族を問わず、隣人みなに等分に与え、自分はそれと同じ分け前をとったのである。(5)

アルセーニエフの探検記を読むと、彼自身がまったく偏見のない目を持っていた人だったことがわかる。デルスの人柄とその生活、ウデヘ人ほかに対しても。映画化はデルスとアルセーニエフの生き方を世界に知らせる役割をはたした。

注

(1)訳者はいずれも長谷川四郎で、『シベリアの密林を行く』は一九七三年に筑摩書房から、『デルスウ・ウザーラ』は一九六五年に平凡社から出版されている。その後、後者は新訳も刊行された。

(2)黒澤明「蓮華の舞踏」『京華校友会雑誌』第三九号、一九二四年七月。あるいは「或る手紙」同、第四〇号、一九二六年十二月。いずれも『全集』第一巻(三三九―三四三頁)、並びに『大系』第1巻に収録。

(3)黒澤明「『デルスウ』は三十年前からの夢だった」、『キネマ旬報』増刊五月七日号、黒澤明ドキュメント、一九七四年、一三頁。

(4)白井佳夫によるインタビュー、「黒澤明監督にソビエトで『デルス・ウザーラ』について聞く」、『キネマ旬報』一九七五年五月下旬号。『大系』第3巻に再録。

(5)『デルスウ・ウザーラ』前掲書、一六頁。

影武者

東宝＝黒澤プロダクション
一九八〇年四月二十六日封切

脚本は黒澤明と井手雅人によるオリジナル。物語は戦国時代、甲斐の大名・武田信玄（仲代達矢）が死去する前に残した遺言、自分の死を三年間は秘しておき、軍勢は動くな、という言葉を守る弟の武田信廉《のぶかど》（山崎努）が影武者（仲代達矢、二役）を信玄役に仕立てる。影武者はもと盗人で罪人、馬にさえ乗れなかったこの男は、しだいにそれらしく変身していく。故・信玄は世継ぎを竹丸に定めていたので、実子でもあった勝頼（萩原健一）は心中穏やかならず。一方、徳川家康（油井昌由樹）は武田への攻撃をもくろみ、兵を進める。武田側の軍議で影武者の信玄が「山は動かぬ」と言うが、勝頼は兵を動かし、勝利する。その後、影武者は偽物であることを見破られ、勝頼が全軍を率いて、織田信長（隆大介）・家康の連合軍と戦う。だが連合軍の鉄砲隊を前に、武田の騎馬軍団は総くずれ、影武者だった男は銃弾に倒れる。

〈イーストマンカラー・ビスタビジョン・一八〇分〉

『デルス・ウザーラ』から五年後、一九八〇年の日本映画が世界に送り出す最大の話題作として期待されたのが『影武者』だった。この作品に対する評価は絶賛、部分的賞賛、落胆または不評と分かれている。〃世界的巨匠〃〃マエストロ〃などと呼ばれて世間の耳目を集め、大いに期待された監督だけに、作品評も多数の活字メディアに登場し、それだけ多くの評者の多様な見解が披露されることになったからである。

絶賛評は『読売新聞』（一九八〇年四月二十六日夕刊）の「〃映画を見た！〃充実感」、『東京新聞』（四月三十日夕刊）の「映画のだいご味たっぷり　演出の鋭さより物量のすごさ」、『週刊現代』（五月十五日号）の「圧倒的なヴォリューム感」「精神の最深部までゆさぶられた」（安部寧）、『週刊読売』（五月十八日号）の「大物の達観」（水野晴郎）、『サンデー毎日』（五月十八日号）の「最初のショットから最後の映像まで、黒澤芸術以外の何ものでもない本当の映画」「生きて動く日本の武者絵、その宇宙美」（荻昌弘）などがあり、いずれも短い文章をつらねた感想なので、批評というよりも宣伝文に使えそうな賛辞に近い。新聞や週刊誌の小さなスペースで、作家や作品について詳しく論じるのは難しい。

なかでは『キネマ旬報』（六月上旬号）が特集記事を組んでいて、やや長めの批評を書いた佐藤忠男・川本三郎・扇田昭彦ら三人のほかに、石森章太郎・荻昌弘・小林久三・品田雄吉・手塚治虫・藤子不二雄・村上春樹・横尾忠則・淀川長治・渡辺祥子の十人が短いコメントを寄せている。このなかで絶賛派は、荻・品田・淀川の映画評論家たち。また漫画家の三人、石森・手塚・藤子も絶賛に近く、部分的賞賛派が佐藤・渡辺、落胆派が川本・扇田・小林となる。手塚治虫が『影武者』にエイゼンシテインの『イワン雷帝』を想起しているのが興味深く、ドナルド・リチーも『影武者』を念入りに準備されたオペラ、それもワグナーではなくヴェルディ風のオペラ、あるいは『イワン雷帝』にたとえている。(1) ただし、ラストの戦闘は『アレクサンドル・ネフスキー』の〝氷上の戦い〟に近いのではないだろうか。村上と横尾は作品について直接の感想を述べていない。

絶賛派はいずれも短い賛辞ばかりなので、いまひとつ説得性に欠けるが、感嘆の共通イメージを括ってみると、その「様式美」「映像美」だろうか。部分的賞賛派や落胆派でさえも、この点は誰もが認めていたようだ。部分的称賛派には『毎日新聞』(四月二十六日夕刊)、『週刊朝日』(五月九日号＝白井佳夫)も含まれる。彼らは『影武者』の様式美を認めつつ、物語の平板化と人間描写の希薄化に疑問を呈しているものが多い。佐藤忠男は戦闘シーンにおける騎馬軍団の「何度も何度も、うねるように出撃を繰り返す軍団の行動の間(マ)」と「リズム」、「そのうねりの抑揚感」が印象深いことを述べ、「勇気凛々たる武田勢が、つぎの瞬間には死骸の山になっているという、変化の大きさをきわだたせることによって戦争の無残さ、残酷さ、無常感を浮彫りにすることであったにちがいない」と解釈する。しかし、その彼も大きな疑問として、影武者がなぜ命をかけて信玄に殉ずるかの動機不足を突いており、落胆派の扇田評もこれに関しては同意見である。黒澤映画の大ファンと自称する作家の松本清張は、何よりも影武者の動機不足、その不明確な性格描写が最大の欠陥だと言い、「史劇ともつかず、フィクションによる娯楽劇ともつかない」物語の曖昧さ、そして時代考証の誤りやセリフの言葉遣いの疑問を詳細に指摘した（「天才監督の計算違い」『週刊文春』五月十五日号）。松本清張は落胆派の一方の代表であろう。ほかに落胆派は『朝日新聞』（五月二日夕刊・六月十日朝刊＝本多勝一、十一月十日夕刊＝加藤周一）、『週刊サンケイ』（五月二十二日号）、『週刊ポスト』（六月六日号）などがあるが、前記『キネマ旬報』の川本三郎による「いま、雑兵の時代に、なぜ？・」は、松本清張の批判とは異なる、若い世代による落胆派のもうひとつの代表と言える。

『影武者』は「映像」というよりも「絵」であり、「映画」というよりも「絵巻物」であり、しかもそれらの「絵」は観光絵葉書のように動かない、と川本は言う。「いま、雑兵の時代に、なぜ、信玄や信長や家康なのか」というアナクロニズム、「裏切られても裏切られても〝影武者〟が、〝天皇崇拝〟を捨てず、ラスト、河を流れていく〝風林火山〟の錦の御旗を追いかけるところなど〝しっかりしろよ！　雑兵だろお前は〟と悲しくなってしまった。」と痛烈であるが、これは『七人の侍』以来くすぶっている〝英雄主義への嫌悪〟派、『赤ひげ』で頂点に達した家父長的権威主義への反感の系譜に置くべき批判である。

壮大な時代絵巻への感嘆、悲壮美への心酔、これこそ映画だ、いや映画ではない、あるいはドラマの平板さ、あるいは人物の性格描写の不明瞭など、賛否がとびかうなかで、語調は客観的かつていねい体をまじえながら、それゆえいっそう皮肉っぽくひびくエッセーも書かれた。伊丹十三による「空洞の儀式――精神分析的『影武者』論」（『諸君』一九八〇年八月号）である。これは物語のレベル、あるいは物語の表現レベルで賛否を述べる評者たちをしりめに、画面に見えるものそれ自体を手掛かりに、作品構造を表題どおりに作者=監督の精神分析的アプローチによって解明するという、本気だか遊びだかわからないところが面白く、ひたすらまじめな黒澤ファンは怒るか、呆気にとられるかだろうが、そうでない人たちはニヤリと笑ったかもしれない。

黒澤映画の長所短所を若いときから論じ続けてきた増村保造はどんな感想を抱いたのだろうか、知りたいところだが、映画とテレビ制作に多忙だったせいか、彼の言説は見つからなかった。かつて『隠し砦の三悪人』に対して、「……空虚な様式美に終始している。／戦国時代の武士が、どれほど苦悶しようと、今日の日本人の苦悶には全く無関係なのである」（本書一八五頁）と断じた彼の眼に『影武者』はどのように映っただろうか。その造形力の完璧主義と通俗的な物語構成、外面と行動中心に終始する人物描写、豪傑を描く天才的な「大風俗画家」と評した増村監督は、もと盗人で大将の〝影〟となった男へ強い興味を持ったかもしれない。この〝影〟の男が一瞬微妙さを見せる描写はあった。それは信玄の弟・武田信廉が影武者を近習と小姓たちの前で上座に置き、影武者として正式に認知させる場面である。信廉自身が長年の間、信玄の影武者を演じてきた心境を述懐する、「影法師も楽ではない。己を殺して人の影になるのは辛い勤めだ。時々、己に返って気儘にしたくなる。しかし、人の影は、その人を離れて一人歩きは出来ぬ」と。信廉をじっと見つめた〝影〟の男はしだいに影法師へと乗り移る。これら二人の男同士もよく似ている。もと影法師と、現影法師と。この二人の関係の心理がもっと描き込まれていけば人間ドラマとして深まったかもしれない。ドナルド・リチーはこの映画をていねいに分析しつつ、最後には「情感のない映画」「極北の冷たさ」と言い、「荒涼たる、容赦のない心境の宣言」と、黒澤に深い悲観論を見たのだった。[2]

『影武者』は一九八〇年五月のカンヌ映画祭でグランプリを受賞した。日本公開版は一八〇分あったが、国際改訂版は一五九分、つまり二一分短くなった。筆者は国際版を見ていないが、国内版は長く感じられたので、上映時間に関しては国際版がより引き締まったと思われる。ヨーロッパにおける『影武者』評価には、日本とは違った受け取り方がある。その間の事情を『朝日新聞』（五月二十六日夕刊）は、フランスの『レクスプレス』誌、『ルポワン』誌、『ルモンド』紙などからの要約として次のように伝えている。

いずれも評価は極めて好意的で、その面白さの要素として、①「本物」と「影」という哲学的主題の巧みな処理、②映像の躍動的な雄大さと美しさ、をあげるものが多かった。ルモンド紙は「本物」と「影」を、「存在」と「外見」におきかえ、「映画を見終わったあと、すべては夢と幻想であるという作者の声が聞こえてくる」と結んだ。「影」の問題はエドガー・アラン・ポー、テオフィル・ゴーチエ、ホフマンなど、西洋文学ではおなじみの主題である。この西洋伝来の哲学的命題が、黒澤映画の主調低音である東洋的諦観に裏打ちされて、批評家たちの胸を打ったのであろうか。／一般に最近のフランス映画は、細部の心理描写などにこだわりすぎて、雄大なロマン性に欠けるうらみがある。フィガロ紙は

「影武者」を円卓の騎士の物語に比し、監督の皮肉な目が波乱万丈の物語性を支えていると書いた。おそらく「影武者」の中に、西洋文学の伝統の一つである英雄悪漢小説の痛快さを見たのであろう。（カンヌ二十四日＝和田特派員）

欧米における評価の高さを納得させるような報告である。これよりあとの一九八八年五月、筆者（岩本）がポーランドのウッジにある映画演劇大学に招かれたとき、監督のグジェゴシュ・クルリキエヴィチと毎晩のように対談したことがある。彼は黒澤作品を学生たちと一緒に、じつにていねいに分析していた。彼の目には『影武者』や『乱』は歴史絵巻ではなく、ポーランドはじめヨーロッパのたび重なる戦争の激動期と重なる、「現代劇」または「象徴劇」と映っていた。(3)

注

（1）ドナルド・リチー『増補　黒澤明の映画』三木宮彦訳、社会思想社、一九九一年、五七三頁。
（2）ドナルド・リチー、前掲書、五七六―五七七頁。
（3）クルリキエヴィチ監督については、岩本憲児「ポーランド映画の異端児　グジェゴシュ・クルリキエヴィチ」を参照、『イメージフォーラム』一九八八年九月号。

乱

〈ヘラルド・エース＝グリニッチ・フィルム
一九八五年六月一日封切

脚本は黒澤明、小国英雄、井手雅人で、シェイクスピアの戯曲『リア王』を下敷に翻案した。時代は戦国の世、ある山国。主人公はリア王ならぬ七〇歳の老大名・一文字秀虎（仲代達矢）。秀虎は狩りの場で、家督を三人の息子たちへ譲って隠退を告げる。長男の太郎孝虎（寺尾聰）に一の城、次男の次郎正虎（根津甚八）に二の城、末子の三郎直虎（隆大介）に三の城を委ね、束ねた三本の矢の強さを見せて三人に協力せよ、と。だが三郎は父の隠退気分を率直に批判し、激怒した父から追放される。三郎と重臣の平山丹後（油井昌由樹）は隣国の藤巻家に迎え入れられる。太郎の正室・楓の方（原田美枝子）は太郎をそそのかして親子対立をはかり、怒った秀虎は二の城へ向かうが、そこでも拒絶され、三の城へ向かう。太郎と次郎が三の城を攻め、城は炎上、秀虎の郎党、侍女たちは死ぬ。狂ったように野をさまよう秀虎に、道化の狂阿彌（ピーター）のみが付きそう。夫の戦死を知った楓の方は、一の城で次郎を刺そうと迫りながら、自分を正室にせよと誘惑する。秀虎救出に向かった三郎は父と再会するが、銃弾に倒れ、秀虎も息絶える。次郎の重臣・鉄（井川比佐志）は一文字家を滅ぼした楓を斬り殺す。秀虎と三郎の遺体を運ぶ行列の彼方に城壁、その遠くにかつて秀虎に両眼をつぶされた鶴丸（野村武司）の孤影があった。

〈イーストマンカラー・ビスタビジョン・一五九分〉

文化・歴史・国民性の違いは、作品にその製作国とは違う受け取り方をもたらす。日本が外国映画を受け取る場合でもこのことは、つねに起こりうる問題だろう。『影武者』の国内での賛否の分かれ、国外での賞賛の合唱、というパターンはすでに『羅生門』でも見られたわけだが、これは『乱』でもいくぶん同様のパターンを見せることになった。しかし、言い添えておくと、『羅生門』『影武者』『乱』はいずれも日本で高く評価されていたのであって、それぞれ年度のキネマ旬報ベストテンでは五位、二位、二位と上位を占めていた。ベストテンはひとつの目安でしかないにしても、監督デビュー以来、国内でこれほど高く評価され続けてきた現役の映画作家は黒澤監督以外にはいなかったのである。

『乱』は『影武者』のときに比べると、主要新聞・週刊誌が口調をそろえたかのように賛辞を並べている。いずれもが『影武者』よりはるかに出来栄えのいい作品と見ているのも共通しており、賛辞のトーンは高く、うわずってさえいるほどの〝賛歌〟である。宣伝のコピーまがいのそれらの文章を、いまさらここに引用する必要はないだろう。興味深いのは、一九六〇年代に黒澤作品に批判的だった佐藤忠男・長部日出雄といった人々も、『乱』にはただ賛歌を捧げていることであり、『影武者』に反発した川本三郎さえも『乱』には魅力を感じたことである（いずれも『キネマ旬報』一九八五年七月上旬号）。各執筆者の文中の言葉から編集部が付した見出しと思われるが、佐藤の「残酷を超えた美しい詩的な夢幻の世界」、長部の「世界の夕暮れを描いた傑作」、川本の「死を意識した老監督の白鳥の歌」、その他、高沢瑛一「黒澤明の頂点を示しえた宿命論と完成された無常観」、淀川長治「完璧に描いた人間の業の残酷と哀れ」等々、賛辞の多くは、『影武者』の「様式美」「映像美」のいっそうの達成度、戦国絵巻の豪華さ、格調の高さ、圧倒的風格、地獄絵図の現代との二重写し、鬼気迫る無常感などに驚嘆している。

しかし、観客のなかには『影武者』で落胆し、『乱』でさらに落胆するといった人々も少なからずいた。それは、『影武者』や『乱』の豪華な完成度、カメラ・照明・衣装・美術・演技等々すべての領域に及ぶ表現の熟達や厚みには関心を向けない人々だった。演出の力業にも、深刻な戦国悲劇にも、重厚長大な時代絵巻にも眼を奪われず、それらの映画を現代の寓意とも受け取れなかった人々。それらの人々にとって、『影武者』や『乱』は〃黒澤老いたり〃の印象を与えたと思われる。批評家が、観客の声なき声の代表、不定形の感情に明確な言葉を与える代表でもあるとすれば、前記『キネマ旬報』のなかの批判的少数派がそうだったかもしれない。「堂々たる退屈、あるいは退屈な雄大さ」と呼ぶ田中千世子。『蜘蛛巣城』が『マクベス』を超えたのに、『乱』は『リア王』にさえなれなかったと言う中邑宗雄。登場人物に造形の魅力を感じなかったと慨嘆する矢島翠。あるいは他の週刊誌・ミニコミ誌に散見する落胆派は、そうした観客の声を代弁していたことになる。

天才的な映画作家が、半世紀にわたるメティエの積みかさねのすべてを傾けて、最愛の素材である馬と、武士と、その運動＝戦闘を撮り、編集の妙を尽くす。圧倒的な色彩と構成の美と迫力は、たしかに世界中でひとり、クロサワと彼に率いられたスタッフだけが生み出し出せるものだろう。映像の流れの、ほとんど身体的な快感。三の城の攻防戦と草原での野戦との、二つの合戦の長いシークエンスは、オペラの中のアリアのように、自己完結性をもった陶酔の時間となる。／そしてオペラの聴衆がアリアに聞きほれて物語の荒唐無稽さなどかまわなくなるように、『乱』の場合も、合戦の映像自体の美と陶酔のために、戦いの原因と結果――つまり肝心の秀虎と三人の運命に対する関心が一層うすれてしまうのだ。

（矢島翠）

あるいは川本三郎よりも若い批評家・四方田犬彦もこの映画に失望している（『朝日ジャーナル』一九八五年六月七日号）。〝寅さん〟シリーズであれば、人はスクリーンのなかにいくばくかの笑いと涙とほのぼのとした感情とを見つけて、それだけで安心と満足を得て映画館を出ることだろう。大いなる期待もなければ、逆に大いなる失望もなく、作品をめぐって賛否両論を闘わすことも、口角泡をとばして議論することもないだろう。しかし、人は黒澤作品にはたえず大きな期待を抱いて立ち向かう。それは多くの観客がその人生のどこかで、『生きる』のヒューマニズム、『七人の侍』の壮烈なアクション、あるいはその他の作品と出会い深い感銘を受けてきたからである。黒澤作品はこれまでの名声ゆえに、観客の過大な期待感に、いつも答えなければならない宿命を背負ってしまった。

日本における『乱』への賛辞が、その様式の熟達に集中したのに対して、外国における『乱』はそのペシミズムにおいて最も注目されたようだ。たとえば、『タイム』誌（一九八五年十月二十八日号）は表紙に「クロサワ――レンズの背後の伝説」という見出しの長文記事を載せ（本文のタイトルは「クロサワの魔術――七十五歳、レンズの背後の生ける伝説」）、九月二十一日のフランスのポンピドウーセンターにおけるプレミアの成功、引き続くニューヨーク映画祭におけるさらなる成功にふれ、著名な映画人の賛辞を引用している。そして、次のように述べる。

『乱』で、クロサワは長年にわたって自己の世界観をいやましに形作ってきた透徹したペシミズムの傾向をしみ出させている。彼の視野は広がり、夢想はいっそう残酷に、ますます超然としてきた。／この叙事詩的壮大なシーン〔戦闘シーン〕は、セルゲイ・エイゼンシテインの『アレクサンドル・ネフスキー』やオーソン・ウェルズの『フォルスタッフ』におけるあの有名な戦闘シーンにも匹敵する。この効果は技術的な名人芸からのみ生まれたのではなく、人間の問題に対する激烈で繊細な判断からも生まれているのだ。

フランスの映画雑誌『ラ・ルヴュ・デュ・シネマ』（同年九月号）でも、日本映画をよく見ているマックス・テシエが「『乱』はおそらくクロサワ作品の中で最もペシミスティックな映画の一つであろう」と述べているように、「乱」のペシミズム、または末世思想は欧米の評者に強い印象を与えている。日本では戦国時代や末世思想については逆にある種の先入観があり、当然視されていることもあって、『乱』ではそのメッセージよりも表現様式の豪華さに評者の眼が向いてしまった。日本の観客よりも、外国の観客のほうが歴史的事実に関して具体的知識を欠く分だけ、象徴的に受け取る度合いは強くなる。黒澤自身は比較されることを好まないと思われるが、『影武者』や『乱』の戦闘シーンの様式性、造形的美しさや編集の巧みさは、たしかにエイゼンシテインを彷彿とさせる。その点で、黒澤はフリッツ・ラング、エイゼンシテイン、オーソン・ウェルズと並ぶ大監督——実験的で挑戦的、その壮大な空回りも含めて——と呼べるだろう。

シェイクスピア原作との大きな相違は、原作リア王には三人の娘たち、『乱』の大殿《おおとの》（仲代達矢）には三人の息子たち。もし、原作どおりに娘三人を登場させて、女性たちの視点を新たに創作すれば、もっと現代に即した味付けができたかもしれない。原作ではセリフが戦闘の経過を観客に知らせていくが、映画版では合戦絵巻の美と壮大さが大殿の狂乱を凌駕してしまう。黒澤監督は「動く武者絵」を大画面に描きたかったのに違いない。だが、次のようなセリフは『悪い奴ほどよく眠る』のラストで主人公の親友が絶叫したセリフ、あるいは『乱』のあと、『夢』の「赤富士」や「鬼哭」での悲憤慷慨のセリフとまったく重なってしまう。舞台でのセリフならともかく、映画のセリフとしては説明的で仰々しく聞こえる。

狂阿彌「神や仏は居ないのか？ 畜生！ 居るなら聞け！ お前たちは気紛れな悪戯小僧だ！

天上の退屈しのぎに、虫けらの様に人を殺して喜んでいやがる！ やい！ 人間が泣き叫ぶのが面白いのか！」

丹後「言うな・神や仏を罵るな！ 泣いているのは神や仏だ！ 何時の世にも繰り返すこの人間の悪行、殺し合わねば生きてゆけぬこの人間の愚かさは、神や仏も救う術はないのだ!」
狂阿彌「(大声を上げて泣き出す)」
丹後「泣くな!これが人の世だ!人間は倖せよりも悲しみを、安らぎよりも、苦しみを追い求めているのだ!見ろ!今、あの一の城では、人間共がその悲しみと苦しみを奪い合い、殺し合って喜んでおる!」
映画での狂阿彌のセリフの出だしは、公刊されたシナリオとはわずかに異なり、神や仏に「居るなら聞け!」と激しく呼びかける。「視覚の人」だった黒澤明は悲憤慷慨する「言葉の人」ともなったのである。

第五章 1990年代

『夢』から『まあだだよ』まで

『夢』公開時パンフレット表紙（ワーナー・ブラザーズ／松竹）1990年

夢

黒澤プロダクション
一九九〇年五月二十五日封切

脚本は黒澤明のオリジナル。「こんな夢を見た」の字幕で始まる八つの短い逸話から構成されている。

1 「日照り雨」。五歳くらいの〝私〟（中野聡彦）が門の外で日照り雨を見上げると、こんな天気には〝狐の嫁入り〟があるので、それを見てはいけない、と母親（倍賞美津子）が言う。〝私〟は杉林のなかでそれを見てしまい、母から叱られ、狐に謝りに行く途中、きれいな花畑の向こうに大きな虹を見る。

2 「桃畑」。桃の節句の日、少年〝私〟（伊崎充則）の姉（鈴木美恵子）の友だちが集まっている。少年の目にはもう一人、別の女の子が見え、その子のあとを追うと、緑の段々畑を大きな雛壇にして、人間のような雛人形たちが座を占めており、優雅に舞い踊る。

3 「雪あらし」。冬、仲間と登山中の〝私〟（寺尾聰）は猛吹雪に遭遇し、進めず、雪中で次第に睡魔に襲われる。吹雪の中から女（原田美枝子）が現われ、やさしげな姿から恐ろしい老婆へと変わっていく。必死に抵抗しながら正気に戻った〝私〟は、視界にキャンプをとらえて歓喜する。

4「トンネル」。夜の道、復員将校の〝私〟（寺尾聰）がトンネルに向かって歩くと、入り口で狂犬のような犬に吠えられる。トンネルを抜けると、〝私〟の後ろから、戦死したはずの一等兵（頭師佳孝）が、さらには全滅したはずの小隊が現われる。〝私〟は、彼らの死には「隊長だった自分に責任がある、だがいまは静かに眠ってくれ」と哀訴する。彼らはトンネルの中へ消えてゆく。

5「鴉」。画学生の〝私〟（寺尾聰）は、展覧会場のゴッホの絵を見るうちに、「アルルのはね橋」の絵の中に入ってゆき、畑で写生中のゴッホ（マーティン・スコセッシ）と出会う。ゴッホは彼に自己の絵画論をせわしげに語ったあと、畑の奥へと歩き去る。そこから鴉の群れが飛び立つと、〝私〟はまたもとの展覧会場にいて、前にはゴッホの「鴉のいる麦畑」の絵があった。

6「赤富士」。群衆が混乱して逃げまどう。富士山一帯が真っ赤になっている。原発が爆発したらしい。〝私〟（寺尾聰）も群衆に巻き込まれながら、幼子二人を抱えた女（根岸季衣）と右往左往、渦巻く波の海辺で一人の男（井川比佐志）と出会う。男は原発の悪を呪詛する言葉を吐くが、彼自身、原発関係者だった。

7「鬼哭」。無人の世界か、荒涼とした土地を一人歩く〝私〟（寺尾聰）は、頭に一本の角が生え、ぼろぼろの布を身にまとった男（いかりや長介）と出会う。男は「むかし人間だった、いまは弱肉強食の世界に生きている」と言う。背後には巨大なタンポポが群生し、夕方になると鬼たちが哭く。〝私〟は鬼たちが血の池の周りで哭く姿を見る。

8「水車のある村」。清流にいくつもの水車が回り、緑に輝く村。〝私〟（寺尾聰）はこの村で百三歳になる老人（笠智衆）から話を聞く。老人が、ここは自然と共存する自給自足の村であると告げると、音楽隊とともににぎやかな葬列が近づいてくる。老人はその先頭に立って鈴を振り楽しげに歩いてゆく。〝私〟は村人がするように、川のほとりの石に花を添えて名残り惜しそうに村を去る。

〈日本コダックカラー・ビスタビジョン・一一九分〉

夢に関する短編を綴った小説としては、夏目漱石の『夢十夜』がよく知られているが、黒澤映画はさしずめ「夢八夜」だろうか。原案には十話あったが、予算や撮影の問題から二話を削ったという。監督の私的な夢または幻想が込められた作品で、それらの夢は三つのカテゴリーに分けられる。幼少年時代の体験を加工したような夢（1「日照り雨」、2「桃畑」）、のちの経験から想像したような特殊な幻想（3「雪あらし」、5「鴉」）、成人後に体験または見聞した社会的事件への強いメッセージ（4「トンネル」、6「赤富士」、7「鬼哭」）、監督のユートピア的夢想（8「水車のある村」）。

「夢八夜」ならぬ映画の『夢』では、夢を語る〝私〟が外にいて、画面外ナレーションの語り手となっている。すべての逸話の始まりに、「こんな夢を見た」という字幕が入るが、前述したカテゴリーからわかるように、〝私〟が見た夢、つまり幼少期またはおぼろな意識状態で見た夢と幻想が「日照り雨」「桃畑」「雪あらし」。〝私〟の憧憬または願望を表す夢が「鴉」と「水車のある村」。〝私〟の社会意識、悔恨・懸念・告発を込めた夢が「トンネル」「赤富士」「鬼哭」

となる。〝私〟は一人称だから、画面のなかの〝私〟（3以下では寺尾聰が演じる）は、脚本を一人で書き映画全体を監督した黒澤明の代理人である。だが、イスラエルの俳優・演出家・研究者であるツヴィカ・セルペルは、『夢』の〝私〟は黒澤自身の具現化ではなく、「観客と主役の間にあって、コーディネーターとして機能している」と考えた。黒澤が好んだ能にたとえれば、シテ（主役）ではなくワキであり、観客のなかに共感を呼び起こす役を果たすという。そして能の形式や民俗文化の伝説・信仰・舞・儀式などを『夢』の各逸話に読み取っていく。また全逸話に能の「神・鬼・人間の、生と死」と類似の構成要素が通底するとみなす。(1) たしかに、黒澤作品と日本古典芸能との親和性は『夢』に濃厚だ。「トンネル」「赤富士」「鬼哭」はその世界が発端から結末まで夢の中に置かれているから、夢として受け止めてもよい。ただし、そこで語られる言語メッセージは黒澤監督が実際に抱く日ごろの社会観の発言、演説、悲憤慷慨であり、夢としての飛躍やねじれがない。それに、黒澤個人のメッセージが映像とセリフで重複表現されているくどさもある。極度に様式化された能舞台では、シテが吐露する過去の因縁や怨念など言葉（詞章）での説明があるにしても、その言葉を具現化する視覚表象は象徴にとどまる。自己の見解の言語化、または説明化は「水車のある村」の老人（笠智衆）も同じで、彼がとくとくと語る村の生活様式は黒澤監督の自然観、人生観が率直に出ているのだろうが、これも言語による説明過多である。

いずれもが絵画的、舞台美術的であり、舞踊や演劇的な技巧が凝らされており、なかにはとても美しい風景が造形されてはいるのだが――「日照り」の杉木立の中の狐の嫁入りや、虹の花畑に立つ少年、「水車のある村」の緑と清流に回る水車など――夢体験の不思議さと幻想感を観客に味わわせるというよりも、言語化可能な物語が絵で綴られている印象が強い。辛うじて、やや唐突に終わる「日照りの雨」だけが説明はなく、狐に謝りに行った少年が花畑の大きな虹に見とれて用を果たさないままで終わる、その宙ぶらりん状態が夢の不合理性、物語の未完状態と似ている。『夢』のなかで、最も平凡な逸話は「雪あらし」だろう。雪女の伝説は雪国各地にさまざまな異称、異説とともに伝承があり、小泉八雲の一話もよく知られている。「雪あらし」はその現代版であり、雪山登山中の悪夢であろうが、描写に新味や創造性があるだろうか。

夢体験の不思議さについては誰もが知っている。だが、夢から覚めたあと、その生々しさを他者へうまく伝えることはできない。私たちは夢のなかで、継起する出来事をきわめて現実的に受け止めながら、どこか現実とは異なる異次元性をも同時に感じて夢のなかにいる。私たちは夢世界を主人公である自己の視点から、つまり主観的、直接的体験としてそこに関与し、一方ではそれをもう一人の自分、他者である自己の視点から、つまり客観的、傍観者的に眺めてもいる。夢世界の中心にいる当事者でありながら、そこにいる自己の他者性をも感じたりする。そして覚めたあと、言葉ではとうてい説明できない現実的体験が残るのである。

夢と映画の密接な関わりは、二〇世紀への転換期、映画草創期からすでに映画のなかに入り込んでおり、いまに残る欧米の短編映画にいくつもその例を見ることができる。周知のとおり、一九二〇年代にはシュルレアリストたちが夢と映画を強く結びつけた。黒澤明も自己の作品のなかで夢の場面を使ったことがある。『酔いどれ天使』で、海岸に打ち上げられた白い棺、斧を手にしたヤクザの松永（三船敏郎）が棺を割ると、中には彼自身がいて起き上がる、必死に逃げて走る松永、これらの動きがスロー・モーションで示される。シナリオではこの場面が「沼」に設定されていた。映画の主題を象徴する沼、メタンガスが湧き、ゴミで一杯の沼。結核の悪化する肺を持つ松永の姿でもある。ややこれに近いのは『影武者』で、武田信玄の影武者が見る夢。遺体が密閉された大甕が割れるとそこから信玄が現れて立ち上がり、偽の信玄、もと盗人だった男は怯えて逃げようとする。場面背景は赤く染まり、夢の信玄が背を向けて彼方へ歩を進めると、偽者はあとを追おうとし、信玄が振り向くと怯える。偽者と本もの（亡霊）、二人の実体なき存在、怯えて逃げようとしながら、またあとを追う偽者。この二例はいずれも映画物語の主人公が見る夢、そして自己の分身に怯える場面だ。

映画物語の主人公が夢を見る例は無数にあるが、スウェーデンのイングマール・ベルイマン監督の名作『野いちご』（一九五七年、日本公開は一九六二年）冒頭にも夢の描写がある。ルンド大学における名誉博士号授与式の前夜、イサーク老医師は夢を見る。人気のない街の通り、指針のない街頭時計、イサークが自分の腕時計を見ると、それにも針がない。街灯に寄り掛かった後ろ向きの男が崩れるように倒れると、頭が消え、首から血が流れ出る。荷馬車がやって来る。急に止まると棺桶が斜めに落ちる。イサークが近づくと、中から手が出てきて彼の腕をつかんで放さない。引き込もうとするその手を必死に放そうとして、イサークは目が覚める。七八歳という老医師が夢のなかで死の予兆を見るのだ。演じたヴィクトル・シェーストレムは実年齢と同じ、サイレント映画時代の名監督である。老医師は映画の後半でも夢を見る。ルンド大学へ向かう途上、車の運転を嫁に代わってもらい、うたたねをする。老人のまま医者としての倫理試験を受け、彼は回答ができないので罰を与えられる。「孤独」という罰を。この夢は黒澤映画の『夢』では「トンネル」の〝私〟・復員した中隊長の強い悔恨がそれに近いかもしれない。ただし、中隊長が夢を見るわけではないので、「こんな夢を見た」と語る黒澤の夢として。「トンネル」と「鬼哭」に関しては、本書の第六章「一、幽鬼の肖像」の「2　さまよう魂」で筆者の不満を述べておいた（本書二九三―二九四頁）。「トンネル」と「水車のある村」に関しては、四方田犬彦が『七人の侍』論のなかで、村と死者たちと「服喪」のテーマを述べている。とくに後者の「祈念石」について。[2]この「石」は『白痴』で亀田（森雅之）がお守りにしていた沖縄の「石」とも関連づけることができるだろう。戦死者たちへの服喪として。

文庫版『まあだかい』の巻末には黒澤明が解説を書いている。[3]その解説を読むと、内田百閒の『東京日記』（初出は一九三八年）の幻想的短編が記憶に残ったという。当然、夏目漱石の『夢十夜』からの影響かもしれないがと推測しつつ、「百閒先生の夢の話はまた一種独特で、不思議です」と言い、『夢』の「赤富士」は『東京日記』の一編からヒントを得たと言う。百閒の幻想短編には「変なリアリティがあり」「不思議な実感がある」とも。この感想はたしかにそうで、多くの百閒読者が抱く感想と変わらないだろう。黒澤の『夢』の逸話の多くに、その「変なリアリティ」と「不思議な実感」が足りなかった気がする。

注

(1)ツヴィカ・セルペル『霊と現身——日本映画における対立の美学』森話社、二〇一六年、とくに「第一章　実存的儀式——黒澤明『夢』の構造と美学」。

(2)四方田犬彦『「七人の侍」と現代——黒澤明再考』岩波新書、二〇一〇年、一八六—一八九頁。

(3)黒澤明「解説」、内田百閒『まあだかい』文庫版、福武書店、一九九三年。

八月の狂詩曲

黒澤プロダクション
一九九一年五月二十五日封切

脚本は黒澤明。原作は村田喜代子の『鍋の中』（文藝春秋、一九八七年）。

冒頭はナレーション（たみ（大寶智子）の声）で始まる。長崎の山村に一人で住む祖母・鉦《かね》（村瀬幸子）の古家で、孫たちの縦男《たてお》（吉岡秀隆）、たみ、みな子（鈴木美恵）、信次郎（伊崎充則）が夏休みを過ごしている。祖母の代わりにハワイへ行った父・忠雄（井川比佐志）と叔母・良江（根岸季衣）から手紙が届く。ハワイ移住後、音信の途絶えた錫二郎《すずじろう》（祖母の兄）に関してその息子・クラークの手紙が同封されており、錫二郎は余命いくばくもなく、妹・鉦に会いたいと言う。だが、鉦には、兄・錫二郎の記憶がなかった。孫たちは祖母から昔話を聞き、原爆で死んだ祖父のことを知る。やっと、祖母がハワイ行きを決心すると、忠雄と良江が帰国、母（孫たちの祖母）が原爆の嫌な思い出にこだわっているので、ハワイのアメリカ人に原爆の話をしてはだめだと言う。そのときクラーク（リチャード・ギア）が突然ハワイからやって来て、原爆で亡くなった祖父のことを悲しむ。まもなく、錫二郎の死を告げる電報が届き、クラークは急いで帰国する。祖母の様子がおかしくなる。雷雨とともに、「ピカが来た！」と祖母は叫ぶ。翌日、天候が急変した豪雨の中を祖母は走りだし、二人の子供たち、四人の孫たちが必死に追い駆けていく。

映画を見ただけでは家族関係がわかりづらいが、冒頭のナレーションの声がシナリオに「たみの声で」と指定されているように、原作でもたみの「わたし」が語る一人称の物語である。たみと信次郎は姉弟で忠雄の子供、縦男とみな子は兄妹で良江の子供。つまり、四人の孫たちはいとこ同士であり、縦男が最年長の一九歳。

〈フジカラー・ビスタビジョン・九七分〉

まず、この映画の題名についてふれておくと、シナリオでは『八月の狂詩曲』の「狂詩曲」に「ラプソディー」とルビがふってあるが、完成映画の題名にはふりがながない。したがって、本書ではふりがななしで題名を統一する。

原作『鍋の中』の主題は何だろうか。この淡々として平明な文章は「わたし」という若い女性が体験したひと夏の田舎暮らし、それも一人で住む祖母といとこたちとの共同生活を語っていく。その出だしの文章はこう書かれている。

夕方、外はまだ明るい。／台所で野菜を刻んでいると、裏口のほうからおばあさんが畑の作物を手に入ってきた。／おばあさんの畑は小さくて、そこからとれる作物も小さいものばかりである。苺、ほおずきトマト、黒とうもろこし……。そんな可愛らしいものを、それもほんの少しずつとってくる。[1]

そして、夏の日のぬくもりを残した濃い緑色の獅子唐辛子も加わる。「わたし」が台所でザクザクと刻み始めると、別の部屋からオルガンの音色が聞こえてくる。あとでわかるのだが、祖母の手料理は若い孫たちを絶望させており、「わたし」が料理当番を引き受けることになった。食事には、祖母の畑でとれたさまざまな野菜が利用される。海老と蓮根の炊き合わせ、茄子と牛肉とこんにゃくの炊き合わせ、韮と豚肉の炒めもの、鶏レバーと葱とピーマンを炊いたもの、サヤ豆と高野豆腐と鶏肉を炊いたもの、胡瓜のサラダなど、肉類は町に買い出しへ。「わたし」はおばあさんの古鍋と日々格闘する。従妹のみな子は料理よりも髪の毛のカールがうまく、従兄の縦男は本を片手に昼寝をしていないときは壊れたオルガンの修復、弟の信次郎は古自転車の修理に夢中と、若い四人の性格や得手不得手がさらりと示される。また、いとこ同士の結婚は良くないんだよと、縦男がエンドウの花とメンデルの法則を挙げながら説明する個所があり、八〇歳の祖母が同年齢の老人たちよりしっかりしているのは強いエンドウ豆の交配の結果だろうと言う。この祖母には十人以上の兄弟姉妹があり、あとで祖母が家系の隠された事件を孫たちに語ると、彼らはショックを受ける。知らなかった家系の、良いとはいえない因縁話が孫たちを怖がらせたりもしたが、彼らには祖母の記憶がまともなのかどうかもわからなくなる。

つまり、原作には女性である「わたし」の視点が一貫しており、たまたま彼女が受け持った日々の料理、その食材、祖母の小さな畑からの小さな野菜たちなどをスケッチしながら、老女の記憶とはどういう世界なのだろうかと想像するのである。物語の終わり近くで、彼女がかき混ぜる「鍋の中」に先祖の姿や因縁のあるものたちが見えてくる。

靄の底から杓子でまぜるごとに澱りがもくもくと舞いあがってくる。茄子と油揚げと菜っぱの細片が濁流に浮き沈みしていた。／…すると味噌汁の洪水の中にちいさくチラチラと動くものをみつけた。畑土を溶かしこんだように黄土色の水面。そこに人の首と手が出ている。軸郎の首と手にちがいない。／トンカチトンカチと鉄郎が靴を打った金鎚の柄もみえる。ぷかりぷかりと浮いている。／麦子の髪の毛が流れている。／二本の杉の木が昏睡している。／山が沈んでいる。／田が沈んでいる。／家が、／牛馬が、／鶏が、／漂っている。／塵芥のようにみおろされる。／わたしは火を止めて、フタをした。／おばあさんの鍋は怖しい。[2]

軸郎は祖母の末弟、鉄郎は靴職人で軸郎の兄。麦子は祖母の妹。「わたし」は祖母から、麦子が実母であることを明かされて衝撃を受ける。

黒澤明はなぜこの小説を映画化したいと思ったのだろうか。『鍋の中』が芥川賞（一九八八年）を受賞し、話題になっていたからだろうか。祖母と孫たちの生活という、旧世代と新世代を結び付けた物語に自己のアイデアを盛り込めると思ったからだろうか。評論家の川本三郎がインタビューで、原作とはどんな出会いがあったのか、また原作では場所が特定されていないのになぜ長崎を？　と問いかけ、黒澤は次のように答えている。

　黒澤　偶然読んで、作品のシチュエーションに魅かれたんです。おばあちゃんと孫の物語。それからハワイにおばあちゃんの兄がいるのも面白いし、おしまいに孫がおばあちゃんを追いかけて行く場面が出てきて、読んでいるときにここは映画《しゃしん》のラストになるなあ、と思ったんですよ。／〔中略〕原作には原爆の話は出てこないし、ぼくは今回、特に原爆だとか、戦争反対というテーマを表面に押し出すつもりはなかったんだけど、長崎に住むおばあちゃんのことを（脚本《ほん》で）書いていったら、自然とああなったんですよ[3]。

原作について、黒澤は大まかな感想しか述べていないが、彼はこれまで企画の発表や完成後のインタビューなどでも自作を詳しく語ることはしていない。映画は言葉で説明できない、すべては完成作のなかにある、観客には自由に見てほしい、という考えだからである。

映画と原作の大きな違いは、映画のなかへ原爆問題が持ち込まれたことにある。原作には一切この問題はない。原爆問題と結びつけるために、映画では長崎市近郊と特定化して、祖父が原爆で亡くなったこと、死亡場所も遺体も不明であること、祖母には原爆への恐怖とアメリカへの嫌悪感があることなどを観客に知らせる。また、ハワイからクラークが来日すると（これも原作にはない）、忠雄と浪江、その子供たちは長崎市内を案内し、原爆の傷跡や再建された教会などを見せて回る。このあたりの説明的描写も黒澤監督が若い日本人観客に伝えておきたかったことだろうし、クラークの来日を創作挿入することで、アメリカ人との和解を入れたかったのだろう。『生きものの記録』や『夢』の「鬼哭」で強く打ち出していた反原水爆メッセージに似た思い入れである。この映画は原作から、祖母の家で夏休みを過ごす孫たち（いとこ同士）、祖母が語る昔話、ハワイからの手紙が巻き起こす事件などを借用しているが、映画のねらいは、風化する原爆の記憶への懸念と、若い世代に伝えたい平和へのメッセージにあったと思わざるをえない。

黒澤映画として見るとき、これまでの作品と大きく異なっているのは、祖母と孫たち（いずれも一〇代の若さ）が主人公であることだ。しかも作品製作時とほぼ同時代（一九九〇年夏）に設定されている。原作が発表されたのは映画化より三年ほど前になるが、回想風に書かれており、推測するともっと前の時代と思われる。原作の場所はときおり九州弁が使われる地方の山村。監督の理念（メッセージ）を別にすると、映画もまた一種の家庭劇、ホームドラマである。ただし、途中まで親たちは不在、冒頭のナレーションからわかるように、物語の視点は若い女性（たみ）のはずだった。「はず」と書いたのは、どうもこの女性の視点が映画のなかではっきりしないからだ。まずオルガンの鍵盤を押している指が現れ、女声のナレーションで「なんだかおかしな夏でした。その夏休みには奇矯なできごとばかり起りました」と聞こえてくる。カメラが退くと若い男（縦男）がオルガンをいじっていたことがわかる。ちょっと間をおいて奥から若い女性（たみ）が出て来る。つまり、カメラの視点が女性から始まっておらず、その場所にいなかった男性から始まっているのである。黒澤監督はこれまで「女性が描けない」としばしば批判されてきた。例外はあるが、女性を描いても男性的女性になってしまうと。これは仕方がないことだろう。意識的か無意識的か、男性性（と思われてきた文化慣習）を描くのを得意としてきた人だったから。それに批判者の、「黒澤映画では男性的女性になってしまう場合が多い」という指摘でさえ、その評者の女性観は従来の男性観を補完するだけかもしれない。

つまり、女性はやさしくかよわくあるべきという。

一般に、映画に原作がある場合、映画として独立して良くできていればそれでよいだろう。映画が原作より良い場合もあれば、逆の場合もある。映画が原作に即してうまく原作の味を出している場合もあれば、原作からすっかり離れていても、どこかに原作の良い味わいを残しているものもある。そして、原作から大きく離れたうえに、映画もできそこなったものがある。かつて獅子文六は自作の映画化を見て、「原作料は我慢料」と達観し、一方で、自作より良くできた映画には脱帽した。(4) 映画界では原作を勝手に手直しした脚本を使うことは珍しいことでなく、多くの原作者にとってはまさに「原作料は我慢料」だった。

とはいえ、もし、黒澤明が原作のように若い女性の視点から描いていたなら、原節子が演じた『わが青春に悔なし』の女性とはまるで異なる、新たな挑戦になっただろう。「挑戦」とは言いすぎかもしれない。もうこの時期の黒澤は肩の力を無くした自然体で、楽しく作品を撮ろうとしていた。『八月の狂詩曲』の前半はその自然体のホームドラマ風であるが、全体として構図が平板、会話も説明的で単調に映る。それは、人物たちを集合的にとらえた絵画的・舞台的な場面をゆっくりと、ほぼ観客席の視点から見せているからだろう。距離をおく語り手として、静かなホームドラマにしようと思ったのかもしれないが、原作とずいぶん違ってくる後半で、黒澤は自分のメッセージを強めていき、つい同世代の祖母へと力点を移し、最後には彼らしい力強い描写、いや激しすぎるほどの描写、八〇歳の祖母とは思えない嵐の中を進む老女――『リア王』のリアのように、また『乱』の大殿（仲代達矢）のように——を造形してしまった。このラストシーンにはまさに従来の黒澤らしいパトスがみなぎり、『生きものの記録』で三船敏郎が演じた〝もの狂い〟状態に近づいている。原作者の村田喜代子は黒澤映画に大きなとまどいと疑問を抱いて率直な感想を述べているが、その「ラストで許そう、黒澤明」のユーモラスな〝許し〟の個所を引いておく。

　この映画はある意味で苦しい映画だった。原作と脚色部分の原爆をつなぐストーリーのつぎめは、ギクシャクしている。それがラストにきて奮然と立ち直ったのである。原作も映画もかなぐり捨てて、薄明の野を、飛ぶように、踊るように、浮くように走る黒澤明。老婆の着物の裾から、あなたの長い、年とったけれど骨太い毛ズネの足が出ているぞ。／「おばあさーん」と孫や親達が黒澤婆さんのあとを追う。一所懸命に追うのである。その追う人々がスタッフ・キャストだつた。原作者、製作スタッフ、プロダクション、興行収入、名声……等々。そんなものが「監督、待ってくれ」と追いかけて行く。／最初にころんでしまうのは、孫の信二《ママ》郎である。それが原作者のわたしだった。つぎつぎと親達と孫がころぶ。それらは製作スタッフ、プロダクション、興行館、等々だ。みんな地べたにへたりこみ、おいてきぼりをくう。あとはただもう野と混然一体になった黒澤明が、至福の天地をふわふわ駈けて行く。(5)

結局、この映画は黒澤の当初の意図に反して、原爆被害のことが大きく前面に出てしまった。

黒澤の念頭には、広島と長崎の悲劇、その記憶を若い世代に継承してほしいという願いが強くあったのだ。しかし映画からは、原爆は悪だという観念的メッセージしか観客に伝わらない。反戦、反原水爆，反核保有、反原発、環境汚染などへの黒澤の思いをどのように物語のなかへ融合させるのか、前作『夢』のなかにもいくつかの逸話に仕組まれていたが、作品として成功したとは言い難い。メッセージそのものには共感する観客が大勢いたはずだが、黒澤の訴えは空回りして心に届かない。

映画完成後、黒澤は多様な活字メディアからインタビューを受けており、インタビュアーに共通した質問がふたつあった。そのひとつは「野ばら」の歌を選んだ理由、もうひとつは薔薇の茎を登っていく蟻の行列と尖端の赤い薔薇の美しさ。黒澤は自分の工夫だけしか述べていないが、これらは原作にあるのだ。「野ばら」の曲は祖母が孫へリクエストをした曲、また薔薇の枝を進む蟻たちの行先は「夕日のような白い薔薇」と書かれているのだから、原作をどう変更したのか、その理由を述べるべきだったろう。[6] 黒澤映画を熱心に見続けてきたドナルド・リチーも、『夢』や『八月の狂詩曲』に落胆しているが、後者で印象に残るふたつの場面を挙げた。ひとつは、蟻の行列と赤い薔薇へ登っていく蟻たち、ここをとても美しいと賞賛している。[7] もっとも、原作の白薔薇は赤薔薇に変わっていた。もうひとつは「野ばら」の曲をめぐるリチーの解釈である。黒澤の原爆論ではなく、いずれも原作にある描写を取り入れた場面がリチーの印象に残ったのは皮肉である。

注

(1)村田喜代子『鍋の中』文藝春秋、一九八七年、六頁。
(2)同前、八六―八八頁。
(3)「私の映画 魂《スピリット》『八月の狂詩曲』と世界の友人たち」、『大系黒澤明』第3巻、四〇六頁。初出は『現代』一九九一年五月号。
(4)獅子文六はこう語っている。「原作料というものは、劇場や撮影所が、原作を用いる代償ではない。寧ろ、原作を用いない代償――早くいえば、我慢料のごときものである。これは皮肉でも、逆説でもない。当事者間の常識に過ぎない」、『牡丹亭雑記』白水社、一九四〇年、三五頁。
(5)村田喜代子「ラストで許そう、黒澤明」、『別冊　文藝春秋』、一九六号、一九九一年・七月号(夏号)。
(6)原作者の村田喜代子は『鍋の中』で、蟻の群が薔薇の木を登る場面を二度も使っている。長いとはいえないこの小説のなかで、彼女が大事にした場面だったと思われる。

ひと群の蟻が、垣根のそばの薔薇の木に登っているのがみえた。それはなにかしらどきんとするような光景としてわたしの目にとまった。薔薇の青い茎の棘のあいだを、蟻のぎざぎざの列がゆっくりと進んで行く。／おばあさん達のお経が蟻のぎざぎざの上を流れていく。幾匹かの先頭の蟻がやがて茎を登りつめて白い薔薇の花の芯にたどりついた……。(『鍋の中』、三四頁)

庭の白い薔薇とその茎をのぼる蟻の列を目にえがいた。あの小さいもの達こそほんもののお弔いをやっているようにかんじるのだった。／蟻は刻々と薔薇の茎をのぼる。じぐざぐ、じぐざぐ……。

のぼりつめて行く先は白い夕日のような薔薇である。／おばあさんがお経を唱えなくとも、蛙と蟻が唱えている。／自然とは深いうつわのようだ……とわたしはおもった。　(同、八一―八二頁)

(7)ドナルド・リチー『増補　黒澤明の映画』三木宮彦訳、社会思想社、一九九一年、六〇九―六一〇頁。

まあだだよ

大映＝電通＝
黒澤プロダクション
一九九三年四月十七日封切

脚本は黒澤明。原作は内田百閒の連作短編[1]。物語の始まりは昭和十八年（一九四三）、大学に長年勤めたドイツ語教授（松村達雄）が作家活動に専念するため、学生たちへ退職を告げる。学生たちは「仰げば尊し」を歌って師を送り、以後も「先生」を慕う教え子たち、中年となった高山（井川比佐志）、甘木（所ジョージ）、桐山（油井昌由樹）、沢村（寺尾聰）らがしばしば師を訪ねて来る。先生の引越し先は泥棒が何度も入った貸し家。ある日、先生は還暦祝いに彼らほかを招いて、夫人（香川京子）ともども鍋を囲む。戦時下でもあり、先生の家は空襲で焼失、掘立小屋のわび住まいも先生は『方丈記』流にがまんの生活。昭和二十一年、門下生たちが第一回「摩阿陀会」を開く。先生に死ぬのは「まあだかい?」と聞く会である。狂騒気味の大宴会となる。新しい家ができたあと、愛猫の失踪で先生は大消沈。昭和三十七年、第十七回「摩阿陀会」は先生の喜寿の会である。体調をくずした先生は早めに帰宅し、布団のなかで見る夢は子供時代の隠れん坊だった。

〈フジカラー・ビスタビジョン・一三四分〉

映画の逸話は、内田百閒の還暦会以降、毎年、教え子たちが開いた「摩阿陀会」から題材を得ている。冒頭で、主人公のドイツ語教授は退職の言葉を述べる。教室の教え子一同は感きわまり、期せずして「仰げば尊し」を唱和する。画面全体を埋め尽くす制服の黒ずくめの若者たち。ここから映画が終わるまで、先生も、中年になった教え子たちも、たわいない会話を続け、饒舌家の先生がときに警句めいたセリフや毒舌、あるいは洒脱な言葉を吐くと、中年の男たちは嬉々として納得し、大笑いする。よく言えば、この映画は「師たる自己」を意識的に演じた主人公と、「師を敬愛する弟子たち」を意識的に演じたもと学生たちとの「心あたたまる」、いや「熱すぎる交流」を描いている。だが、この映画を当時に見た筆者の印象は、「すべてが私と縁遠い」というものだった。その原因は何だったのか。

まず、「異様さ」の印象。これは物語の中心軸が主人公の還暦鍋会も含む、中年同窓会（のような）「摩阿陀会」にあったからだろう。男たちだけの、おやじ集団、戦前の文部省唱歌か「オイチニ」しか歌わない人々。主人公の奥さん以外、女性がほとんど登場しない男たちだけの世界。しかも奥さんは戦前型の控えめな、夫に尽くす女性。最後の喜寿の会では、さすがに男たちの家族である連れ合いやその子供たちも登場はするが、カメラは強い関心を向けない。筆者の眼には男たちの異様な集団映画に映ってしまった。しかも私は個人的に「式」の付く行事や、宴会・パーティなどが嫌いな五〇男だった。

「古めかしさ」もその一因。現代性の欠如はともかく、なるほど、師弟の熱い絆や温かく長年続く交流は物語であれ現実であれ、見聞しないことではない。六〇歳の還暦祝いだって、主人公が生きた時代ではふつうの習慣だったはずだ。いや、映画公開時点でも珍しいことではなかっただろう。物語の始まりは戦時下の東京、時代設定が「古めかしい」というわけでもない。時代設定がもっと古い映画はいくらでもある。では、使われる唄が古めかしいものばかりだったからだろうか。冒頭の主人公退職のあと、「東京、昭和十八年」の文字が出て、出征兵士を送る列がさらりと映され、先生の引越しへとカメラが横移動するとき、かすかに「椰子の実」の唄声が流れる。冒頭の「仰げば尊し」、続く「椰子の実」、還暦鍋の会でまた「仰げば尊し」、戦後の粗末な小屋で「月」（出た出た月が〜）、最初の「摩阿陀会」では「おつきさま」（お月様えらいな〜）、再び「月」、そして「オイチニの薬屋さん」の何番も続く長い唄で、一同が異様に盛り上がる。まるで男たちのお祭り、かつがれる神輿は主人公先生。街頭では「リンゴの唄」、猫のノラ失踪騒ぎのあとの「大黒様」（大きなふくろをかたにかけ〜）、「摩阿陀会」第十七回兼誕生祝いの「ハッピーバースデートゥーユー」、三度目（！）の「仰げば尊し」等々、かつて文部省唱歌として歌われた唄も多い。明治期半ば生まれの主人公、明治末期生まれの監督だからこれでよかったのか、もう対位法云々はともかく、映し出される映像と葛藤する音楽、あるいは映像と距離を置く音楽の設計は見られない。音楽担当の池辺晋一郎はどう思ったのだろうか。

　さらに、映画中の弟子たちが先生の一言半句、一挙手一投足に感心し、大笑いし、手を叩き、つねに大げさと思えるほどの反応を示すこと。これはテレビのショーやお笑い番組がやらせで行う客の過剰反応、共演者の同調演技にも似て、それを見る外部の視聴者・観客を興ざめさせてしまったのではないか。宴会で主人公が「オイチニの薬屋さん」を歌うと、みんなが「オイチニ」を唱和しながら、両手を相手の背後から肩に乗せて連なり、ぐるぐる回り始める狂騒ぶり。日本経済バブル期のドイツ風ビヤホールで、ドイツ民謡を歌いながら列をなして踊った企業戦士あがりのおじさんたち、そのイメージとも重なる。先生夫妻の愛猫ノラが行方不明になると、先生は涙を流すほど心配し、いい年の弟子たちは右往左往して猫探しに奔走する。スクリーン内の大騒ぎが過剰なので、スクリーン外の観客は置いてきぼり。

それに、公開時のほぼ一年前にはすでに経済バブルが終焉しており、不況と就職困難期へ入り、一九九三年には「就職氷河期」が始まった。この言葉は翌年には流行語になっていく。先行きの暗さを感じさせたそのころ、『まあだだよ』という、暢気な映画を見せられたのである。

このように、筆者は黒澤監督の遺作を残念に思ったが、一方、監督より一歳年長、ほぼ同世代の淀川長治はこの作品を温かく、またやさしく受け入れている。例の、短い語りかける口調で。

これを見た若い人に片っぱしから聞いてみた。照れくさい。時代おくれ。ついてゆけない。私は唸った。馬鹿かと思った。しかし、日本中がいまみんな、この温かさを受けつけなくなった。怖いし、悲しい。／まことに美しく私は泣いた。内田百閒（１９８９―１９７１）原作。豊かだ。品格あふれる。映画は、松村達雄の教師、今は学校を離れての文筆。夫人と2人ぐらし。小さな狭い家。猫一匹を飼って息子のごとく愛している。この廃業教師に、かつての生徒、今は中年連中が教師を慕い集まって来る。この男たちと教師の愛の描き方を〝照れくさい〟と若いのが言った。干からびた地面からは、このような枯れ木の若者が伸びるのか。この映画、乾いた土に水の湿りを与える。

（淀川長治『産経新聞』一九九三年三月二日）

筆者（岩本）の感想は、淀川長治から「馬鹿」と呼ばれた若者と同類であり、筆者の年齢を考えれば「大馬鹿」の類に入りそうだ。長年、黒澤と交流を続け、彼の映画を深く批評し、客観的にも分析してきたドナルド・リチー、彼の『まあだだよ』論も全体としては理解と温かさに包まれている。ただし、物語とその表現をていねいに追いながら、リチーの印象に強く余韻を残したのは、ラストで老教授が見る夢、そこに自分を投影させた黒澤の姿だった。黒澤の「まあだだよ」は夢で終わる。黒澤においては、夢は引き続き一定の役を演じている。「夢」の場合だけでなく「酔いどれ天使」や「影武者」でもそうだった。「まあだだよ」では、元教授の先生は、子どもになった自分の夢を見る。稲刈りの後、わらを積み上げた田んぼで仲間と隠れんぼをしている。先生はわらの山に隠れるのに一所懸命になって、美しい夏の雲を見るのを忘れてしまうのだ。／監督の手は、神の手のように卒直になる。この夢のイメージは感動的である。なぜなら、それまでの老教授は多分に黒澤の感情を託するための存在だったが、ここで老教授は自分自身の子ども時代に戻って眠っているのだ。

／イメージの雲は、眠っている先生の気持ちを変えてゆく。／先生は、今度は「まあだだよ」とは答えないかも知れない。(2)

「黒澤天皇」という異名をもらった監督だったが、周辺の多くの人が語っているように、人間黒澤明は現場以外ではやさしい人だったようだ。『まあだだよ』は黒澤監督の遺作となった。映画公開のあと、五年後に彼は他界した。

注

(1)映画のクレジットには、原作『新輯内田百閒全集』福武書店版とあるが、これは全三三巻に及び、「摩阿陀会」関連がまとめられているわけではないので、映画公開より一足早く刊行された文庫版『まあだかい』(福武書店、一九九三年)が便利である。

(2)ドナルド・リチー、前掲書『増補 黒澤明の映画』六一九頁。

＊付記 文庫版『まあだかい』の解説で、黒澤自身は見ていないがと断りつつ、戦前の映画に『頰白先生』(一九三九年)という百閒原作の映画があったことにふれている。この映画は現存しているのかどうか不明で、国立フィルム・アーカイヴにも所蔵されていないので、筆者も未見である。古川ロッパ主演、阿部豊監督の東宝映画。当時の批評では小品扱いで、当時気鋭の批評家・岩崎昶は日本映画における「心境映画」の例として『頰白先生』を挙げ、諦観と低徊趣味を批判した。岩崎昶「日本映画の様式」、『映画と現実』一九三九年。『日本戦前映画論集――映画理論の再発見』に再録、アーロン・ジェロー、岩本憲児、マーク・ノーネス編、ゆまに書房、二〇一八年。

第六章

表現主義・ドストエフスキー・巨匠の条件

『白痴』広告、『キネマ旬報』1951年4月下旬号

一、幽鬼の肖像——黒澤明と表現主義

黒澤作品には忘れがたい登場人物が何人かいる。登場人物というより、鮮烈な「容貌」「姿」または瞬時の「イメージ」を刻印する人物といったほうがいいかもしれない。たとえば、『續姿三四郎』の敵役・檜垣源三郎、『酔いどれ天使』の肺結核に冒されたヤクザ、『醜聞（スキャンダル）』の堕落した弁護士、そして『生きる』の主人公などがそうである。

1　正邪の境界

唐手の手練者、檜垣源三郎（河野秋武）は『續姿三四郎』に登場する。彼は姿三四郎（藤田進）の敵役、柔術家・檜垣源之助（月形龍之介）の末弟であり、次兄の鉄心（月形龍之介、二役）にともなわれ、三四郎がいる修道館道場を訪れる。とはいっても、むろん長兄・源之助の仇をとるためであり、仇討ちと道場破りを決意した兄弟には殺意がみなぎっている。道場の玄関に立つ二人。鉄心を演じる月形龍之介もなかなか特異な容貌と風体を見せるが、その横に立つ源三郎にはさらに異様な雰囲気、妖気が漂っている。黒髪はばさりと無造作に両肩へかかり、右手に持った笹は、はじめは地面を撫で、ついで肩へと担がれる。続く道場内の場面は、画面手前に修道館の数人が後ろ姿で並んで立ち、中央奥から例の二人が入ってくる。左上の窓から入った光が画面を横切って右下に落ち、光と影の列が対角線上に明暗をきわだたせる。『市民ケーン』の資料部屋のシーンにも匹敵する明暗の光の対照、光と影の階層は善と悪の対立というよりも、正と邪の対立、陽と陰の対立を視覚的にも強く印象づける。

図1　道場に立つ檜垣源三郎（河野秋武）、『續姿三四郎』1945年

この檜垣兄弟の風体については、シナリオに「行者に似た異様な服装の二人連れ」「二人は総髪に、一人は百日鬘《かづら》に近く荒々しい髪をのばして、何か妖気に似たものをただよわせている」と簡潔に書かれており、荒々しく、異様で、妖気漂うものが意図されている。映画では、髪を伸ばして後ろに撫で付けた総髪姿が鉄心で、弟の源三郎のイメージは能の扮装からアイデアを得たという（図1）。能面のごとき無表情、鉄心より長い黒髪。黒澤自身の回想によれば、「頭には、能の黒頭の様な鬘《かづら》をかぶせ、顔を白塗りにし、唇を口紅で真赤に染め、白装束を附けさせて、手には狂い笹（能の狂人の持物）を持たせた」とある。(1) 能の〝黒頭《くろがしら》〟は、男性の亡霊・妖怪・神体

などの鬘とされるので、源三郎にはそのような異人性が暗示されることになり、笹を持っていることからもそれが示される。古来、笹や榊は巫女やシャーマンが神霊を招き寄せる依代《よりしろ》であったから、〃もの狂い〃が手にする笹もその系譜にあり、源三郎の異人性と妖気とが強調されるのである。

道場で鉄心と源三郎の二人が羽目板近くに立つと、鉄心の黒い影が鉄心より大きく不気味に羽目板に映って動く。真っ黒な影にまるで鉄心たちの殺気が乗り移ったかのように、あるいは影こそが二人の本体であるかのように、影は大きくて不気味だ。そして光と影の階層の中を進んできた二人は姿三四郎と対峙する。画面一杯に三人の緊迫した顔がクロースアップでとらえられる。三者、とくに三四郎と源三郎の鼻を突き合せんばかりのにらみ合いのあと、源三郎は背中を向けてすり足で遠ざかり、くるりと回ってこちらを向き、また背中を見せるという動きをする。これも能の舞の足運び、身体運び、「回る」こと、すなわち「舞う」ことを繰り返しながら神霊を身体に降りさせる、その神がかり状態を示すが、源三郎には三四郎とのにらみ合いにも人間的、私的感情が見られなかったように、その無表情ぶりが逆に凄みを感じさせる。ただし、鉄心ともども、兄弟は現世の利害関係、欲得や名声すら超越しており、三四郎との闘いは〃武術家〃としてだけの闘い、挑戦であるから、兄弟は映画のなかの敵役ではあっても。〃悪役〃ではないし、〃悪人〃でもない。礼など無視して勝つこと、勝利にのみ執着するため、矢野正五郎（大河内伝次郎）をして、二人の唐手を「武術とは認めない」と言わせることになる。映画では修道館の人間形成としての柔道と、檜垣兄弟の勝利への意地だけの唐手とが、正道と邪道の対立として描かれる。

ラストの雪山における決闘シーンでは、鉄心の闘いぶりが印象的だ。闘いぶりというより、気迫や顔の表情、そして何よりも獣のような気合い、雄たけびがすさまじい。肉体同士のぶつかり合いや、闘いの技術と迫力では最近の映画表現には負けそうだが、人の声ならぬ獣性を持つ裂帛の気合い、雪山にこだまする叫び声が胸に響く。それはまるで、道場に映った大きな黒い影が発する雄たけび、人間・姿三四郎と対峙する、獣・鉄心と異人・源三郎の悲しい叫びのようにも聞こえる。人性を超える影、人性を超える声。『續姿三四郎』は黒澤作品の敵役が主役よりもその存在を強く自己主張する映画となった。〝もの狂い〟の末弟に扮する河野秋武は、前作『姿三四郎』では三四郎の兄弟子である壇義磨、すなわち修道館道場側の人物に扮しており、まさに同一俳優が正邪を演じるポジとネガの関係になっているのが面白い。ちなみに、『續姿三四郎』の壇義磨役は森雅之である。黒澤明の能への傾倒と、能が映画作品へ与えた影響は、その後『蜘蛛巣城』『乱』『夢』などに色濃く現れることになる。

2　さまよう魂

『酔いどれ天使』の肺結核に冒されたヤクザ・松永（三船敏郎）、彼もまた本来の主人公である酔いどれ医者・真田（志村喬）を超えて、その存在を観客へ強烈に印象づける人物となった。

『姿三四郎』（正続）の主要人物たちが正邪の対立にあったとすれば、『酔いどれ天使』は一見、善悪の対立のように見える。世間の正常な生業《なりわい》で暮らす人々と、そこから外れた悪行、悪徳、非道によって生きるヤクザたちとを対比させているからだ。しかし、この映画はそのような外見上の善悪の対立を見せながらも、最終的には松永個人の中の善悪、その内なる対立、内なる葛藤へと収斂していく。松永が肺結核に冒されているという設定自体、内なる病毒に苦しむ人間の弱さを浮彫りにする。

松永の顔に病魔が進行する陰りが出始めるのは、レントゲン写真を懐に、酔っ払って真田のところへ転がり込む、そのときからだろうか。そのあともしばらくは松永のカラ元気が続くが、賭場での喀血のあと、どぶ沼を前に、斜めにかしいだ杭を背にぽつんともたれている後ろ姿は寂しくて痛々しい。支える杭自体がいまにも倒れそうで、そこに松永の身体が辛うじて斜めに寄りかかっている。背後からとらえたその身体は、松永の孤独と存在のあやうさ、希薄さを暗示する。どぶ沼に浮かぶ捨てられた人形が象徴的でもある。松永は悪夢を見る。海辺に打ち上げられた棺桶、黒服に白いマフラーの松永がそれを叩き割る。開いた棺桶から立ち上がる死相の松永（分身）、海岸を走って逃げる黒服の松永。逃げる松永の足はもどかしく、スローモーションでとらえられた身体の動きはまるで浮遊しているようだ。彼を追いかける死者の松永。

そして映画の終盤部、心身ともにぼろぼろの松永は兄貴分の岡田（山本礼三郎）と対決する。松永の顔はやせ細り、頬骨が出て眼のまわりや頬に暗い陰が差し、眼だけがぎらぎらと光る、いまは岡田の情婦となった女（木暮実千代）の一室、そこには三面鏡があり、ナイフを構えた松永の三体を反射する。鏡は必死の松永をその向こうへ、つまり死の世界へ誘うかのごとく鋭く、しかし冷徹に映し出す。形勢逆転、壁際に追い詰められてずり落ちる松永の顔には死の影が宿っており、鬼気迫る顔だ（図2）。この顔こそ、〝幽鬼の肖像〟と呼ぶにふさわしい。私がここで〝幽鬼〟と呼ぶのは、松永が無念の思いで生者と死者の境界領域でさまよう、その魂の苦闘するエネルギーゆえである。争いつつ、部屋から外の廊下へ転がり出る二人。廊下の先へと逃げる松永をカメラの眼、つまり岡田が追いかける。塗装中のペンキ缶を倒し、闘争する二人は白ペンキでぬるぬる状態になる。この死闘は『野良犬』のラストを予期させもするが、黒澤が好む能よりも歌舞伎の殺しの美学、たとえば『女殺油地獄』の油にまみれながらの殺しの場を想起させる。その行為は残忍で、その結果はむなしく、生きるも死ぬも人間たちは哀れだ。

図2　追い詰められた松永（三船敏郎）、『酔いどれ天使』1948年

　激しくもむなしいこの闘争のクライマックスで、美しい旋律が響き始める。松永は二階の廊下の端、外の

物干し台へと続くドアを押し開こうとする。その瞬間、ナイフで刺され、松永は屋根に設けられた物干し場で仰向けに倒れて、ことされる。さわやかな風にたなびく洗濯もの。カメラは高所から仰向けの松永と洗濯ものをとらえ、道を外れてさまよった魂、苦悶して出口を探した魂、幽鬼となったその魂が浄化されたこと、大空に解放されて天へ昇っていくであろうことを暗示する。じつに美しく鮮烈なシーンであり、激しい苦しみのなかから死を超えた生の安らぎが画面に充満する。

さまよう魂は、『醜聞(スキャンダル)』の悪徳弁護士・蛭田(志村喬)にもみられるが、この男は悪徳というより小心者、気弱で臆病な人間なので、悪の強さに欠ける分、内なる善悪の葛藤もスケールが小さく、〝幽鬼〟にはなりえない。一方、『生きる』の市民課長・渡辺勘治(志村喬)は気弱で小心者という点で『醜聞(スキャンダル)』の蛭田と同じだが、渡辺は『酔いどれ天使』の松永と同じく病魔(胃癌)に冒され、生死の境目に立たされているので、さまよう魂が抱え込む負のエネルギーは大きい。彼は余命いくばくもないことを自覚したあと、メフィストフェレス的文士(伊藤雄之助)に喧騒の巷を引き回され、たどりついたキャバレーで歌を歌わされる。陽気で騒々しいその場所で、渡辺が所望した「ゴンドラの唄」のピアノ伴奏が鳴り始めると、うつむきかげんの渡辺はまるでお葬式のように暗く沈んだ声で歌い始める。さまよう魂と呼ぶよりも、呆けて自己をなくした魂とでも呼ぶほかはないが、これと同様の現象は、彼がかつての部下・若い娘(小田切みき)とデートを重ねる場面、とりわけレストランの二階でその娘に愛想をつかされる場面、そして一転、渡辺亡きあとに警官が回想を語る——渡辺が夜の公園でひとりぽつんとブランコに乗って歌う「ゴンドラの唄」の場面——計三回ほどに見てとれる。そのいずれにおいても、渡辺勘治の顔は現実の彼方、ここにはない別の世界を向いている。

もし〝幽鬼〟を、人間の魂魄が浮遊する状態、無念の思いを残したまま地上から飛翔しえない状態にあるものと定義するなら、『生きる』の主人公・渡辺勘治は生死の境界で、〝幽鬼〟志願者、〝幽鬼〟候補者として現実と異界との間を漂っていたといえるだろう。ただ、彼は自分なりの〝善行〟をなしとげたことによって、死後、その魂は浄化されたと考えられる。したがって葬式の祭壇に飾られた彼の遺影、写真の顔には安らぎとやさしさが見られる。

無念の思いで死にきれなかった人間たち。『夢』の第四話「トンネル」には、まさにこのような人間たち、いや死者たちが登場する。第四話は一八分ほどの短編で、その冒頭で、戦争から復員したらしいもと将校（寺尾聰）が歩いてトンネルを通りかかる。すると、一匹の狂犬がうなりながらトンネルから出てくる。狂犬を避けながら彼がどうにかトンネルを通り抜けると、電柱にぽつんと赤い電球がぶら下がっている。トンネルを振り返ると、暗闇から行進の足音が聞こえてくる。足音がトンネルから前進してきて止まると、青い顔の兵士たちが整列している。最前列の兵士が「中隊長殿、自分は本当に戦死したのでありますか?」と、中隊長すなわち復員将校に問いかける。小隊が全滅したこと、皆が戦死したこと、中隊長だけが生き残ったことが、中隊長だったもと将校の口から説明される。整列した兵士たちの顔はすべて青い。顔色が「青ざめた」という意味の青ではなく、青色そのものの顔なのである。兵士たちは異国で戦死し、故郷に帰れないまま彼らの魂が地上の闇をさまよっているのだ。彼らはその姿からしてまさに〝幽鬼〟である。しかし、『夢』を構成するエピソードの多くが黒澤明の一人夢、つまり他人にとっては衝撃も感動もないただの夢でしかないように、「トンネル」の幽鬼たちも単なる「青い顔の兵士たち」以上の印象を与えない。戦死者たちの鎮魂という重い主題を持っているにもかかわらず。

このことは、第七話「鬼哭」にも当てはまる。「鬼哭」には、もと人間だった一本角の鬼が登場する。この鬼もまた見かけどおりの青い幽鬼であるが、「水爆やミサイルがかつてのお花畑を砂漠に変えた」と嘆き顔に説明する。「トンネル」も「鬼哭」も〝夢〟にしては理屈・説明・弁解が多く、黒澤明の生のメッセージ、現世への憤慨がまともに露出している。まるで戦前のプロレタリア絵画時代へ戻ったかのような直接的表現、絵で見せる政治的紙芝居、プロパガンダ的映画へと逆戻りしてしまった。「トンネル」や「鬼哭」の幽鬼たちが私の心を打たないのは、それぞれの主題が言葉ですべて説明されており、画面は絵コンテ以上のものを出ないからだ。黒澤明が言いたいことの枠内に収まった映画。画面からはみ出たり、画面を超えていく力を持たなかった映画、それが「トンネル」であり「鬼哭」である。

3　黒澤明と表現主義

黒澤演出について重厚なリアリズムとか、本物志向とか言われるようになったのは、『七人の侍』や『赤ひげ』の美術全般、つまり大道具・小道具・衣装・メーク等に時代色、古色、使い古しの本物らしさ、ある程度実証性がともなう本物らしさに監督がこだわったためだろう。しかし、黒澤演出はいつも〝過剰表現〟であり、それは第一作からそうだった。『姿三四郎』正編に戻って、増村保造監督の言葉を聞いてみよう。

最後の大詰、藤田進と月形龍之介の千鳥ヶ淵の一騎打ちとなると、コマ落としのテクニックを使って、草は乱れ伏し、雲は矢のように飛ぶ壮絶な対決シーンを描き出しているのである。天然現象、自然物までも人工的に歪曲し、講談調の張り扇をそのまま画面化するのだから、まさに異常な作画力であり、人並み外れた卓抜な表現能力と言えるのではあるまいか。……

フォード〔監督ジョン・フォード〕の画面より、黒澤さんのそれは、はるかに絵画的であり、人工的であり、入念な細工と華麗な装飾が施してあって、一種異常な魅力と魔力を持っているのだ。強いて世界映画史上に類例を求めるならば、ドイツ表現主義の巨匠、フリッツ・ラングの作画力が黒澤さんに匹敵するだろう。第一次大戦後の異常に歪んだドイツ人の心理を表現しようとしたラングは、流石に平凡な写実的画面を作らなかった。現実そのものを人工的に変改し、装飾し、異様な効果を作ろうと努力した。美術から照明、独特なアングルや移動撮影、あらゆる映画のテクニックをフルに活用して、おどろおどろした鳴物入りのような画面を必死に創造したのである。(2)

増村保造は黒澤明とドイツ表現主義の結びつき、とりわけフリッツ・ラングとの近似した特徴を挙げていて卓見である。映画評論家・白井佳夫も増村の見解に近く「黒澤表現主義」という言葉を使う。

『どですかでん』で非常に面白いと思ったのは、ははあ、色がつくと黒澤映画は表現主義になるのか、ということなんです。乞食の親子の話、あれなんかはドイツ表現主義、ロベルト・ウィーネ監督の『カリガリ博士』(19年〔一九一九年〕)の世界ですよ。黒澤さんは初期の作品から黒白スタンダード画面の作品世界を人工的に、自由自在にデフォルメして画面をつくっていく表現主義の傾向が顕著に見られた。(3)

モノクロ作品における光と影の強いコントラスト、顔のメークのデフォルメや演技の誇張、初のカラー作品『どですかでん』に明白な、強烈な色彩と人工的かつ主観的世界、これらはたしかに一九二〇年代のドイツ表現主義映画、あるいはそれに先だつ表現主義絵画(『夢』ではゴッホまで遡るが)と通じるものがある。本書の序章(「黒澤明――視覚の人」)で筆者(岩本)がふれたように、「視覚の人」黒澤明にはサイレント・モノクロ映画時代の映像体験が深い影響を与えていると推測できる。

ドイツ表現主義映画と黒澤作品との密接な関係は、「作画力」や「デフォルメ」という視覚表現にとどまらない。前述した。〝幽鬼〟の群れ、光、ろうそく、鏡、影、魂、分身、怪人、魔術師、狂人、亡霊、骸骨、異界などの現象と結びつく世界こそ、ドイツ表現主義映画の大きな特徴である。一九一〇年代から二〇年代にかけて製作された『プラーグの大学生』『巨人ゴーレム』『カリガリ博士』『朝から夜中まで』『死滅の谷』『吸血鬼ノスフェラトゥ』『ドクトル・マブゼ』『戦《おのの》く影』『裏町の怪老窟』『最後の人』『ファウスト』等々、多数の作品が当時の日本でも公開されていた。なかでフリッツ・ラング作品は『死滅の谷』『ドクトル・マブゼ』（二部作だが、日本では一本にまとめた短縮版を公開）のほかに、大作『ニーベルンゲン』（第一部『ジークフリート』、第二部『クリームヒルトの復讐』）『メトロポリス』『スピオーネ』『月世界の女』がサイレント作品、『M』『怪人マブゼ博士』がトーキー初期作品で、これらの作品はいまでは映画史上の古典となっている。

フリッツ・ラングは『ジークフリート』（一九二四年）でゲルマン民族の神話的叙事詩を、『メトロポリス』（一九二六年）で機械時代の近未来社会を、それぞれ壮大なスケールで描いた。ともにスタジオ内セット中心の撮影であり、人工的な物語空間をこしらえている。表現主義は内なる感情・主観の赤裸々な表出とされ、客観的現実を前提とするリアリズムとは対極の位置にある。表現主義の主題には、機械文明と資本主義社会における個人の不安・人間性喪失の危機感、反抗精神、あるいは自己と他者・内界と外界との不適応関係などが多く、とりわけ映画群に先立つ戯曲群ではそうである。たとえばラインハルト・ゾルゲの『乞う人』（一九一二年）、ゲオルク・カイザーの『朝から夜中まで』（一九一六年）、ワルター・ハーゼンクレーファーの『人間』（一九一八年）、エルンスト・トラーの『群集＝人間』（一九二〇年）等々。

黒澤作品は必ずしもドイツ表現主義の主題に沿うものではないし、表現主義よりも健全志向が強いが、強いて言えば、近代文明が生み出した巨大な毒、水爆に恐怖し狂気に逃げる主人公を描いた『生きものの記録』、このテーマと人物造形は一九一〇年代のドイツ表現主義の戯曲や舞台に近いかもしれない。あるいは、近代社会からはみ出した人々が住む世界『どですかでん』も。

しかし、フリッツ・ラングと黒澤明を比べるとき私が想起するのは、『ジークフリート』の神話的なゲルマンの森、巨大な樹木が密生する人工の森と、『蜘蛛巣城』の深山の森のイメージとの対比である。シェイクスピアの『マクベス』を戦国時代の日本へ置き換えた『蜘蛛巣城』は、その主題はともかく、その様式性において人工の極地に達しており、増村保造の言う「作画力」は比類がない。

映画が始まってまもなく、馬上の武将・鷲津武時（三船敏郎）と三木義明（千秋実）の二人は深い霧と森のなかで道を失い、帰るべき城を探して行きつ戻りつ、馬を駆りながら迷路の森、蜘蛛巣城ならぬ蜘蛛巣の森に囚われる。馬の足音と、ときおりのいななきのみを聞かせ、霧の中にさまよう二騎は私たちの眼前からも薄れ、消え、再び現れてはまた姿を消していく。白黒の画面に漂う灰色の霧、現れては消える二騎の黒い影。光と影の微妙な諧調は水墨画のように美しく、また幻想的である（図3）。マクベスならぬ鷲津武時がこの森で道を失い、途中で出会った妖婆から予言を受け、結局、最後は「出口なし」の状況に陥るとき、この一徹な武将が自己を失い、さまよう魂となること、〝幽鬼〟となって森にさまよい続けることを私たちは感じとる。深い霧、暗い森、雷鳴、妖婆、予言、殺戮、亡霊たち、死者たち……まさにドイツ表現主義映画群の怪奇、神秘、運命観と相通じるものがある。

図3 霧のなかに迷う武将たち、鷲津（右、三船敏郎）と三木（千秋実）、『蜘蛛巣城』1957年

「色がつくと黒澤映画は表現主義になるのか」と白井佳夫が納得した『どですかでん』のあと、黒澤明には『デルス・ウザーラ』『影武者』『乱』『夢』『八月の狂詩曲』『まあだだよ』の六作品がある。なかで異色なのは極東シベリアで撮影した『デルス・ウザーラ』だろう。激しいドラマ、対立と葛藤、荒ぶる自然、デフォルメした世界などをこしらえてきた黒澤は、シベリアの大地でむしろ淡々とした穏やかな映画を仕上げた。自然体で生き、自然とともに生きる猟師・デルス・ウザーラが主人公だったせいもあるだろうし、シベリアの大自然を舞台としてロケーション中心に撮影したからでもあるだろう。『影武者』と『乱』は絵巻物風と評

されることも多いが、その色彩感覚は油彩画的であり、あるいは安土桃山時代風の絢爛豪華な極彩色である。『影武者』以降、筆者が黒澤明の世界へ入り込めなくなっていったことの理由をいくつか挙げると、色彩やドラマの過剰さ（セリフの過剰も含めて）に辟易したこと、色彩があふれていくのに比例して、影がなくなってしまったことなど、いくつかの原因は考えられる。

遺作となった『まあだだよ』。この映画では「激しいドラマ、対立と葛藤、荒ぶる自然」などはすべて消え去り、ごく日常的な師弟愛のエピソードだけで綴られている。時代は〝大東亜戦争〟末期――いまで言うアジア・太平洋戦争末期――暗く厳しい生活が背景にあったはずだが、事件といえば、猫がいなくなったための大騒ぎくらい。しかし、還暦祝いという世間によくある光景がこの映画では異常な力をこめて描かれており、その力んだ演出と画面が異様な光景を作り出している。主人公の、もとドイツ語教師・百閒先生（松村達雄）、その六一歳のお祝いに集う教え子たち。中年男性たちだけの会。ひたすら師を称え、甘え、笑いさんざめき、隠し芸をやり、歌い、踊る。はては百閒先生までもが音頭をとって「オイチニの薬屋さん」の唄、敗戦直後の世相を痛烈に風刺した歌詞を歌い始めると、一同が唱和して列を組み、足踏み鳴らして踊りだす。会場一杯にあふれる異様な熱気とエネルギー。ときに黒澤明は八三歳。「人生はまあだだよ」と大声で言いたかったのだろうか。ラストシーンは、幼年時代のかくれんぼの夢。野原で主人公らしい子供が一人、画面手前のわら束（ゴッホの「干し草の山のある畑」のわら束？）に隠れようとして夕焼けに気がつき、空を見上げる。空はパステル画のような淡い色の雲、ピンク、黄、黄緑などが流れている。このラストは不思議だ。遠くにいる。〝鬼〟役の子供たちは七人、隠れている子供は一人。隠れたまま、もう出てこないかもしれない子供、それは百閒＝黒澤老人の死を予兆するのだろうか。一人を探す七人の子供たち。夢だから不思議でもかまわないが……。

注

(1)黒澤明『蝦蟇の油　自伝のようなもの』岩波書店、同時代ライブラリー、一九九〇年、二五四頁。

(2)増村保造「壮大にして悲壮な天才」、『黒澤明集成』キネマ旬報社、一九八九年、一〇―一一頁（初出は『キネマ旬報』一九七四年五月下旬号）。

(3)『異説・黒澤明』文藝春秋、文春文庫ビジュアル版、一九九四年、八八―八九頁。白井佳夫・尾形敏朗・早川光の三者による座談会を収録したこの文献では、黒澤明の未完に終わった映画、頓挫した企画にも重要な意味が与えられており、興味深い。

二、黒澤明――ドストエフスキーの星の下に

黒澤映画の同時代批評を覗いていくと、喉元に刺さったままのひとつの小さな骨がある。い

や、じつは喉元からはみ出る巨大な骨かもしれない。一九五一年五月に公開された黒澤版『白痴』が、当時の批評で多くの酷評を受けたことは前述したとおりである。原作は幾人もの主要人物を複雑にからませた長編小説だったから、映画への翻案に当たって登場人物の整理や省略、役割の兼担などが行われたうえ、完成版の四時間二五分から、短期ロードショー版の三時間、そして一般公開版の二時間四六分へと大幅に短縮されてしまった。カットした個所をつなぐために、黒澤は物語や情景描写を字幕の文章で説明するはめになった。これまで大半の人々は不完全版を見ていたことになる。これでは当時の評者たちが映画をよく理解できず、とまどってしまったことにも納得がいく。彼らの多くが原作を読んでいないとしたら、なおさらである。一方、黒澤は原作を何度も読みこんでおり、撮影現場での演出に迷いが生じると、助監督に携帯させていた原作に立ち戻って指針にしたという。

この章では、同時代の新聞・週刊誌・雑誌ではなく、のちに黒澤明作品を深く論じた評論家や研究者たちの『白痴』評を覗いてみよう。彼らが不完全版を見たことに変わりはないが、時代を経て、少しづつ『白痴』への解釈が深まっていくのがわかってくる。まず、ドナルド・リチー（一九二四―二〇一三）がその一人であり、彼が一九六五年に英語で著した『黒澤明の映画』は本格的な黒澤論の最初の一冊だった。[1]大戦後まもなく来日したリチーは早くから日本映画に惹かれており、『酔いどれ天使』の撮影現場も訪れていた。英語による本格的な日本映画紹介書ともいうべき『日本映画――芸術と産業』[2]（一九五九年）はジョゼフ・アンダーソンとの共著で、同書には黒澤明の序文が寄せられている。この本は日本映画の草創期から一九五〇年代まで、時代の流れと主要な監督や俳優たち、さまざまなジャンルの映画にまでふれた好著であるが、不思議なことに『白痴』への言及がない。推測すると、リチーが一九四九年にコロンビア大学へ入り、日本へは一九五三年に戻ってきたので、公開時の『白痴』を見逃したのだろう。しかし、『黒澤明の映画』には詳述されているので、黒澤論を書くためにじっくり見たことはたしかだ。リチーの『白痴』評は日本の大方の評者たちに近く、成功作とはみていない。その大きな理由は、黒澤明があまりにドストエフスキーに忠実になりすぎたための破綻と判断しているが、原作の『白痴』にも、ドストエフスキーにも深くはふれていない。翻案映画としての違和感を具体的に指摘しながら、「登場人物の造型に完全に失敗したほか、配役面でも〔黒澤は〕生涯にただ一度の失敗を犯した」と、森雅之の亀田（ムイシキン）役にはあわれさがあっても高貴さが出ていないことを残念がった（『増補　黒澤明の映画』、一二三頁）。そして原節子が演じた那須妙子（ナスターシャ）のメーク・衣装ほか印象全体がジャン・コクトーの『オルフェ』に出演したマリア・カザレスを想起させ、滑稽にしか見えないと。『オルフェ』は一九五一年四月に日本で公開されており、黒澤が試写か映画館かで見ていた可能性はあるものの、影響関係はわからない。たしかにリチーの指摘にはなるほどと思わせる強い類似性を感じてしまう。ただしリチーは、『白痴』にはその後の黒澤作品でさらに練られて生かされていく黒澤らしさがあることも指摘しており、映画版『白痴』を全面的に否定しているわけではない。リチーの分析は彼自身が創作者（実験映画や音楽）の側面を持っていたこともあり、また日本文化全般に造詣が深かったこともあって、批評や分析には黒澤明の創造作業の内側へ入ろうとする態度がみられる。新聞・雑誌の評者たちよりも建設的な批評と言うべきだろう。その後、『黒澤明の映画』の原著は版を重ねて（増補版も）多くの読者を得ていく。のちに刊行された『小津　その生涯と作品』[3]（一九七七年）とともに、リチーが二人の巨匠を海外へ紹介したこと、そして多様な日本映画作品の批評や解説を英語で発信し続けたことは大きな功績である。[4]いまなお、『黒澤明の映画』は私たちへさまざまな示唆を与えてくれる。

これまで何度か言及した佐藤忠男の『黒沢明の世界』（一九六九年）は、黒澤映画を論じた日本で最初の単行本である。著者は黒澤の監督昇進以前のシナリオにも目を通して、『姿三四郎』から『赤ひげ』まで、当時の全作品を論じている。とくに、『わが青春に悔なし』や『白痴』ほか、戦後まもないころの新聞・雑誌における黒澤作品批判、あるいは人物描写への無理解に大きな不満を抱き、それら悪評から黒澤作品を救い出そうとする、熱のこもった黒澤論である。むろん賛辞ばかりではないが。この本は、のちの黒澤作品を加えて別の版元から増補版が刊行され、現在に至っても代表的な黒澤論として欠かせない。佐藤には『小津安二郎の芸術』（朝日新聞社、一九七一年）があり、これも彼の代表的著書のひとつだ。リチーの小津論は佐藤よりも六年ほどあとに刊行されたので、二人は黒澤論と小津論を相前後して発表したことになる。佐藤忠男の膨大とも言える評論・著作活動は映画領域を超えるものがあり、世間ではよく知られているので、人物紹介を省き、『黒沢明の世界』のなかの『白痴』論にだけ目を向けてみよう。第八章は「生命の純粋なかたち」と章題が付けられ、『羅生門』と『白痴』がここに括られ、後者の冒頭では「一九五一年の『白痴』は、黒澤のもっとも不運な傑作である」と記している。黒澤監督の苦闘と渾身の努力、そして公開時の不運な経緯を知る佐藤にとって、かつての数々の悪評から『白痴』を救い出そうとする意図が明確に打ち出された一文だ。ただし、ロシアの風俗や環境が日本化された違和感については彼も認めている。そして亀田（森雅之＝ムイシキン）が那須（原節子＝ナターシャ）に向かって、「あなたは本当に純粋な人間であり、ほんとうの苦悩を知っている人間だ」云々を言い、「人びとを驚かす場面がクライマックスのひとつになっているのは、日本の物語としては非常に奇妙である」と述べ、次のように説明する。

日本の観客が、こうした風俗上の奇妙さにとまどい、映画の内容にスムースに入りこんでゆけなかったということはある程度理解できることである。しかし、おそらくは、そうした風俗的なこと以上に、観客にとまどいを感じさせたのは、主人公たちが、美とか、愛とか、真実とか、苦悩とか、純粋さとかいったイデーを語ることによって恍惚たる陶酔にひたってゆくことであろう。〔中略〕／黒沢明は、『白痴』で、日本人の日常生活のなかには存在しない行動の仕方を描き出した。そして、それが、この傑作が圧倒的な酷評のなかに埋没させられてしまった根本的な理由である。(5)

映画の開巻まもなく、札幌駅で降りた亀田と赤間（三船敏郎＝ロゴージン）が写真館前で那須妙子の写真に見とれ、亀田が涙を流す場面がある。これからの三人の深い関係を一目で観客に暗示する印象深い場面である。佐藤忠男はこう述べる。

この場面を見て、その不自然さにとまどうことなく、この明けっぴろげなフェミニズムに共鳴を感じたならば、その人にとっては、この映画は、すばらしい精神的な美しさに充ち充ちた傑作になってくるはずである。／〔中略〕那須妙子の肖像写真と、それを見つめる亀田の顔。その二つの表情のなかに共通して認められる、あるいいがたい苦痛と、救いを求める感情とが、このシークエンスの基調であるが、極端にいえば、この作品全体が、この二人の、この二つの表情の意味を、何度も繰り返しながら強調してゆくものであったといってもいい。ドストエフスキーの小説は、周知のとおり、猛烈に饒舌である。心理分析がくどく、また、ところかまわず、ながながと哲学的な意見が述べられる。／〔中略〕黒沢明は、原作における心理や哲学を、登場人物の表情に要約したのである。心理や哲学を言葉で伝達するのでなく、人間の顔の表情によって直感的に表現しようとしたのである。『白痴』は表情の映画であり、クローズ・アップの映画である。とくに、亀田を演じる森雅之のクローズ・アップに作品全体の成否がかかっている。そして、森雅之と、カメラマンの生方敏夫は、みごとにこれを成功させた。おそらく、この映画の森雅之の顔は、日本映画史上、もっともフォトジェニックなもののひとつである。とくに、彼が、那須妙子の誕生日のパーティの席上で、彼女に向って、自分が死刑を執行されそうになったときの恐ろ

しい体験を語る部分のクローズ・アップはすばらしいものである。(6)

森雅之の演技をめぐって、佐藤はリチーとまったく逆の評価を下しているが、筆者(岩本)も佐藤説に同感する。佐藤忠男もまたリチー同様ドストエフスキーには深入りせず、映画が魅力的に表現した顔と目のクローズアップ、その表情に満ちた無償の愛や苦悶や悲しみを万感こめて受けとめたのである。「フォトジェニック」という言葉は、『羅生門』評のなかで、滝沢一や双葉十三郎らが使った言葉でもあり、滝沢は「それにしても黒澤のフォトジェニックな感覚は鮮烈そのものだ」と述べていた(本書一一〇頁)。〝フォトジェニック〟(photogénique)は写真誕生期にできた新語で、ひらたくは現在でも使われる「写真映りが良い」に相当するが、サイレント映画時代の一九二〇年、フランスの映画批評家・監督のルイ・デリュックが著書『フォトジェニー』(Photogénie)を発表して以来、当初の意味が微妙に変わりながら映画用語としても広まった。技術用語としてではなく、空間を時間のなかでとらえる映画的特性を指す本質的なもの、美的なものを指す言葉として。前述したように(本書の序章)、サイレント映画時代に思春期・青年期を過ごして多くの名作に出合った黒澤は、モノクロ撮影がとらえた白と黒、その光の諧調の美と引力を身体感覚へ浸透させていったと思われる。また、サイレント映画時代にはスクリーンに拡大された「クロースアップ」――樹木の葉、水たまり、人物の顔等々――がフォトジェニックな力を持ち観客を魅了した。先に引用した佐藤忠男の言葉は、短縮版『白痴』においてさえも黒澤映画の特質のひとつがみごとに表現されていたことをつかみ取っていた。

だからこそ彼は『白痴』を「傑作」と呼んだのだろう。

もう一人、都築政昭は上下二巻に扱ぶ『黒澤明』を刊行した（一九七六年）。上巻には「その人間的研究」、下巻には「その作品研究」という副題が付されており、上巻の前半では人間黒澤への熱い尊敬と傾倒ぶりを述べ、後半では監督の演出・撮影・編集、俳優観など、いずれも黒澤自身の言葉を多く引用しながら解説している。下巻では、助監督時代と『姿三四郎』から『デルス・ウザーラ』までの作品が年代順に、作品分析というよりも物語展開を追い、製作背景の紹介がなされている。著者は執筆当時NHKの撮影部に所属しており、批評家や研究者ではなく制作現場の人だったから、執筆の動機は何よりも黒澤作品に感動し、監督・演出家・現場の人としての黒澤明の偉大さに触発されたのだった。したがって、同書は細部の批評・分析よりも黒澤作品全体の特質を大きくつかみだすこと、作品と人間黒澤の長所を最大限に評価することに捧げられている。『白痴』に関する個所も大半は物語を追っているが、後半のクライマックス、亀田（森雅之＝ムイシキン）が綾子（久我美子＝アグラーヤ）のあとを追おうとすると妙子（原節子＝ナターシャ）が立ちふさがり、亀田にすがりつき、そのまま気を失って倒れる、この場面に関してはこう記す。

動きが少ないが人物は心に嵐を持っている。それだけに黒沢はクローズアップを重視した。顔の表情、特に眼の表情の中に内面の嵐を表現しようとした。「眼玉映画」とさえいわれたほどに眼技に力点を置いた演出である。それは能などに見られるような、極度におさえられた動きの中で、内面の声をいかに表に出すか。その日本人的表現の一つの試みであったが、それがうまく成功したとはいえない[7]。

また公開当時に批評の多くが辛口であり、それらの言説にも首肯できるものがあったが、と次のように述べている。

確かに右のような指摘〔辛口批評家たちの指摘〕は当っている。しかし、日本映画ではかつて試みられなかった高いテーマがそこに展開し、人間にとってもっとも大事なことがそこに描かれ、ある所ではきわめて美しく、感動的なシーンが成功していたことに、ほとんど目をつむり、無視してしまったことは、批評家としての客観的な眼を失ったことになる。／この作品は決して優れているとは思わない。「酔いどれ天使」や「野良犬」を作った黒沢の演出力からみて、「白痴」の人物描写はきわめて生硬である。登場人物の心理が、彼のさまざまな映像表現にもかかわらず、うまく伝わってこない。いわば主人公たちの心の軌跡を追うことは大変むずかしい。しかし、そうした欠点を持ちながらも、亀田の美しく、善良な魂の体現は、消しがたい印象を与える。かつて、あれほど美しい、魂を洗うような会話が日本映画で語られたことがあったであろうか。／こうした長所を批評家は無視した[8]。

都築政昭より先に、佐藤忠男が『黒沢明の世界』のなかで『白痴』評を書いていたから、都築の文章にも佐藤の「不運なる傑作」と呼んだこだまが反響していたのかもしれない。

ところで、映画批評家や、一九七〇年代以降に少しづつ現れてくる日本の映画研究者たちに、黒澤版『白痴』を再検討する目立った動きは見られず、一方で、黒澤『白痴』へ関心を強め、映画と原作の比較を深めていったのはドストエフスキー研究者たちであった。ソ連時代のユトケーヴィッチやコージンツェフらはもう故人になってしまったが、一九七七年の国際ドストエフスキー学会に出席した井桁貞義、また一九八六年ころ旧ソ連に留学中だった清水孝純、両者とも当地の多くの知識人たちが黒澤の『白痴』に好意的であり、かつ高評価だったため、ドストエフスキー研究者として黒澤版に注目することになる。もう一人、高橋誠一郎はさらに徹底して、黒澤映画とドストエフスキー小説の強い結びつき、そして黒澤におけるドストエフスキーの深い影響を細部にわたって検証していった。この三者を順に追ってみよう。

まず井桁貞義は、短いエッセーで提起した課題をのちに再検討している(「ドストエフスキイと黒澤明——『白痴』をめぐる語らい」)。彼はロシアの文学研究者ミハイル・バフチンの言う「カーニバル的世界感覚」と、黒澤が『白痴』に創作した「氷上のカーニバル」シーンとの偶然の符合について述べ、映画『白痴』の世界をゴシックととらえるロシアの研究者ヴラーソフの言葉で補っている。

文学テクストの詩学の基本的原理が把握されていれば、映画監督はその原理の上に立ち、作家が書かなかった監督独自の場面を構築することができる。原理が正しく守られていれば、独自の場面はもとの文学作品と異質なものとは感知されない。映画『白痴』の《ゴシック的な》中心場面は氷上の仮面舞踏会のエピソードであるが、これは原作には存在しない。

しかし《カーニバルの》精神において原作にきわめて近いものである。仮面をつけた人々のスピード感あふれる輪舞の動き、暗闇の中で松明を掲げた人々は閉所恐怖症的な、神秘と恐怖に満ちた雰囲気を醸成する。仮面の大部分は不吉なもの、恐ろしいものであり、死の衣装をまとった人物がカメラの前を幾度も通り過ぎる。ゴシックの城館の雰囲気はさらに香山の弟、薫が道化の服を着て綾子に秘密の知らせをもたらすことで高まっていく。(9)

映画『白痴』の〝ゴシック性〟とは、新たな解釈が示唆されていて興味深い。「ゴシックの城館の雰囲気」と受け取った場面にそれらしい「城館」は背景に見えず、夜のカーニバルだから、背景には暗闇とたいまつの火の数々が見えるだけである。ヨーロッパ・ゴシック建築の守護獣に似た巨大な怪獣が目立ってはいるが、なにやら『ゴジラ』(一九五四年)を想起させるのは、『ゴジラ』の監督が黒澤の盟友・本多猪四郎だったからだろうか。ゴシックといえば、ラスト近くの赤間(三船)の屋敷の蔵の二階、毛布にくるまった赤間と亀田(森)の二人がぼそぼそと言葉を交わす場面、すでに赤間は那須妙子を殺している。手前に大きな蠟燭の炎が揺れ、並んだ大小四本の蠟燭は時間経過のあと、小さな蠟燭の火は消えて、大きな一本が横に倒れて燃え続けている。この場面の暗い雰囲気、隣室にあると推定される死体(観客には見えない)、ゆらゆらと燃える蠟燭、赤間と亀田が愛しすぎた女性の死体を近くに、寄り添って夜を明かし、赤間は次第に錯乱してゆく。音楽はなく、遠くの読経で使っているであろうリン(シナリオの表記では「鐘」)の音が間をおきながら聞こえてくる。画面では示されないが、赤間の母の勤行のリンである。城館や僧院ではないが、蔵の中の風変わりな壁や怪奇性、蠟燭のみの暗闇など、ここにもゴシック的雰囲気が満ちている。しかし、他の黒澤作品にほとんどゴシック性はないと言えるから、『白痴』に限らずドストエフスキー小説に濃厚な「死」や「殺人」への固執、恐怖、畏怖、それらの強い引力が黒澤をこのような演出に誘ったと思われる。

氷上のカーニバル（音楽はムソルグスキの「禿山の一夜」）にしろ、蔵の二階の赤間と亀田の場面にしろ、シナリオには画面の細かい指定は書かれていないので、これらの視覚的（そして聴覚的）造形処理は黒澤の感性がドストエフスキーに反応した結果だろう。映画の冒頭部分へ戻ると、井桁貞義によれば、赤間と亀田が那須の写真を凝視する三位一体的、イコン的画像について、これはフランスの哲学者ルネ・ジラールがドストエフスキー文学にみた「欲望の三角形」に類似するという。つまり、映画版『白痴』には、バフチン（カーニバル論）やジラール（欲望の三角形）のドストエフスキー理解と共通するものが、黒澤監督独自の視覚的かつ聴覚的表現によって造形されていたという。そのほか、ドストエフスキー文学と切り離せないキリスト教、とくに旧約聖書のイメージが仏教文化のイメージへと変換されていること、とりわけラストシーンに創作された赤間の母の勤行とリンの音、赤間のつぶやく「虹色の雲」云々のセリフなど、井桁は黒澤の翻案表現、ラストのキリスト教ならぬ仏教的変容にふれている。

同様に、比較文学専攻の清水孝純もまた、ロシア留学経験が黒澤版『白痴』へ眼を向け直すきっかけとなり、「黒澤明の映画『白痴』の戦略」を発表した。清水は原作『白痴』の核心をこう理解する。

小説『白痴』のテーマは単なる純粋にして無垢なる人間の創出ではなく、深く実存的感覚を背後に沈ませた文学であり、しかもその主人公の聖性は現実に対して、強烈に働きかけるていのきわめて逆説的な聖性とでもいうべきものだったから、原作者の努力は恐るべきものであったに違いない[10]。

黒澤明は、ドストエフスキー翻案(日本化)の大きな困難を覚悟のうえで映画化に取り組んだ。文学言語から映画言語への転換、清水によればそれは「形式において表現主義的、内容において象徴主義的」な工夫であった(同書、二一〇頁)。清水の映画分析はその表現主義的な、また象徴的な形象化を具体的に指摘していて興味深いが、本書では黒澤が主人公をどう提示したかに絞って、そこを引用するに止めておく。

ムイシキン公爵は黒澤にとってどういう人物として結晶していったか。それは無垢な存在、人間を裁くことのない、寛大な心の持ち主、他者の苦悩にどこまでも共感を惜しまない存在としてである。その場合、黒澤の工夫は日本のムイシキンたる亀田に死刑体験を与えたことだ。原作者は『白痴』でなるほど死刑囚について再三語るが、しかしそれは自分自身の体験としてではなく、見聞として語るのであり、死刑に対する批判として語るのだ。しかし黒澤はそれを亀田の原体験として亀田の魂の根源にしかけた。それを戦争責任の問題にひっかけて、無垢の人間の造形の基盤とした。のっぴきならぬ確実な死を目前にした時の苦悩、そのような苦悩が亀田の共苦感情の根源だ。亀田が那須妙子の目を見て見たことがあるといい、後に死刑執行された兵士の目とそっくりといわせたのはまさしくそのような感情だった[11]。

もっとも、死刑(銃殺刑)はドストエフスキーの現実体験――まさに直前の特赦――であったことが知られているから、黒澤が亀田を死刑宣告の直接体験者に変えて、より説得力のある立場に置き変えたことになる。清水孝純はロシア文学の底流にあるふたつの流れ、人生的懐疑と生命主義、このふたつの流れが合流するのがトルストイとドストエフスキーであり、黒澤の心性にもこの流れがあると言う。

このように、二人のドストエフスキー研究者の見解は、黒澤が映画版『白痴』の視覚的形象・造形表現を通して、いかに原作の本質的構造をつかみだしていたかを示している。いずれも納得させられる見解であり、かなりの年月を経たあと、両者は公開時の映画評論家たちが受け入れることも理解することもできなかったネガの面をポジの面へと反転させたのである。シナリオはまず久板栄二郎が書き、それに黒澤が意見を述べながら手直ししていったと推測されるので、完成シナリオは両者が渾然としているが、映画『白痴』に表現・表出されたドストエフスキー解釈の多くは黒澤当人によるものと思われる。

さて、三人目の研究者・高橋誠一郎は二冊の著書『黒澤明で「白痴」を読み解く』(二〇一一年)と『黒澤明と小林秀雄』(二〇一四年)を上梓、後者には「『罪と罰』をめぐる静かなる決闘」の副題を付けた。彼は黒澤のドストエフスキーへの関心がいつごろからあったのか、黒澤自身の回想やインタビューから探り出していく。高橋誠一郎が言及している映画批評家・清水千代太によるインタビュー（一九五二年）を、少し長くなるが筆者なりに引用しておこう。[12]

清水　ドストエフスキイについて少し伺いたい。どういうところに傾倒するのか……。

黒澤　大変傾倒しております。僕は随分読みました。いろいろな評論も読んで、あの人の中からいろいろなものを引張り出すことができますね。いろいろな思想も……。だけど僕は大変あの人を単純に解釈しておるのです。要するにあんなやさしい好ましいものを持っている人がいないと思うのですよ。それは何というのか、普通の人間の限度を超えておると思うのです。それはどういうことかというと、僕らがやさしいといっても、例えば大変な悲惨なものを見たとき目をそむけるようなそういうやさしさですね。あの人はその場合目をそむけないで見ちゃう、一緒に苦しんじゃう。そういう点、人間じゃなくて神様みたいな素質を持っていると僕は思うのです。

清水　『白痴』のムイシュキンにそれが具体化されているわけですね。

黒澤　その点がたまらなく好きですしね。

清水　ほかのロシヤの作家は……。

黒澤　ロシヤの文学が好きで大抵読んだし、ドストエフスキイなんか夢中になって読みましたけれども、結局ドストエフスキイが一番好きです。

清水　僕は『わが青春に悔なし』を見逃して、『素晴らしき日曜日』以後は見てるのですが『酔いどれ天使』以後はドストエフスキイくさいものがいつもあったと思う。

黒澤　だんだん出て来たのですね。特に意識的でなく、長い間読んでいたものがそこいらから動き出して来たのですね。

清水　戦後の日本の社会は、ドストエフスキイの中に出て来るような背景にやや近いものがあるようですね。きたないものだとか、醜いものだとか……、それがあなたの中で作用して、自然に滲み出して来た。特に企図したわけじゃなくね。

黒澤　企図したわけじゃないのです。

清水千代太はインタビューで『白痴』への共感を常に示しており、このインタビューの別の個所では、「『白痴』はヴェニスなんかに出せば、グラン・プリはどうか知らないが、高く評価されると思う、あれなら向こうでわかるし、日本化されているということで……」と述べている[13]。ここでは黒澤明がロシア文学に深く傾倒していたことを再確認しておきたい。のちの当人の回想も含めると、まだ画家としての人生を模索中だった彼を導いたのは、映画の領域でもロシア文学の領域でも兄の丙午であった。とはいえ、黒澤明が映画界へ入ったあと、多数のシナリオを書き『姿三四郎』で監督デビューした、これら初期作品にロシア文学やドストエフスキーの影響をどこまで実証できるか、かなり難しい。高橋誠一郎は『姿三四郎』正続編の主人公にも『白痴』のムイシキンの姿を見てしまう。彼は一貫して黒澤作品にドストエフスキー的人物や状況を見つけるために、作品や資料の細部にまで注意をはらうのである。たとえば、よく知られているように、クリミア戦争で敗戦を喫してから一〇年後の混迷の首都ペテルブルグを舞台にした『罪と罰』（一八六六年）は次のような有名な文章で始まっていた。「七月はじめ、めっぽう暑いさかりのある日暮れどき、ひとりの青年が、S横丁にまた借りしている狭くるしい小部屋からおもてに出て、のろくさと、どこかためらいがちに、K橋のほうへ歩きだした」／一方、終戦後間もない混乱した時期の日本を舞台に、〔中略〕映画《野良犬》（脚本・黒澤明、菊島隆三）も、「それは、七月のある恐ろしく暑い日の出来事であった」という文章から始まるガリバン刷りの同名の小説をもとにして撮られている。[14]

国と時代こそ違え、たしかに両作品は冒頭でまず符合するとも言える。ここで「ガリバン刷り」とあるのは、シナリオに先だって書かれた小説スタイルの冊子のこと。映画ではこの冒頭のナレーションはなく、「暑さ」を強調する画面がいくつも重ねられていく。『罪と罰』に言及したのはフランスの映画評論家ミシェル・エステーヴもそうだった。山本喜久男は内外の『野良犬』評を調査するなかで、エステーヴの『アキラ・クロサワ』（一九六四年）論からいくつか引用しており、ステーヴの一文「刑事と追われる犯罪者の間に『罪と罰』を思い出させる無意識の共犯性が次第にはっきり現れるが、これも意外なことではない[15]」を抜き出している。

黒澤とドストエフスキーの関連づけはここにも見られるが、類似性や偶然の符合だけでは、時代や国を別にする作品を比較しても必然的関係を論じることはできない。しかし黒澤には、ドストエフスキーと結びつけることができる当人の発言があった。黒澤作品におけるドストエフスキー的、またはロシア文学的要素、これを実証的に分析していくことは可能だろう。黒澤とドストエフスキー、両者を深く調べることができる人であれば。

高橋誠一郎はドストエフスキーの研究者だったから、その研究者的態度を黒澤研究にも生かすことになった。彼の熱意には脱帽させられるし、一九世紀ロシア文学の思想的・社会的背景、ドストエフスキー文学の位置や特徴、とりわけ『白痴』の読解に関してなど、筆者（岩本）は教わることが大きかった。すなわち、『わが青春に悔なし』の強い信念を持った女性・八木原幸枝（原節子）、『醜聞（スキャンダル）』の蛭田弁護士（志村喬）、その純情娘（桂木洋子）、もちろん原作『白痴』と映画『白痴』の高い親密性、『生きものの記録』の核爆発に恐怖する中島喜一（三船敏郎）、『赤ひげ』の売春宿に生きる少女・おとよ（二木てるみ）等々、ドストエフスキー的人物像の説明は具体的である。さらに、『黒澤明と小林秀雄 「罪と罰」をめぐる静かなる決闘』では、ドストエフスキーに関する多数の評論を書いた小林秀雄の理解度と黒澤の理解度を比較しながら、小林が黒澤映画を一本も見ずに対談したことなどにふれ、ドストエフスキーを自己流に曲げて解釈した小林を批判している。はたして黒澤明は自身が言う「本物のインテリ小林秀雄」を表面では尊敬しながら、一方では、自己の作品のなかで小林のドストエフスキー解釈に異を唱えていたのだろうか。また、のちに黒澤本人が「ドストエフスキー論争においては小林秀雄に負けない」と言ったことが具体的には何を指していたのか、高橋誠一郎はスリリングな両者の「静かな決闘」を組み立てている。

このようにロシア文学研究に軸足を置いて書かれた二冊の本は、これまでの黒澤研究に新たな視点、しかも深い解釈をもたらしてくれる。しかし、高橋が『夢』や『八月の狂詩曲』に見られる社会的メッセージや予言?(『夢』の富士山噴火や原発災害)を高く評価しているのは勇み足とも思える。黒澤自身はしばしば、社会的メッセージを主張したければ言葉や文章で発表すればよい、テーマとかプラカードとかを声高に立てるのは嫌だと言っていたのに、これらの映画で黒澤は映像だけでなく「言葉でも」声高に主張していて、メッセージの単純さ、説明のくどさが作品の底を浅くしているからだ。

いまフィルム(またはDVD)として残された映画『白痴』を見る者は、黒澤が映画のなかに表現した独自性をどう評価すべきだろうか。四方田犬彦はそのすぐれたエッセー「黒澤明の『白痴』」で、黒澤が原作から外した重要なもの、逆に付け加えた重要なものを挙げている。前者は「キリスト教の復活、復活の舞台としての大いなる古きロシア、神秘体験とみなされた癲癇という、三つの主題」だと言う。[16] これら三つの主題のうち前二つにはもう少し説明が必要かもしれない。一九世紀後半に作家として活動していくドストエフスキーは、同時代の現代思想・思潮と、世俗に起きる種々の事件や犯罪に強い関心を持っていた。彼にとっての聖書の読みなおし——イエスの復活——はルナンが著した〝人間イエス〟にあったようだから、イエスとも重ねられるムイシキン公爵はドストエフスキーの同時代者である。四方田の言う「神秘体験としての癲痫」はたしかに重要な主題のひとつと思われる。これらが黒澤映画から除外されてしまったのは翻案映画としてやむをえないことだったろう。

黒澤映画に付け加えられたことのひとつは雪の夜のカーニバル、これはバフチンのカーニバル論と同じ意味（価値の転倒と多声的構造）を黒澤が直感的にとらえていたことについて、前述したように井桁貞義の指摘もあったわけだが、四方田はさらに踏み込んで、この場面は仮面と笑いの道化師群像が亀田（森）と赤間（三船）の生硬な深刻さを相対化したとみる。また、当時の黒澤は「神の問題」を考えていたことでもあり、映画へは仏教（浄土教系）が取り入れられた。四方田は映画のなかに赤間の母（明石光代）が加えられたこと、赤間の部屋にあるオルゴールの（ような）音色が母の仏間に聞こえ、終わり近くで妙子（原節子）が殺されたあと赤間と亀田が寄り添っている部屋には、母親のリンが聞こえてくることを重視して次のように述べる。『白痴』について論じる者たちの誰一人として、これまでこのお鈴の存在に言及してこなかったことは、考えてみれば奇妙なことかもしれない。だがこの音色の通底という事実は、二人の青年の魂の存続を賭けた闘いが、見えないところで彼らの魂の平安を願う老婆の眼差しによって見つめられていることを意味している。／先の対決の場において見えない形で流れているのが大乗仏教的、それも浄土宗系の救済の観念であると解釈しうる可能性が、この音響的処置から導きだせることを、まず指摘しておきたい。専修仏教にとって痴愚とは、また愚昧とは何であったか。もしそのすべてを放棄した白痴の状態に回帰することがあるとすれば、仏教はそれをどう解釈するのか。黒澤版『白痴』において二人の主人公がともに大きく口を開けて白痴と化してしまうという演出が示唆するものは、こうした日本の宗教的、また民俗学的コードのなかで、今一度検討してみなければならない。／それはあらゆる自力本願の野心と煩悩を捨て去った後に人間に残された、究極における救済の可能性を指し示しているのではないだろうか。／黒澤の『白痴』が指し示しているものは、黒澤本人が一九五一年の時点で考えていたよりも深く、また重要な意味をもっているのだ。日本映画に稀有な崇高さを、このフィルムが体現しているのは、おそらくそのためであろう。[17]

四方田犬彦の黒澤『白痴』論は、映画『白痴』がさらなる読解、再検討の広がりを持っていることを強く示唆している。仏教と鐘（リン）の導入に関しては井桁もすでに言及しており、映画のラスト近くで赤間がうわごとのように言う「あの雲！……虹みてえな色してるぜ！……」――原作にはないシナリオのセリフ――とともに、日本の観客は何を連想しただろうか、「観音菩薩の来臨だろうか」と問いかけ、ポーランドの研究者の解釈――赤間の母親は仏間の涅槃の時空間にいて、すでに息子の罪の苦しみを取り去った、という――を紹介している。[18] ナスターシャを殺してしまったロゴージン、罪をとがめず彼に寄り添うムイシキン、一時精神に異常をきたすロゴージン、白痴に戻ったかのようなムイシキン。原作終わり近くのクライマックスは小説の読者たちや研究者たちにとっても議論の的になるが、黒澤『白痴』もまた終幕に多様な解釈を残している。「虹色の雲」は赤間にだけ見えており、亀田はその背後で静かに立っている。実際の映画における赤間のセリフは次のようになる。

「あの雲……虹みてえな色してら……変に光ってやがる。ああ、やって来る、やって来る、やって来る。すっとんで来やがる。あッ、あいつが乗っかってら、ああ、ああ、笑ってる、笑ってる。あッ、おふくろも居らア。おッ，来た来た来た来た来た来た。おい早くのれ、早くのれ(19)」

うつろな赤間に亀田は近づき、髪と頬をやさしく撫でさすると（ここは原作どおり）、遠くから赤間の母のリンの音が聞こえてくる。二人とも並んで横に倒れる、呆けたように目と口を開けたまま。最後の蠟燭の芯が燃え尽きて火が消える。すかさず風の音と雲間の太陽、そして突然の雷鳴が響いて、画面は家の窓から空を見上げる綾子（久我美子）へと移る。リンの音色、赤間のセリフにある「あの雲、虹みたいな色、変に光ってる、やって来る、あいつが乗ってる、笑ってる、おふくろも居る、来た来た、おい早くのれ、早くのれ」。まさに阿弥陀仏が雲に乗って空から降りてくる〝天鼓雷音如来〟かもしれない。「あいつ」とは那須妙子を指すのだろう。妙子も母親も一緒の雲に乗っている。みんな菩薩になったのだろう。たぶん、赤間も亀田も救われるのだろう。映画を見た当時の一般観客は直感的にこう思ったことだろう。画面は亀田のよき理解者であった薫（少年、香山の弟）と、やっと「良き人」亀田を覚った綾子、二人の会話で終わる。

注

（1）Donald Richie, *The Films of Akira Kurosawa*, University of California Press, 1965. 1970. 邦訳は『黒澤明の映画』三木宮彦訳（一九七〇年版）、キネマ旬報社、一九七九年。作品ごとに出典（原作）・物語・制作・脚本・撮影・造形等々を多角的に論じており、のちの『どですかでん』と『デルス・ウザーラ』の章はジョーン・メレンが協力の筆を執った。一九九一年に増補版（『八月の狂詩曲』まで）、一九九三年に現代教養文庫版『増補　黒澤明の映画』（遺作『まあだだよ』を含む）が出ている。なお、リチーの黒澤論よりも一足先にフランスで刊行されたものがあり、小冊子である。後述の注15、Michel Estève, *Akira Kurosawa* を参照。なお、詳しくは村山匡一郎「フランスにおける黒澤明研究」並びに村川英「アメリカにおける黒澤明研究」を参照。いずれも『黒澤明集成』第三巻に収録されており、初出は前者が『キネマ旬報』一九八四年一月上旬号、後者が同誌同年三月上旬号。

（2）Joseph L. Anderson & Donald Richie, *The Japanese Film: Art and Industry*, Charles E.Tuttle Tokyo 1959. Princeton University Press 1959. revised 1983. 邦訳はない。

（3）Donald Richie, *Ozu: His Life and Films*, 1977. 山本喜久男訳『小津安二郎の美学　映画のなかの日本』フィルムアート社、のち社会思想社、現代教養文庫。

（4）アンダーソンとリチーの業績に関しては、アーロン・ジェロー「他者という眼差しと戦略　リチーとアンダーソンのThe Japanese Film の複雑な可能性」、および平野共余子「日本映画の紹介とドナルド・リチーの貢献――ジャパン・ソサエティを中心に」、いずれも岩本憲児編『日本映画の海外進出――文化戦略の歴史』に収録、森話社、二〇一五年。

（5）佐藤忠男『黒沢明の世界』三一書房、一九六九年、一五七―一五九頁。

(6)佐藤忠男、前掲書、一五九―一六一頁。

(7)都築政昭『黒澤明』下巻、インタナル社、一九七六年、一三三頁。

(8)都築政昭、前掲書、一三五頁。

(9)ヴラーソフ（二〇〇二年発表）の井桁貞義訳は、「ドストエフスキイと黒澤明――『白痴』をめぐる語らい」の注9を参照、岩本憲児編『黒澤明をめぐる12人の狂詩曲』収録、早稲田大学出版部、二〇〇四年。これに先だつ井桁氏の短いエッセーとして、「ドストエーフスキイの世界感覚」、『全集黒澤明』月報3岩波書店、一九八八年。なお、「カーニバル的世界感覚」は、ミハイル・バフチン『ドストエフスキーの詩学』（日本初訳は一九六八年）で論じられている。「欲望の三角形」（〃三角形的〃欲望）はルネ・ジラール著『欲望の現象学』に収録、古田幸男訳、法政大学出版、新装版二〇一〇年。

(10)清水孝純「黒澤明の映画『白痴』の戦略」（初出は二〇一一年）、『「白痴」を読む　ドストエフスキーとニヒリズム』（九州大学出版会、二〇一三年）の付論に収録、引用は二〇七頁。

(11)清水孝純、前掲書、二二〇頁。

(12)清水千代太「黒澤明に訊く」、『大系』第1巻に再録、二〇〇九年、講談社、六三七頁（初出は『キネマ旬報』一九五二年四月上旬号）。

(13)前掲書、六三九頁。

(14)高橋誠一郎『黒澤明で「白痴」を読み解く』成文社、二〇一一年、一一四頁。

(15)山本喜久男『日本映画におけるテクスト連関』、森話社、二〇一六年、一二三四頁。Michel Estève, *Akira Kurosawa*, Paris 1964. Éditeur scientifique Description matérielle Édition Minard, Lettres modernes

(16)四方田犬彦「黒澤明の『白痴』」、大江健三郎ほか『21世紀ドストエフスキーがやって来る』集英社、二〇〇七年、七二―七三頁。
(17)四方田犬彦、前掲書、八〇―八一頁。
(18)井桁貞義「ドストエフスキイと黒澤明――『白痴』をめぐる語らい」、岩本憲児編、前掲書、一三八―一三九頁。
(19)セリフは『黒沢明映画大系6「白痴」「生きる」』の一〇二頁から採った。この本では映画から直接セリフを拾っている。キネマ旬報社、一九七一年。

三、「巨匠の条件」と増村保造

映画監督にはしばしば「巨匠」と称される人々がいる。この言葉は歴史ある画壇や楽壇の大家たちに捧げられる敬称、尊称として使われてきただろうから、映画界では比較的に新しく、二〇世紀後半になってからである。映画界では「名匠」「名監督」「鬼才」なども使われるが、むろん明確な定義はなく、製作会社の宣伝や広告、テレビや各種メディアに登場する常套語でもある。映画の巨匠には監督としての一連の卓越した作品、人となりに重ねた年輪、国際的知名度の高さが要求されるだろう。さらに、同業者たちからも尊敬、畏敬または畏怖の念を抱かれる存在であれば、「巨匠」の名にふさわしい。日本映画史上、「巨匠」の名を冠された監督で誰しもが納得した一人、それが黒澤明だった。彼は「天皇」とも称されたことがあり、黒澤当人はそれを嫌ったようだが、イタリアのフェデリコ・フェリーニが生前「マエストロ」だけでなく、ローマ郊外にある大規模撮影所のチネチッタで「カエサル」と呼ばれたことと似ている。フェリーニは黒澤より一世代若かったが、一九九三年に他界した。『まあだだよ』が公開されたのは同年であり、黒澤はフェリーニ没後の一九九八年に他界している。

黒澤明の監督デビュー時から彼の作品を見続けた批評家・映画記者たちのほとんどが黒澤より年長者であり、その多くが黒澤より早く亡くなっている。荻昌弘のように黒澤より一五歳も若く、黒澤作品を賞賛し続けた評論家でも、黒澤より先に世を去った。このように、第一作から遺作までを同時代で見続け、批評してきた評者・記者たちの多くが先立ち、辛うじて淀川長治、双葉十三郎らが長老として評論活動を続けたが、前者（淀川）は黒澤明と同年の数カ月後に他界し、膨大な映画評を書き続けた後者（双葉）も二〇〇九年に死去した。批評家や記者たちを別にすると、黒澤作品を見続け、折にふれて黒澤論を熱く語ってきた映画監督に増村保造がいた。黒澤より一四歳若かったが、黒澤より十年以上早く一九八六年に世を去った。本書でふれたように、一九四九年にいち早く「黒澤明論」を書いている（本書一〇二頁）。その増村は『赤ひげ』を見たあと、『黒澤明における巨匠の条件』（『キネマ旬報』一九六五年五月上旬号）(1)を書き、冒頭で「黒澤はなぜ巨匠か」と、自問自答している。

私たち、映画の演出を職業としている人間が、ある映画を見て、その演出に感動し、自分の職業に誇りを覚え、将来の希望を抱く――と言うような映画は数が少ない。しかし黒澤さんの『赤ひげ』は疑いもなく、その数少ない作品の一つである。／たしかに『赤ひげ』は見事な作品であるし、黒澤さんの演出は抜群で巨匠の名に恥じないものがある。しかし、この作品を見た後で、私が感じたことは、いったい、黒澤さんは何故巨匠なのか、巨匠と呼ばれるためには如何なる条件を備えているのか――ということである。／私は考えた果てに、映画の巨匠である条件は、二つあると思った。一つは言うまでもなく抜群の表現力である。他の一つは奇妙にも、その思想の通俗性である。つまり映像による表現は一流の才気と迫力に満ち、他方、描こうとする思想とテーマは十二分に大衆的で普遍的でなければならない。映画が視聴覚の芸術であり、大衆の芸術である限り、この二つの条件は巨匠であるためには絶対必要ではないかと思われる。黒澤さんはこの二条件を完全に具備した巨匠である。

増村はこのように書き始めて、黒澤の演出力、とくにその「造型力」の見事さは世界的に有名であると言い、『赤ひげ』の鮮烈な「造型感覚」を具体的に指摘していく。それをつきつめれば、主観による表現主義的描写となり、本書でも他の個所で引用した増村の持論なので、ここでは省略する。彼が挙げる巨匠としての第一条件、それが「抜群の表現力」にあることは大方に異論はないだろう。では第二の条件、「思想の通俗性」とはどのようなものか。増村は「思想とテーマは十二分に大衆的で普遍的でなければならない」と言う。そして彼は黒澤の特徴のひとつが、「既成観念の上に」坐っていることを挙げる。たとえば、『赤ひげ』の物語や逸話の通俗性――出世主義の若い医師が赤ひげの人格とヒューマニズムに感化され、一人の医師として生まれ変わっていくという設定の古めかしさ。

今日の日本人の意識からすれば、出世主義は必ずしも悪ではなく、ヒューマニズム必ずしも善ではない。出世主義は、歪んだ社会に噴出する生命力であり、ヒューマニズムは弱者の悲鳴であるかも知れないからである。出世主義にせよ、ヒューマニズムにせよ、新しく分析され、解体され、検討されなければならない観念である。ところが黒澤さんは平然と既成の観念の上に坐り、使い古した構成を使用する。

『赤ひげ』の登場人物たちの性格については、「赤ひげ先生が講談調の快男児」「六助、佐八は忍苦の典型」、「おくに、おなかは純情な女たち」、幼いカップルの「おとよ、長次」でさえ、「いとも素直な子供たち」で、「いずれも現代の人間たちには見られない、単純で素朴な善人たち」で、「類型的だとさえ言えるほど、今までの日本映画によく出てきた人物たちである」と、人物の性格付けも逸話もすべて単純で素朴、善意にみちている、つまり黒澤明は「性善説の信奉者」だと言う。

おそらく黒澤さんは、人間の性は善だと信じているのではあるまいか。今さら、人間の性は善などというと、はなはだ古めかしいようである。しかし、何千年か昔に生れた孟子の性善説は、現代日本人の思想の中に意外に根強く生きのこり、日本人のヒューマニズムとか、良心とか、社会的正義感の基礎をなしているように思われる。性善説は、キリスト教のような神や罪の概念を持たない日本人にとって、倫理の中核であるような気がする。

現在の日本社会でもこの「性善説」はまだ残っているように思われる。日本人の中核になったモラルが孟子の教えか、もっと早く普及した仏教の教えかはともかく、国際的な比較のうえで、日本がどうやら安全な社会であり、他人を疑うよりも信じることのほうが先にあるのはそうかもしれない。安全な国の「善男善女」で満ちる社会なら、すでに私たちは極楽?に近いのだろうが、むろん、現実には数多くの悪もあれば生きるための苦労や悩みも尽きない。正義や善が達成できない社会へのもどかしさは、黒澤明の正義感、善の味方として立つ敗者の絶望的な叫びのなかにこだましている。『生きものの記録』の主人公（三船敏郎）、『悪い奴ほどよく眠る』の親友（三船）を殺された友人（加藤武）、『赤ひげ』以降でも、『乱』の狂阿彌（ピーター）の悲嘆や丹後（油井昌由樹）の慨嘆——戦国絵巻ものでは武家と個人の問題に狭まり、社会正義は遠ざかっているが——『夢』の「トンネル」「赤富士」「鬼哭」等々、庶民が苦しむ悪や人災を憎む、「健全なそのモラル」は大衆から喝采を得るだろう。増村は続けて言う。

しかし、人間は本来、悪でもなく善でもなく、また悪でもあり善でもある。人間はどろどろした欲情や、なまなましい執念の集合であり、常に不安定で激動している。性善説という主観的偏向でながめられた人間は、ややともすると単純になり、空虚になり本当の人間らしいリアリティを失うのではなかろうか。

大映にいた増村保造は溝口健二を師と仰ぎつつ、溝口が描いた女性像——多くが男性社会の犠牲となる——を自己の作品で現代女性像へ転換させようと努めた。「黒澤さんは、かつて、芥川の人間に対する不信と疑惑にみちた『羅生門』を作った。もう一度、人間を根底から突き崩すような題材を手にしたらどうであろう。」「黒澤さんの力量なら、芥川の『羅生門』以上の疑いを人間に向けることができるにちがいない」と期待を述べた増村。『赤ひげ』を見て書かれた増村の黒澤論は黒澤映画の長短をみごとに衝いており、これは『赤ひげ』以降の作品にもほぼ当てはまると言える。

では、「巨匠の条件」二番目の「思想の通俗性」や「社会倫理の共有」、これは他の巨匠監督たちにも当てはまるのだろうか。筆者（岩本）は本章の冒頭で、「映画の巨匠には監督としての一連の卓越した作品、人となりの重ねた年輪、国際的知名度の高さ」、さらに、同僚たちからも「尊敬、畏敬または畏怖の念を抱かれる存在」であれば、「巨匠」の名にふさわしいだろうと書いた。増村の言う第一条件「抜群の表現力」はこれに含まれるが、「思想の通俗性」は必ずしも含まれない。黒澤明（一九一〇—九八）と同時代に生きた監督たちで巨匠級の人たちを挙げると、生年順に、ジャン・ルノワール（一八九四—一九七九）、アルフレッド・ヒッチコック（一八九九—一九八〇）、ルイス・ブニュエル（一九〇〇—八三）、ウィリアム・ワイラー（一九〇二—八一）

ルキノ・ヴィスコンティ（一九〇六―七六）、イングマール・ベルイマン（一九一八―二〇〇七）、フェデリコ・フェリーニ（一九二〇―九三）、アンジェイ・ワイダ（一九二六―二〇一六）らがいる。彼らのほかに、黒澤が尊敬していた大先輩のジョン・フォード（一八九四―一九七三）を加えてもよいし、異才かつ偉才のオーソン・ウェルズ（一九一五―八五）、スタンリー・クーブリック（キューブリック、一九二八―九九）、アンドレイ・タルコフスキー（一九三二―八六）、サタジット・レイ（ショトジット・ラエ、一九二一―九二）らを加えてもよいだろう。もともと「巨匠」の定義は曖昧だから名前を挙げていけば切りがないが、増村が黒澤と並べたフリッツ・ラング（一八九〇―一九七六）――最年長になる――を追加してもよい。彼らのなかで黒澤よりあとに他界した人たちは、一年後のクーブリック、九年後のベルイマン、一八年後のワイダ、三人だけ。現在は、先に挙げたすべての「巨匠」たちがあの世へ旅立っている。すると、彼らに続く現在の巨匠たちは誰だろう、〝作家主義〟（はじめは監督中心主義）の提唱以降に評価されていくさらに大勢の、しかも欧米圏以外の監督たちもいるではないか、と広がっていくだろうから、ここでは黒澤が活躍していたころの、よく知られた名前だけに止めておく。

このような監督たちのなかに、良い意味で「思想の通俗性」を共有する人はワイラーくらいだろうか。辛うじて、「大衆的魅力」で共通するのがヒッチコックとジョン・フォードだろう。両者にはユーモアとともに、「健全なモラル」らしいものもあるが、それはハリウッド映画の巨大な製作組織と膨大な観客を背景にした商業映画の妥協点だったはずだ。「西部劇の神様」と称されたフォードにも商業映画（大衆映画）でありつつ社会正義の立場からのすぐれた作品があり、たとえば大恐慌時代の『怒りの葡萄』（一九三九年、原作はジョン・スタインベック）では、土地を失い、別天地へ苦難の旅をする農民家族を悲しみとともに描き、『タバコロード』（一九四一年、原作はアースキン・コールドウェル）では、極貧農民の楽天的生命力を突拍子もない笑劇として描いた。戦後にも、『捜索者』（一九五六年、原作はアラン・ルメイ）では、コマンチ族にさらわれた幼い姪を執念深く捜し続ける主人公の孤独を、遺作となった『シャイアン』（一九六四年、原作はマリ・サンドス、日本公開も同年）では、ネイティヴ・アメリカンの一部族シャイアンの悲劇を描くなど、個人から集団まで、フォードの幅の広さを示している。そして彼のおおらかな西部劇にさえ、詩情、感傷、ときにペシミズムさえ漂っていた。ただ殴り合う男たちの馬鹿げた友情を描く、能天気に明るい作品（『ドノバン珊瑚礁』一九六三年）があったにしろ。フォードを尊敬した黒澤には、社会正義とダイナミックなアクション描写はあったが、他の点では大きく異なっていたから、そこは黒澤らしい映画世界ということになる。フォードとヒッチコックを除く他の巨匠たちには、大衆性もたまにあったが、独自の作風、特異な表現法、固有の世界観があった。観客をけむにまき、通俗的生き方や社会倫理やカトリック教会へ挑戦したり、嘲笑したり、人間のエゴを覗き、凝視し、既成の宗教さえも諷刺した。タルコフスキーのように深く自己へ沈潜した監督もいる。インドのサタジット・レイは監督だけでなく、音楽、編集、デザインほかも手掛ける多才の人だった。

とすれば、増村の「巨匠の条件」第二には、もっと別の言い方がよいかもしれない。だが、彼ら全体を含むうまい言い方が見つからない。せいぜい「多様な価値観を持つ監督たち」と言えばなんとか収まるだろうが、この言葉だと巨匠に限らず、あらゆる監督に当てはまる。黒澤のそれは、「庶民の強い正義感と倫理観」のうえに立つ、あるいは増村流に「既成の正義感と倫理観」のうえに立つとも言える。黒澤は戦前のP．C．L．と東宝で育ち、増村は戦後の大映で育った。両者とも日本映画の全盛期を経験しており、彼らにとって映画を作ることは製作会社の企画と自己の創作意欲に折合をつけ、その向こうの映画館と観客大衆へ作品を届けることだった。若いころの黒澤明に「健全なる企業精神」（一九四七年）[2]という短い文章があり、アメリカ映画の商品としての良質さを日本映画界も見習うべきと述べている。当時の日本まで届くアメリカ映画は選ばれた作品ではあったが、映画的に良い作品が多いと黒澤が判断したからだろう。

増村保造は自分を映画作家とか映画芸術家と呼ばず、「映画職人」と呼んだ。斜に構えた自己卑下だったのだろうか、大衆を相手にする映画職人たらんとする自戒、そして自負の念もあったに違いない。黒澤自身も職人の芸なくして芸術家はありえないと言ったことがあり、それは多様な技術者や技芸家が映画を支えていることへの感謝の念でもあった。

増村晩年の三作のひとつ、『曽根崎心中』（一九七八年）は近松門左衛門の原作をもとに、時代ものでありながら、お初（梶芽衣子）の強いまなざしと固い意志のもとに発せられるセリフは、現代の私たちへ激しく訴えかけてくる。増村が描き続けた近代女性の自我の解放、その執念は文楽や歌舞伎の古典を現代に蘇らせたのである。

「巨匠」と呼ばれた黒澤明であるが、彼はインタビューのなかで、おりにふれ先輩や同輩の監督たちに謙虚に敬意を表していた。とりわけ、一九八五年に文化勲章を受けたとき、たまたま自分は映画監督の長老になってしまったが、先に受賞すべき人たちには、溝口健二（一八九八－一九五六）、小津安二郎（一九〇三－六三）、成瀬巳喜男（一九〇五－六九）、そして村田実（一八九四－一九三七）がいたと述べている。いずれもサイレント映画時代から映画界に入った人たちで、黒澤よりかなり先に他界した。黒澤が村田実の名前を挙げると、戦後の記者たちは彼の名を知らず、首をかしげる人が多かったという。村田実は黒澤より一六歳年長だったが、一九三七年に四三歳で亡くなっており、前年四月にP．C．L．（のちの東宝）へ入社した黒澤には、村田と直接の面識はなかったと思われる。村田は新興キネマの『新月抄』を撮影中に病で倒れ、入院していたからである。村田は発足したばかりの日本映画監督協会の初代理事長だったから、葬儀は初の映画監督協会葬となった。黒澤はP．C．L．入社後に村田の人となりを聴かされたのだろう。あるいは、映画界に入る前、兄から村田監督の話題作『街の手品師』（原作・脚本は森岩雄、一九二五年、日活）のことを聴いていたかもしれないし、一五歳ころの黒澤自身、この作品の評判を知っていたかもしれない。ただし、黒澤の回想にはこの作品に直接ふれた言葉が見当たらない。村田実の代表作、かつサイレント時代の日本映画を代表する一本とみなされたこの映画は、残念なことにフィルムが現存しない。

村田実は早熟の演劇青年として、新劇運動で才覚を現した。一九二〇年、映画製作に乗り出した松竹キネマが現代劇映画の革新をめざし、新劇運動に向かう小山内薫を招いたとき、映画のこともわかる若手として村田は小山内を手伝うことになった。そして初監督の『路上の霊魂』（牛原虚彦脚本、一九二一年）は、旧来の古い活動写真愛好家に反発されながら、映画青年たちには感激して迎えられ、新しい現代劇を模索する作品となった。このフィルムは現存しており、若き監督としてまた脇役の俳優として村田実の手腕と姿を知ることができる。この『路上の霊魂』以外でいまに残るのは、サイレント映画の『霧笛』（一九三四年、原作は大仏次郎）だけ。現在では監督としての村田評価は難しいが、彼は当時の映画雑誌に多くの文章を残しており、それを読むと、映画製作全般に視野が広く理解の深い人だったことがわかる。なかでも映画演技論などは当時としては世界的に珍しい体系的な論を組み立てようとした。[3] サイレント映画時代の監督たちが一目おいた人物だったと言える。

黒澤が名前を挙げた他の先輩たち、溝口健二、小津安二郎、成瀬巳喜男については、いまでも一般によく知られており、時に応じて回顧上映や特集上映が開催され、DVD化されている作品も多数あって、関連書籍も多く刊行されているので、贅言は要しないだろう。黒澤がしばしば言及する異才、山中貞雄は黒澤より一歳年長にすぎないが、黒澤が監督デビューするころには、すでにいくつもの佳作を発表ずみだった。出征前に完成した『人情紙風船』（原作・脚本は三村伸太郎、一九三七年）は傑作となり、当人は一九三八年に戦病死したので遺作ともなった。黒澤は同じ会社（P．C．L．から東宝になる）にいた同世代として、山中には戦後まで生きてほしかったという痛切な思いがあっただろう。黒澤自身は徴兵担当者の計らいにより兵役を免除されたので、自分の特別扱いを仲間たちにすまなく思っていたことは十分にありうる。どの撮影所からもスタッフが次々に兵士や従軍カメラマンとして動員される時代だったから。ちなみに、故山中貞雄の業績を偲び新進演出家に与えられる「山中賞」を、昭和十八年（一九四三）度に受賞したのが黒澤明（『姿三四郎』）と木下恵介（『花咲く港』）だった。

前述した監督たちのなかで国際的な知名度の高さとなると、ヴェネツィアで日本初のグランプリ（『羅生門』）を受けた黒澤を別にすれば、三年連続で受賞した溝口健二がいる。溝口はヴェネツィアで『西鶴一代女』が国際賞（のちの監督賞に相当、一九五二年）、『雨月物語』が銀獅子賞（一九五三年）、『山椒大夫』も銀獅子賞（一九五四年）と三年連続で受賞、この年には黒澤の『七人の侍』も同賞を受賞した。稲垣浩監督の『無法松の一生』（三船敏郎が無法松を演じたカラー版）は一九五八年にグランプリ、『羅生門』と『七人の侍』で名を挙げた三船敏郎はのちに『用心棒』と『赤ひげ』で男優賞。カンヌ国際映画祭では、衣笠貞之助の『地獄門』が一九五四年にグランプリを受賞した。

生前よりも没後、徐々に国際的知名度が高まったのが小津安二郎であり、一九五〇年代の彼は国内での評価が高く、かつ同業者たちからも尊敬されていたが、そのあまりに日本的な家族の物語が海外向きとはみなされず、積極的には出品されず、外国では無名に近い存在だった。ただし、一九五八年十月、ロンドン映画祭で『東京物語』（一九五三年）が上映された折、映画祭パトロンの名からとったサザーランド賞を受賞した。

同映画祭はイギリスの映画批評家たちを中心に一九五六年に創設され、翌年の第一回目に上映された日本映画が黒澤の『蜘蛛巣城』である。この映画祭に出席した黒澤明は尊敬するジョン・フォードやジャン・ルノワールほか多くの映画人と会って感激したことを帰国後に発表した。[4] ロンドン映画祭は小規模の映画祭から始まって成長していくが、サザーランド賞は第二回目より設けられて、小津の『東京物語』が最初の授賞作だった。同作品はのちに世界の監督たちや観客から賞賛を獲得し続けていくことになる。溝口健二はヴェネツィア映画祭へ出品した『赤線地帯』を遺作に一九五六年に亡くなった。その二年後に小津安二郎が紫綬褒章を受け、さらに翌年、日本芸術院賞を受賞した。いずれも映画人としては最初である。その小津も一九六三年に亡くなり、黒澤がその作風と仕事ぶりを尊敬した成瀬巳喜男も、『乱れ雲』（一九六七年）を遺作として一九六九年に亡くなった。成瀬作品が国際映画祭で受賞したことはなく、国際的知名度も黒澤、溝口、小津の影に隠れてしまったが、一九八〇年代以降、国際的な再評価を受けるようになった。[5]

一九五〇年代の三大映画祭における黒澤明と溝口健二の複数受賞は、出品も授賞対象も欧米中心だった映画祭に新鮮な刺激を与えたことだろう。稲垣浩の『無法松の一生』のほかにも、今井正の『純愛物語』（ベルリン、銀熊賞、一九五八年）が受賞しており、一九六〇年代以降は受賞者がさらに増えていく。欧米の観客・批評家にはまったく未知の日本映画が、主題や描写の斬新さ、映画的表現の独自性、エキゾティスムなどで彼らを魅了したのである。日本映画は欧米映画とは別の世界を描きながら、そこには彼らを引き付ける普遍性と異質性の共存があった。『羅生門』のミステリアスで暴力的またユーモア味もある物語と、激しく鮮烈な映像、みごとなカメラワークと編集、そして早坂文雄の音楽。荒々しく野性的な三船敏郎、美しくも謎めいた京マチ子、この二人の俳優は観客に強い印象を与え、京マチ子は『雨月物語』では美しくも妖しい女性、『地獄門』では美しくも哀れな女性を演じて、欧米の一般観客から知識人までを虜にした。その極め付きの反応はフランスであり、いかに彼女がフランス人たちを長年にわたって魅了したか、フランスにおける言説が詳細に教えてくれる。

他方、アジア太平洋戦争下に日本が勢力を拡大したアジア諸地域では、日本文化と日本映画の宣伝・浸透に挫折した。地理的に近いアジア諸地域の言語・宗教・生活習慣の多様性を包み込むことができなかったからである。戦後には、『羅生門』を製作した大映の社長・永田雅一が中心となって、一九五四年五月に第一回「東南アジア映画祭」を東京で開催したことにより、日本映画とアジア諸国の映画交流の一歩が始まった。

黒澤は村田、溝口、小津、成瀬の名を挙げて敬意を表したわけだが、当然、同時代に活躍した先輩、同輩、後輩の監督たちは大勢いた。なかでも、サイレント映画時代からのキャリアがある衣笠貞之助、稲垣浩、内田吐夢らの監督を忘れることはできない。残された作品に力作が多い内田吐夢はもっと再評価されるべきだろう。(6) 黒澤の同輩には良きライバル、木下恵介監督がいた。盟友の本多猪四郎や谷口千吉監督らも活躍、黒澤の助監督を経た監督たちも堀川弘通ほか少なくはない。黒澤のインタビューや座談会などの記事を読むと、制作に関わる同業他者を褒め、あるいはかばうことはあっても、不満や批判を外で発言したことはほとんどない。ただし、撮影現場では彼の怒号がしばしば飛んだようだ。また、映画批評家や記者たちには、おりにふれて強い不満を述べている。むろん、作品の悪評や誤解記事に対して。映画製作会社の商売優先主義に対しても批判している。しかし製作資金に責任を持ち、興行館を抱えた映画会社の下で仕事をする以上、これは仕方のないことだった。黒澤に関する陰口や嫌悪感を語る人がいないわけではなかったことも付しておこう。

ともあれ、黒澤明は国際的知名度の高さで群を抜いており、日本映画の先頭に立ち続けてきた。国内における毀誉褒貶、侃々諤々《かんかんがくがく》の批評と記事は、それだけ黒澤作品が時代の大きな指標となっていたことの証でもある。

注

(1) 増村保造「巨匠の条件」(初出は『キネマ旬報』一九六五年五月上旬号)、これは増村の他の黒澤論とともに、『映画監督　増村保造の世界』(増村保造著、藤井浩明編)に収録されている。ワイズ出版、一九九九年。
(2)黒澤明「健全なる企業精神」、『全集』第二巻に収録、初出は『映画の友』一九四七年十月号。
(3)村田実の演技論に関しては、笹山敬輔『演技術の日本近代』森話社、二〇一二年。とくに第五章、「舞台の演技から映画の演技へ――村田実と演技の法則」を参照。
(4)黒澤明「ロンドン・パリ十日間」、『キネマ旬報』一九五七年十二月上旬号。『全集』第四巻、『大系』第2巻に再録。
(5)イギリスのBFI(ブリティッシュ・フィルム・インスティテュート)のインターネットサイトには、成瀬作品を精選した十本が挙げられている。『夜ごとの夢』(一九三三年)、『妻よ薔薇のやうに』(一九三五年)、『晩菊』(一九五四年)、『浮雲』(一九五五年)、『驟雨』(一九五六年)、『流れる』(一九五六年)、『女が階段を上る時』(一九六〇年)、『秋立ちぬ』(一九六〇年)、『乱れる』(一九六四年)、『乱れ雲』(一九六七年)。
(6)内田吐夢に関しては、鈴木尚之『私説　内田吐夢伝』岩波書店、一九九七年。近年では四方田犬彦『無明　内田吐夢』河出書房新社、二〇一九年、が刊行された。

終章 黒澤映画——何が評価されてきたか

本書では、前章まで多くの黒澤作品評を紹介し、いくつかの関連する章もたててみた。最後に、黒澤明を現代につなぐものを考え、黒澤映画のまとめをしてみよう。このことで示唆された著作に四方田犬彦の『「七人の侍」と現代——黒澤明 再考』（岩波新書、二〇一〇年）がある。彼はキューバの国立映画研究所滞在中、「黒澤死す」のニュースを知り、特別の感慨を持たなかったという。だが、周囲のキューバ人たちは違っていて、この〝偉大な日本人監督〟の死を深く哀悼した。彼はそこから思い起こし、『七人の侍』や勝新太郎主演の『座頭市』などがキューバの山奥まで巡回上映されて人気を博していたこと、これはキューバに限らず、その後の彼の中東パレスチナ、旧ユーゴスラビア地域のセルビアやモンテネグロなどにおける滞在中にも、『七人の侍』や『どですかでん』が当地の人たちにとって身近な「現代映画」であることを知ったのである。黒澤の映画世界が彼らの置かれている状況と近かったからだ。そこで四方田は『七人の侍』がひとつの原型的物語を提供して世界各地に類似の作品がある具体例を挙げていき、黒澤映画における新たな映画ジャンルの創出を評価する。この合法的なリメイク、すなわち東宝から許諾を得たアメリカ映画『荒野の七人』The Magnificent Seven（一九六〇年）は日本でもよく知られている。メキシコに舞台を移した西部劇であり、続編を合わせて計四作、テレビ版はシリーズ化されて二三話もあった。リメイク映画の最新版『マグニフィセント・セブン』（二〇一六年）は監督のアントワーン・フークアがアフリカ系アメリカ人であり、個性の強いガンマンたちを統率するリーダーの連邦保安官も黒人（デンゼル・ワシントンが扮する）、あとの六人は白人、メキシコ人、ネイティヴ・アメリカン、アジア人と人種混合で、意表を突くのは、七人のガンマンたちを探して彼らを雇い、地元へ連れ帰り、戦闘にも参加するのが白人女性——夫を殺されて激しい復讐心を燃やす女性なのだ。『七人の侍』では、女房を野武士に奪われた百姓（土屋嘉男が演じた）の役、それが女性の役へ転換したのである。敵役が単純化されすぎていることはともかく、七人プラス女性戦士の人種・男女混合組はいかにも現代アメリカらしい多民族共同体であった。

さて、「敵」の単純化、四方田が自著で詳しく論じる「敵の表象」、とくに『七人の侍』をはじめ、戦前の日本映画、国策戦争映画における敵の不在、描写の空白状態については、彼が見逃している大きな理由がある。それは検閲と映画法（一九三九年十月施行）の存在である。検閲は無声映画時代から何度かにわたって改変され、戦時下にはとりわけ厳しくなった。犯罪の手口や殺人の細かい描写も、殺人や戦争の死傷者も、傷を負って苦しむ様子も、敵味方にかかわらず描くことはできなかった。戦時下には、時代劇そのものが荒唐無稽で無意味な殺し合いが多いと批判され、実証可能な「歴史映画」が推奨された。

また、四方田は『七人の侍』にみる物語原型五要素の最後のひとつに、戦闘が終わったあと、倒れた仲間たちの死を悼む「服喪」の表象を挙げる。これは本書に引用した『東京新聞』評の「大戦における戦没犠牲者に寄せた作者の同情であるのか」（本書一四七頁）という問いに呼応しており、『夢』の「トンネル」の幽霊兵士たちとも結び付き、黒澤に生涯残り続けた戦死者たちへの鎮魂のテーマを明示する。これらに『デルス・ウザーラ』を加えてもよいだろう。そのラストで、デルスの遺体が土に埋められ、盛り上がった塚にアルセーニエフがデルス愛用の木の杖を突き刺す。これをカメラがとらえたまま、終わりのクレジットタイトルと歌が流れる。デルスは侍でも戦士でもなく、自然とともに生きた人だったが、アルセーニエフから記念に贈られた最新の銃、文明の利器を持っていたために、殺され銃を強奪されたのである。ここにも「服喪」があり、その哀悼の念はアルセーニエフから、監督黒澤を通って、多くの観客へと伝播する。ここに「敵」としての犯人の姿はない。「敵」は文明と人間の欲望なのだから。黒澤作品には珍しく静かで抑制された服喪の情感を残してこの映画は終わる。

「服喪」の表象、これをジョン・フォードの騎兵隊三部作の背後に流れる哀感と比べてみよう。フォードの経歴をみると、第二次大戦中は対日戦、対独戦とも野戦映画記録班の将校として参加し、実戦を体験している。アメリカ映画を範とし、どの監督よりもジョン・フォードを尊敬した黒澤明は、戦後に騎兵隊三部作が日本でたて続けに公開されたのを見逃さなかっただろう。

三部作の時代背景はちょうど日本の明治維新期にあたり、時代映画の題材としては幕末ものに相当する。黒澤がこれらを見たとすれば、『醜聞（スキャンダル）』から『羅生門』『白痴』『生きる』『七人の侍』までの五本の製作途中になり、力作が続いていた時期と重なっている。日本での公開順に並べると『黄色いリボン』（一九五〇年十一月）、『リオ・グランデの砦』（一九五一年十二月）、『アパッチ砦』（一九五三年一月）となるが、本国での公開順は『アパッチ砦』が最初である。『アパッチ砦』は将軍の地位から降格された実在のカスター中佐をモデルにしており、彼の小部隊が全滅するクライマックスがあるので、占領下日本で見せるリストからGHQが外したと思われる。『アパッチ砦』では、最終的に戦死した中佐（ヘンリー・フォンダが扮する）に対して見解が衝突していた大尉（ジョン・ウェインが扮する）が生き残り、集まった記者たちへ「子供たちの英雄」として中佐が偶像化されるのを認める。そのあと、記者たちが「皮肉なものだ、指揮官以外は皆忘れさられる」と言うと、大尉は「そうではない。彼らはずっと生き続ける、彼らに続く兵士たちによっていつまでも」と、無名兵士たちを讃える。これはどの戦争であれ、アメリカ合衆国の伝統になっているようだ。騎兵隊三部作は白人中心の建国物語ではあるが、『アパッチ砦』と『黄色いリボン』に登場するアパッチ族ほかネイティヴ・アメリカンは白人たちの「敵」であるにしても「悪党」ではない。彼らはアメリカ政府の方針（指定居留地への押し込め）や悪徳商人（白人）に困らされ怒ったのである。その経緯をフォードは映画で明らかにして描いている。ただし、『リオ・グランデの砦』では『七人の侍』の野武士に似て、〝インディアン〟は悪党になっている。〝正義派〟黒澤明の欠点として残念なことは、ネイティヴ・アメリカンへの理解がまるでなかったらしいことだ。西部劇の〝インディアン〟を時代映画のなかの悪党、単なる敵役と同等にしかみていない。

フォードの騎兵隊三部作は男たちの、男性社会の物語ではあるが、自己の考えや信念をはっきり述べる女性たちが恋人または妻として、男性社会を異なる視点から見る役割を果たしている。インタビューなどで黒澤明は、時代もので戦闘や戦争を何度も描いてきたにもかかわらず、戦場体験者でないから戦争映画は演出できない、描けない、としばしば述べている。おそらく、アジア・太平洋戦争は彼があまりにも身近に生きた戦争の時代であり、思い膨れてその主題に手を付けることができなかったのだろう。また、兵役免除を受けた特別扱いも、仲間たちにすまないというコンプレックスが心の底にあったのかもしれない。あるいは逆に、そのコンプレックスが創作活動のエネルギーになったのかもしれない。いずれにしろ、『トラ・トラ・トラ！』の降板事件で、戦争映画と直面する絶好の機会を逸してしまった。

黒澤明は映画監督として、日本映画と世界映画に何をもたらしたのだろうか。『羅生門』以降、黒澤作品は外国での受賞作も増えて名声が高まり、「世界のクロサワ」として知られていった。一方、国内では『赤ひげ』（一九六五年）が批評家たちにとって評価の分水嶺となった。権威に反発してきた黒澤自らが、「父権主義的権威」を赤ひげという主人公に託したと受け取られたからである。とはいえ、国の内外を問わず、黒澤作品は大衆に大きく期待され、支持されてきた。

本書で取り上げた侃々諤々《かんかんがくがく》の黒澤作品評を総括しながら、その魅力を――その批判や落胆も含めて――まとめてみよう。

第一に、黒澤作品には『生きる』や『赤ひげ』など、強いヒューマニズム、人間主義、人道主義がみなぎっており、その生への情熱は国境を超えて観客の胸を打つ。自由への闘いを女性（原節子）が継承する『わが青春に悔なし』、ヤクザ（三船敏郎）をなんとか救おうとする酔いどれ医者（志村喬）の『酔いどれ天使』、梅毒に感染した医師（三船敏郎）が苦悩する『静かなる決闘』ほか、主要人物たちはときにその自我が強すぎて共同体からはみだしがちである。ただし、そのヒューマニズムは後期作品ほど平板な表現になっていった。

第二に、『酔いどれ天使』『野良犬』『醜聞（スキャンダル）』『生きものの記録』『悪い奴ほどよく眠る』『天国と地獄』など、社会悪への強い憤りと警鐘が観客大衆の共感を呼ぶ。しかし、これは『酔いどれ天使』や『野良犬』など、善悪の二面を一方的に断罪するものではない人間性が描かれるとき傑作となり、『悪い奴ほどよく眠る』や『天国と地獄』のように社会悪が一方的な憤りで声高く表出されるとき、サスペンス映画としての面白さ、サスペンスと興奮だけに終わる。『天国と地獄』のラスト、誘拐犯と被害者社長の対面時に両者の顔が重なって写るという二面性を垣間見せるにしても。「正義」の度が過ぎると、道徳主義、説教臭が押し付けとなって観客に敬遠される。その率直でまっすぐな訴えは国際的にも理解されやすいが、逆にそのあからさまな表出が国内の評価にはマイナス要因となる。言わずもがな、言外の含みや暗黙の了解を良しとする文化的伝統のなかで。繰り返すが、『赤ひげ』はその分岐点に立っていた。

第三に、黒澤作品には明確な主題と物語、明快な善と悪の対立、それを観客にわかりやすく理解させる骨太の語り口がある。善と悪の対立は、『醜聞（スキャンダル）』の弁護士（志村喬が演じた）のように一人の個人内で起こる場合もあれば、多くの黒澤作品に見られるように、一対一の個人同士、複数対複数あるいは一対複数の対立で起こる場合もある。そのヴァリエーションに、『静かなる決闘』の主人公医師や『生きものの記録』の老主人公のように、善悪ではなく、個人内の信念と他者との対立、あるいは『影武者』の武田信玄とその影武者のように、本物と替玉の関係で起こる対立もある。「対立」関係を明確にしたドラマ作りは古典的、すなわちハリウッド映画的でもあり、世界中の老若男女に理解されやすく、黒澤作品が芸術性と娯楽性を併せ持ちながら大衆に受け入れられてきた理由ともなる。『七人の侍』『隠し砦の三悪人』『用心棒』『椿三十郎』など、明白な善悪対立のアクション・スペクタクルの時代劇がそれに当たる。ただし、増村保造がいち早く指摘したように「講談調の」豪傑や悪人たちが活躍する単純さにも陥りやすい。『七人の侍』におけるサムライたちの描き分けはみごとであるが。

第四に、黒澤作品には、時代・社会・国境を超えて主題の象徴性、あるいは暗示性を持つものがあり、その典型が『羅生門』である。『羅生門』には明快な主題も一貫した物語展開もないかわりに、観客は自由な解釈と判断ができるので、日本という特定の国の歴史や文化から離れて作品が自立する――しかも日本の歴史と風土性を観客に強く印象付けながら。黒澤作品ではないが、勅使河原宏監督の『砂の女』（一九六四年、カンヌ国際映画祭審査員特別賞）も、同様の特質を持っていた作品といえるだろう。哲学的問答を持ち、ラストで虚無感を示す『影武者』（ラストの虚無感は『乱』でも同様だ）にも、日本の戦国時代を通り抜けて、日本の外で武力紛争が起きている地域の観客には、現下の状況としての緊張・苦悩・虚しさ・ペシミズムが重なって見えてくるだろう。ただし、現代とのつながりが感じられない観客には、絵巻物として眺められるだけに終わるかもしれない。

第五に、黒澤作品には、『羅生門』『蜘蛛巣城』ほか、視覚的描写の力強さ、視覚的伝達力の巧みさ、光と影の美しさ、鮮烈な造形美が満ちている。これもまた黒澤明の大きな特徴であり、前述した「視覚の人」としての若き日の経験、絵画からサイレント映画まで、あるいは能狂言への関心から骨董鑑賞まで、「見る人・鑑識者」黒澤の蓄積が発揮されている。画面には静物画的美しさよりも、ダイナミックな美しさがあり、それは黒澤明がよく口にした、フレームをはみ出す画面構成や、逆にフレーム内にぎゅっと詰め込んだ画面構成など、過剰で充満した美の表現でもある。映画表現にとって、これはきわめて望ましい特質であるが、この過剰さもまた、ある面では反発要因に転化する。日本文化の伝統には過剰さを嫌う美学もあるからだ。

第六に、黒澤明は海外の大作家たちへ果敢に挑戦することで、自らの限界を乗り越えて新しい映画の地平を切り開こうとした。その野心的な試みが『白痴』であったが、大幅にカットされた短縮版しか公開されず、批評の大半は酷評に満ちてしまった。その後、ロシア文学者たちを中心に、再評価の動きが続いてきたことは本書の第六章「二、黒澤明——ドストエフスキーの星の下に」で記したとおりである。一方、『蜘蛛巣城』はシェイクスピアの『マクベス』の有名なセリフをほとんど使わない翻案化の傑作となった。ゴーゴリの『どん底』は成功したとは言い難く、『リア王』を下敷きにした『乱』も『蜘蛛巣城』に及ばない。とはいえ、『乱』は国の内外で多くの賞を得た。小説ではなくアルセーニエフの探検記をもとにした『デルス・ウザーラ』も、黒澤にとっては大きな挑戦であり歓びであったに違いない。これは黒澤作品としては例外的に静かで寂しい雰囲気を湛えた映画となった。

第七に、黒澤明には編集の巧みさ、リズム、緩急の妙、サスペンスの持続など、時間芸術としての映画の特性を生かす技術がある。映画の面白さ、いい作品であることの証明は、時間操作や断片化した画面の再構成、すなわち編集やモンタージュにあるとは限らず、その逆の特質を生かしたすぐれた作品も多い。黒澤明よりずっと先輩の監督、溝口健二は黒澤明とはまったく対照的な作風の監督であり、持続する時間や連続する空間の演出に特質をみせた。黒澤明の編集の才は天才的であり、デジタル時代以前のフィルム時代であったことを念頭におくと、匹敵する監督としてはエイゼンシテインくらいのものだろうか。フィルム編集のダイナミズムは黒澤作品の随所に見られるが、やはり『七人の侍』の戦闘シーンが圧巻である。とはいえ、持続した時間のワン・ショット撮影でも、『静かなる決闘』『どん底』『赤ひげ』『影武者』など、黒澤は充実した演出を見せたことを付け加えておかなければならない。俳優たちの持続する演技から生まれる緊張感と現実感、一種のリアリティを重視したからだ。ときに、これは『どですかでん』や『八月の狂詩曲』のように、平板な舞台的静態感をもたらす場合もあった。

第八に、演出、演技、撮影、照明、美術、音楽の融合が挙げられる。これは後期作品ほど、黒澤組のまとまりと成熟が見られるので当然でもあり、とりわけ視覚的造形がきわだつ美術（衣装も含めて）の成果はみごとである。ただし、選曲や録音（セリフ）にはときに難点があり、〝完璧主義者〟黒澤明にも弱いところはあった。戦中戦後の録音技術のおくれ、あるいは再生装置の貧弱があったのだろう。脚本（シナリオ）も複数で共同執筆したものには厚みがあって良く、単独執筆の晩年の三作（『夢』『八月の狂詩曲』『まあだだよ』）には、厚みがなく平板さが目立つ。例外は助監督時代のシナリオ、初期監督の二本（『姿三四郎』『一番美しく』）だろうか。

黒澤明は撮影所システムと映画産業が制度的に密着していた時代に育ち、多くの挑戦的な仕事をしてきた。彼は繰り返し「映画は演説やスローガンやポスターではない」と発言している。彼の念頭には、つねに「映画らしい映画」、まずは観客が楽しめる作品が理想としてあり、戦中戦後の困難な時代に、監督として社会に向ける強い眼差しと実験精神があった。その後、商業映画の枠のなかに込めた社会的主題の数々、たとえば自由、貧困、病、犯罪、事なかれ主義、私利私欲、原水爆、放射能汚染、環境破壊、戦乱、近代文明への疑問等々、あるときは不器用に、執拗に、ときにはエクセントリックに表現されてはいたが、剛直なまでの彼の思いがそこにあった。ただ、黒澤作品の主題が『赤ひげ』以降、現実社会から遠ざかっていったことは否めない。『赤ひげ』も『どですかでん』も現実への照射と反省を含みつつ、現実への関わりは希薄化した。過去に物語をおいた題材とはいえ、『デルス・ウザーラ』は大自然の探検者を描くことで、現代文明を新たに見つめ直させる機会を与えてくれた。『影武者』と『乱』、前者は後者の大きな序曲でもあったようだが、戦乱の世、覇権争いへのペシミズムが濃厚である。このペシミズムは社会的存在としての人間全般へのペシミズムだったのか、または黒澤個人の私的感慨が強く反映されていたのだろうか。黒澤は長年、『平家物語』の映画化を夢想しながら、ついに実現はかなわなかった。源平の戦の勇壮さと死する者たちの悲哀、また原典に縷々記された人々の逸話を映画にしたかったようだ。合戦絵巻の美と、祇園精舎の鐘の音が聞こえる無常の世を描きたかったのだろう。『影武者』や『乱』にはそれらの片鱗が見えている。佐藤忠男は一九六九年の『黒沢明の世界』で、『赤ひげ』までを作品分析の対象にしたが、その後、一九八六年に増補改訂版を出した。新たな章、第一三章「滅びることと生きること」が加筆され、『どですかでん』から『乱』までを加えている。そして「おわりに」の章では、『乱』から遡って黒澤作品を見渡すと、「人間の生と死という、より根源的な主題が重く見え隠れしていたこと」が思い出されると述べている。「人々を強引に死に引きずり込もうとする力と、それに引きずり込まれまいと抵抗する力とのせめぎあい[2]」とも。たしかにこの「死と生のせめぎあい」は晩年の三作にも見てとれる。『夢』の逸話のいくつかには「生」への賛歌があり、ラストの「水車のある村」は郷愁を込めた理想郷である。他のいくつかには「死」への恐れがあり、「雪女」「トンネル」「鬼哭」はこの世とあの世の境界をさまよう恐れ、「赤富士」は日本または人類「死滅」への恐れがある。そして『八月の狂詩曲』には、明らかに原水爆への恐れがある。「生と死のせめぎあい」は人間同士が原因ともなれば（『影武者』『乱』）、人間が選択した科学技術の因果＝陰画でもある（『夢』のいくつか）。後者は「自然と科学技術のせめぎあい」とも言えるだろう。では遺作『まあだだよ』はどう考えたらいいのだろうか。この映画では人生賛歌が強く歌われており、それは黒澤明の個人的感慨とないまぜになった、懐旧をこめた人間謳歌である。映画の終幕で体調をくずして賑やかな会場から退席する主人公、彼は人生という舞台から去るにしても、死への恐れはなく、幼児へ戻って幸せそうに眠り、夢を見る。

視覚の人・黒澤明は一九九八年（平成十）九月、八八歳で永遠にその眼を閉じた。「まあだだよ」と言い残して。

注

(1)アメリカ映画『荒野の七人』（ジョン・スタージェス監督）はエルマー・バーンスタインの主題曲とともにヒットして、以後、『続・荒野の七人』（一九六六年）、『新・荒野の七人 馬上の決闘』（一九六九年）、『荒野の七人・真昼の決闘』（一九七二年）など続編が制作された。

(2)佐藤忠男『黒沢明の世界』朝日文庫、一九八六年、四一一―四一二頁。

初出

序章 「黒澤明——名声以前以後」の前半に加筆。岩本憲児編『黒澤明をめぐる12人の狂詩曲』早稲田大学出版部、二〇〇四年。

なお、序章タイトル「黒澤明——視覚の人」は、二〇一九年に同書中国語版が刊行された際、このタイトルに変更。本書でもこれを使うこととした。

第一章–第五章 「黒澤明——批評史ノート」に大幅加筆。『全集黒澤明』全六巻、岩波書店、一九八七年–一八八年。(二〇〇二年の最終巻には執筆せず)

第六章1 「幽鬼の肖像——黒澤明と表現主義」『黒澤明をめぐる12人の狂詩曲』。

第六章2と3 書き下ろし。

終章 「黒澤明——名声以前以後」の後半に大幅加筆。

参考文献

新聞雑誌に関しては本文中で引用のつど明記した。単行本その他の資料は、第一章から第五章までは黒澤作品ごとの末尾に注で記し、第六章は各節の末尾に、序章と最終章はそれぞれの末尾に記した。以下、主要なものだけを掲げておく。

黒澤明本人の執筆または発言、インタビューなど

黒澤明『蝦蟇《がま》の油——自伝のようなもの』岩波書店、同時代ライブラリー、一九九〇年。

『全集黒澤明』全六巻＋最終巻、岩波書店、一九八七年—八八年、二〇〇二年（最終巻）。

浜野保樹編『大系黒澤明』全四巻＋別巻一、講談社、二〇〇九—一〇年。

黒澤明映画作品

ほぼすべての映画作品がＤＶＤで販売されているが、本書ではとくに以下の二点を挙げておく。


ＤＶＤ版『姿三四郎』、解説パンフレットおよび特典インタビュー、東宝映像事業部、二〇〇二年。

『黒沢明映画大系６　「白痴」「生きる」』キネマ旬報社、一九七一年。（画面と文字資料）

原作関係（映画製作順）

富田常雄『姿三四郎』錦城出版社、一九四二年。『姿三四郎（続篇）』、増進堂、一九四四年（映画『姿三四郎』『續姿三四郎』）。

「安宅」伝観世小次郎作、『謡曲集下』「日本古典文学大系41」岩波書店、一九六三年。「勧進帳」、『歌舞伎十八番集』「日本古典文学大系98」岩波書店、一九六五年。(映画『虎の尾を踏む男達』)。

菊田一夫「堕胎医」、『菊田一夫戯曲選集』第2巻、演劇出版社、一九六六年。(映画「静かなる決闘」)。

芥川龍之介「羅生門」「藪の中」、『芥川龍之介集』現代日本文学大系43、筑摩書房、一九六八年(映画『羅生門』)。

ドストエーフスキイ『白痴』(米川正夫訳)ロシア文学全集第19巻、修道社、一九五八年(映画『白痴』)。

ウィリアム・シェイクスピア『マクベス』(福田恒存訳)、シェイクスピア全集13、新潮社、一九六一年(映画『蜘蛛巣城』)。

マクシム・ゴーリキイ「どん底」(神西清訳)、『世界現代戯曲集』世界文学全集(第二期)25、河出書房、一九五六年(映画『どん底』)。

山本周五郎『日日平安』新潮文庫版、一九六五年(映画『椿三十郎』)。

エド・マクベイン『キングの身代金』(一九五九年)、日本語版(井上一夫訳)、早川書房、一九六〇年(映画『天国と地獄』)。

山本周五郎『赤ひげ診療譚』新潮文庫版、一九六四年(映画『赤ひげ』)。

「青べか物語」「季節のない街」(初出一九六二年)、『山本周五郎全集』第一四巻、新潮社、一九八一年(映画『どですかでん』)。

ウラジーミル・アルセーニエフ『デルスウ・ウザーラ 沿海州探検行』(長谷川四郎訳)、平凡社、一九六五年。

ウラジーミル・アルセーニエフ『シベリアの密林を行く』(長谷川四郎訳)、筑摩書房、一九七三年。

ウィリアム・シェイクスピア『リア王』（小田島雄志訳）、シェイクスピア全集、白水社、一九八三年（映画『乱』）。

村田喜代子『鍋の中』文藝春秋、一九八七年（映画『八月の狂詩曲』）。

内田百閒『まあだかい』文庫版、福武書店、一九九三年（映画『まあだだよ』）。

その他の関連書

秋山邦晴「秀れた美術がなぜ冷遇されるのか――その批評の欠落を中心に」、特集・日本の映画音楽〔1〕、『キネマ旬報』一九七一年、八月上旬号。

秋山邦晴「黒澤映画の音楽と作曲者の証言」、『キネマ旬報』増刊五月七日号、「黒澤明ドキュメント」、キネマ旬報社、一九七四年。

井桁貞義『ドストエフスキイ　言葉の生命』群像社、二〇〇三年。

『異説・黒澤明』文藝春秋、文春文庫ビジュアル版、一九九四年、
岩本憲児編『黒澤明をめぐる12人の狂詩曲』早稲田大学出版部、二〇〇四年。

植草圭之助『けれど夜明けに―わが青春の黒沢明』文藝春秋、一九七八年。

『黒澤明の全貌』現代演劇協会、芸術祭主催公演カタログ、一九八三年。

キネマ旬報特別編集『黒澤明集成』全三冊、キネマ旬報社、一九八九―九三年。

佐藤忠男『黒沢明の世界』三一書房、一九六九年。

佐藤忠男『黒沢明の世界』朝日文庫、一九八六年。

佐藤忠男「作品解題」、『全集黒澤明』岩波書店、一九八七―二〇〇二年。全巻に分載。

清水孝純「黒澤明の映画『白痴』の戦略」、『「白痴」を読む　ドストエフスキーとニヒリズム』九州大学出版会、二〇一三年、付論に収録。

鈴木義昭『「世界のクロサワ」をプロデュースした男　本木荘二郎』山川出版社、二〇一六年。

高橋誠一郎『黒澤明で「白痴」を読み解く』成文社、二〇一一年。

高橋誠一郎『黒澤明と小林秀雄──『罪と罰』をめぐる静かなる決闘』成文社、二〇一四年。

高橋敏夫『周五郎流　激情が人を変える』NHK出版、二〇〇三年。

都築政昭『黒澤明』上巻「その人間研究」、下巻「その作品研究」、インタナル社、一九七六年。

ツヴィカ・セルペル『霊と現身──日本映画における対立の美学』森話社、二〇一六年。

ドナルド・リチー『黒澤明の映画』三木宮彦訳、キネマ旬報社、一九七九年、
ドナルド・リチー、現代教養文庫版『黒澤明の映画』社会思想社、一九九一年、(『八月の狂詩曲』まで)、
同『増補　黒澤明の映画』、一九九三年、(遺作『まあだだよ』を含む)。

西村雄一郎『黒澤明　音と映像』完全版、立風書房、一九九八年。

藤川黎一『黒澤明VS本木荘二郎　それは春の日の花と輝く』論創社、二〇一二年。(旧著『虹の橋　黒澤明と本木荘二郎』田畑書店、一九七四年、この加筆・修正版)。

ポール・アンドラ『黒澤明の羅生門──フィルムに籠められた告白と鎮魂』北村匡平訳、新潮社、二〇一九年。

マートライ・ティタニラ「黒澤明における伝統演劇──『虎の尾を踏む男達』『蜘蛛巣城』『乱』をめぐって」、早稲田大学博士(文学)学位論文、二〇一〇年。

増村保造「壮大にして悲壮な天才」『黒澤明集成』キネマ旬報社、一九八九年、一〇一一一頁(初出『キ

ネマ旬報』一九七四年五月下旬号）。
増村保造「巨匠の条件」、増村保造著・藤井浩明編『映画監督　増村保造の世界』に再録、ワイズ出版、一九九九年。（初出『キネマ旬報』一九六五年五月上旬号）
山本喜久男『日本映画におけるテクスト連関』、森話社、二〇一六年。
四方田犬彦『「七人の侍」と現代――黒澤明再考』岩波新書、二〇一〇年。

あとがき

黒澤作品と初めて出合ったのは、高校時代に遅れて見た『七人の侍』、それも小さな集会室の16ミリフィルム上映会でだった。上映に良い設備と環境ではなかったはずなのに、すっかり興奮してしまった。上京後、『生きる』を銀座の並木座で見たとき、別の新たな感銘を受けた。これも公開時より一〇年以上経っていた。並木座では日本映画の名作・佳作をたくさん見ることができた。

一方、通っていた大学では授業料値上げ反対の長期ストライキが起こり、鬱々としていた私の目にとまったのが「再建日本映画学校」の新聞記事である。一九六六年四月から開設するので、学生を募集するという。正式名称は「日本演技アカデミー　再建日本映画学校」。演出コース（一年課程、定員十名）の応募資格は大学卒という条件であったが、面接のとき「大学を退学してここを受験したのだから、戻る場所がない」と訴えて、入れてもらった。校長は作家の舟橋聖一、副校長が淡島千景、演出コースの講師たちに、シナリオライターの植草圭之助、鈴木尚之、監督の今井正、家城巳代治、堀川弘通、評論家の岩崎昶など、錚々たる人たちがいた。シナリオは撮影所方式の箱書きをみっちり教わって、一本を提出（卒業資格）、私は推薦されて大映のテレビ室へ見習いに派遣され、助監督たちの一番下についた。

演出コースの同期生、飯泉征吉氏は家城監督の助監督となり、のちには黒澤後期作品のいくつかにプロデューサーの一人として参加、西田敏行氏は演技コースだった。岩崎昶氏とは時折連絡をとり、かなりの年月を経たあと、今井正・堀川弘通の両監督とも、ある委員会で再会することになった。植草圭之助氏はていねいでやさしい人柄だった。

結局、私は映画制作への道を断念し、予想もしなかった映画研究への道に入り込んだ。『七人の侍』が私を激しく興奮させ、『生きる』が強く「人生」を考えさせ、『酔いどれ天使』や『野良犬』の鮮烈な戦後イメージが脳裏に焼き付いた。イメージの力強さでは『羅生門』もまさしくそうだった。

いまやハリウッドの大物監督、フランシス・フォード・コッポラ、マーティン・スコセッシ、ジョン・ミリアス、ジョージ・ルーカス、スティーヴン・スピルバーグらは黒澤映画に強い感銘を受けて育った世代であり、最年長のクリント・イーストウッドも『荒野の用心棒』の主演が大きな転機となった。むろん、彼もハリウッドの大監督である。誰が「巨匠」であるかどうか、それはもう問うまい。

かつて大きな影響を受けたアメリカ映画に対して、監督黒澤は恩返しをしたことになる。

ポール・アンドラの『黒澤明の羅生門』――人間黒澤とその作品を深く考察した好著――には、張藝謀《チャン・イーモウ》が簡潔な序文を寄せ、アンドラは本文中でサタジット・レイや侯孝賢《ホウ・シャオシェン》らの黒澤への影響にふれている。

私はかつて『全集黒澤明』に「批評史ノート」を六回に分けて書いた折、紙数が限られていたため、手元の資料を十分に使いきれなかった。いずれ大幅に書き足したいという心残りから、本書刊行にたどり着いた。当時の資料収集に尽力いただいた『全集』編集部諸氏、とりわけト部三郎氏、麻生嶋俊夫氏には厚く感謝申し上げる。

本書の読者は当時の言説の数の多さと多彩な評者たち、そして侃々諤々《かんかんがくがく》の活発な議論に驚かされることだろう。本書の書名には映画界の賑やかさも含めて、「喧々囂々《けんけんごうごう》」を使った。個別の作品評以外に、黒澤明の全体像にふれる黒澤論も多く書かれているが、それらを取り上げるのは断念した。諸外国における批評的言説も多数に達するに違いない。映画は時代の風潮と密接につながりながら、映像作品として残っていくことにより、のちの世代へ再発見の目と、新たな評価の言説をもたらしてくれるだろう。

ところで、ミュージカル化された『生きる』の舞台、その再演を見ることができた。原作映画を簡潔に舞台化しており、映画では長い場面だった通夜の場面も簡略化して、雪の夜に公園のブランコで主人公が歌う「ゴンドラの唄」で締めくくっている。いまの私は「わが青春に悔なし」とも、「わが人生に悔なし」とも言うことができず、コロナ禍に苦しむ人々とともに、「生きる」ことへの悩みが尽きない。

＊　＊　＊　＊

最後に、拙稿へ注意深く目を通しながら、編集者として本書を仕上げてくださった論創社の福田惠さん、オーク編集工房の山田亮介さん、そして素敵な装幀の安田真奈己さんへも厚く感謝申し上げる。

二〇二〇年十二月末日

岩本憲児

岩本憲児（いわもと　けんじ）

1943年、熊本県八代市生まれ。早稲田大学名誉教授。映画史・映像論専攻。

著書に『幻燈の世紀—映画前夜の視覚文化史』（2002年、森話社）、『光と影の世紀—映画史の風景』（2006年、同）、『「時代映画」の誕生—講談・小説・剣劇から時代劇へ』（2016年、吉川弘文館）、『ユーモア文学と日本映画—近代の愉快と諷刺』（2019年、森話社）ほか。

編著に『村山知義—劇的先端』（2012年、同）、『日本映画の海外進出—文化戦略の歴史』（2015年、同）ほか。共編に『映画理論集成』全3巻（1982年、1988-99年、フィルムアート社）、『世界映画大事典』（2008年、日本図書センター）、『日本戦前映画論集—映画理論の再発見』（2018年、ゆまに書房）、『戦時下の映画—日本・東アジア・ドイツ』（2019年、森話社）ほか。

黒澤明《くろさわあきら》の映画《えいが》　喧々囂々《けんけんごうごう》——同時代批評《どうじだいひひょう》を読《よ》む

2021年 1月 8日　初版第1刷印刷
2021年 1月 18日　初版第1刷発行

著　者　岩本憲児
発行者　森下紀夫
発行所　論 創 社
東京都千代田区神田神保町 2-23　北井ビル
tel. 03（3264）5254　fax. 03（3264）5232　web. http://www.ronso.co.jp/
振替口座　00160-1-155266
組版／フレックスアート
印刷・製本／中央精版印刷
ISBN978-4-8460-2003-3　